主役になり損ねた歴史人物100

武光 誠

祥伝社黄金文庫

はじめに

日本史には、胸躍る活躍をした魅力的な人物が数多く出てくる。魅力的な人物とは、生きるか死ぬかの瀬戸際で、立派な選択ができた者である。

戦国の世で、島左近勝猛《しまさこんかつたけ》は、主君である石田三成《いしだみつなり》のために大敵を相手に勇敢に戦って散った。幕末の混乱期に、岡田以蔵《おかだいぞう》は攘夷という信念を実現するために多くの敵を討ち、「人斬り」と恐れられた。

源平合戦の中で、若武者 平 敦盛《たいらのあつもり》は源氏の勇者熊谷直実《くまがいなおざね》に挑み、華々しい最期を遂げた。本書では、このような素晴らしい人物100人を取り上げて、かれらの人生について語ることにしよう。

これから記す100人は、すべて勝者、つまり歴史を動かした主役になれなかった人びとである。かれらの中には平清盛《きよもり》、直江兼続《なおえかねつぐ》、坂本龍馬《さかもとりょうま》のように、後世の人々に好かれた者もいる。しかし私は、今でも顕彰者がいる人気者も、これはどうかと思われるような卑怯な振る舞いをした不人気者を含めて、敗者の側になった人物を100人選ぶ方針を取った。

現在では、侍と侍が死力を尽くして勝敗を競う場面はまずない。その代わり現代の官庁、企業などの中で、絶え間なく政略、策略、多数派工作などを用いた命懸けの争いが行なわれている。そういった生存競争の中で何かの選択を迫られたときに、私たちは戦乱の時代に生きた偉人から生き方を学ぶのである。

読者の方々が、筆者が選んだ１００人の生き方を興味深いものと感じていただければ幸いである。本書は『コミック乱』（リイド社）という時代劇画雑誌のコラムとして連載したものをまとめたものである。

雑誌の性格に合わせた、劇的で印象深い書き方にするために、緒上鏡氏の手助けを依頼した。筆者が書いたものに加筆して、見せ場となる場面などを作っていただいた。もとの原稿を読みやすいものにしてくださったことにお礼を申し上げたい。その他に多くのご助言をくださった『乱』を編集された稲村光信氏と佐藤祐介氏にも感謝したい。

平成二十五年八月

武光誠

主役になり損ねた歴史人物100

もくじ

第1章　戦国編

第2章　江戸・幕末編

第3章　源平編

編集協力　緒上　鏡

この本は、『コミック「乱」』（リイド社）で、２００５年6月号（4月27日発売）～２０１３年9月号（7月27日発売）まで連載された『星をつかみ損ねた男たち』を加筆・修正し、まとめたものです。

この作品は史実をもとにした歴史読み物です。作中のセリフや心情・感情、場面場面の描写には、著者の想像・創作が含まれております。

この作品とは別の解釈の歴史上の諸説も存在します。

第一章　戦国編

細川晴元《ほそかわはるもと》

（一五一四〜一五六三）戦国時代の中央の有力大名
飾り物の天下人であることに気付かず
無神経な行動で没落した男

応仁《おうにん》の乱（一四六七〜七七年）をきっかけに、室町幕府《むろまちばくふ》の勢力は急速に低下していった。応仁の乱は、将軍の後継者争いをきっかけに、諸大名が細川方と山名方に分かれて京都で戦ったものである。この動きのなかで、室町時代最後の正統的政権のあるじになったのが細川晴元《ほそかわはるもと》である。晴元が政権を握《にぎ》るまでと、その後の経緯は波乱に満ちたものだった。

ことの起こりは応仁の乱の後、乱の勝者となった細川政元《まさもと》（晴元の義祖父にあたる）が、将軍《しょうぐん》に代わって独裁政権を行《おこな》ったことだ。しかし、政元が足利《あしかが》家の同族であるうえに彼が管領《かんれい》（将軍の補佐役）の地位についていたため、政元の政権は将軍の公認のものとされた。

この政元の暗殺事件（一五〇七年）が細川家の内紛《ないふん》の始まりとなった。このとき政元の後釜《あとがま》を狙《ねら》ったのが、晴元の父の細川澄元《すみもと》だ。彼は阿波《あわ》（徳島県《とくしまけん》）の守護大名をつとめる細川家の分家から政元の養子に迎えられていた人物である。

ところが、細川一族で澄元の支援者であった、細川高国《たかくに》が澄元を裏切った。高国は澄元と同じ細川政元の養子だが、出自が低いためにずっと澄元に従ってきた。ところが細川の血筋が野心を持たせたのか、高国も天下取りに憑《つ》かれたのだ。思いもよらぬ高国の攻撃にあった澄元は、故郷《こきょう》の阿波に逃れたものの一五二〇年に病没した。この年、晴元はわずか七歳であった。

この後、阿波の有力者・三好元長《みよしもとなが》らが、幼《おさな》い晴元に「細川政元の正統な後継者の息子である晴元が、謀反人《むほんにん》の高国を倒して父の敵《かたき》を討たねば！」とあおり、担《かつ》ぎあげて幕府を動かそうともくろんだ。

晴元が、元長らのもとで一三歳になった一五二六年、晴元派と高国派の戦《いくさ》が始まった。六年後の享禄《きょうろく》四年に晴元に好機が訪《おとず》れる。晴元の軍勢は阿波から堺《さかい》に上陸し京都《きょうと》に向かっていたが、それを迎え撃ちにきた高国の兵力は晴元の三分の一ほどであった。

両軍は、天王寺《てんのうじ》で相《あい》まみえた。このとき、高国勢は嵩《かさ》にかかって攻め立てる晴元勢を支えきれず散り散りになったのだ、わずかな手勢とともに北方へ逃れた高国は、三好元長の厳しい追撃をうけ退路を断《た》たれた。逃げ場を失った高国は尼崎《あまがさき》で自害した。

この天王寺の戦いを勝ち取って晴元は天下を取った。しかし、彼の全盛期は短かった。功労者である三好元長の勢力拡大を恐れた晴元が、謀略《ぼうりゃく》を用《もち》いて一五三二年に元長を倒してしまったからだ。

元長を、自ら失った晴元政権は、柱をなくしたも同然。彼は曲がりなりにも一九年間中央を押さえたが、この時代の地方では、幕府から自立した戦国大名の抗争が、盛んに行われる羽目《はめ》となった。地方の大名が晴元を侮《あなど》り、幕府の指示に従わなくなったためである。くしくも晴元が戦国時代の幕を開けることとなったのだ。その晴元に天下を狙う諸勢力が次々に襲いかかってくる。やがて、元長の子三好長慶《ながよし》が最大の敵となって現《あらわ》れる。最後には、長慶が京都を制圧した。この混乱のなか一五四九年、晴元は若狭《わかさ》（福井《ふくい》県）に落ちて出家《しゅっけ》することで死を免《まぬが》れた。

政権を奪回しながらも人心を掌握《しょうあく》できなかった晴元は、自らの行いで政権を全《まっと》うできなかった。彼は後に長慶と和解して摂津《せっつ》（大阪《おおさか》府）の普門寺《ふもんじ》に入り、それから間《ま》もない、一五六三年に五〇歳（以下、すべて数え歳）で病没した。

晴元の波乱の生涯の半分は、戦で費《つい》やされた。そして彼の、最後の一四年間は命を長らえるために仏門《ぶつもん》で過ごしたものだった。

甘利虎泰《あまりとらやす》

（一四九九―一五四八）武田信玄の家老
志なかばで散った武田家の忠臣

甘利虎泰《あまりとらやす》は、「武田《たけだ》家第一の家臣」と呼ぶにふさわしい人物であった。彼は、武田信虎《のぶとら》、信玄《しんげん》の父子《おやこ》に仕《つか》えてその武名を四方に響かせた。

甘利虎泰は、代々甘利郷《あまりごう》（韮崎《にらさき》市）を治《おさ》める小領主の家に生まれ、若いときに武田信虎の側近に加えられた。信虎の初陣となった勝山《かつやま》城（山梨《やまなし》県中道町《なかみちまち》／現・甲府市）攻めの軍勢のなかに甘利がいた。

このとき信虎は一五歳で、甘利はわずか一一歳であった。若くして国主となった信虎は、多くの若侍を召し使ったが、そのなかでもっとも気に入ったのが、腕が立つ甘利であった。そのため信虎は、彼に自分の名前の一字を与えて甘利虎泰と名乗らせた。二〇歳前後になると、甘利は武田家一の武芸者といわれるまでになった。そして、三〇代なかばごろには、親友であった板垣信方《いたがきのぶかた》とならんで武田家の家老に任命された。その抜擢は、甘利と板垣の幾度にもわたる軍功に報《むく》いるものであった。甘利は、主君の恩寵《おんちょう》に感謝して武田家の勢力拡大をはかるべくつとめた。

甘利、板垣らの勇敢な家臣の働きのおかげで武田家は甲斐《かい》を統一し、信濃《しなの》の一部にも勢力を伸ばすようになった。ところが、甘利が家老になった数年後（一五四一年）に家中で信虎に対する不満の声が広まった。

この二、三年にわたり信虎のたてた作戦が失敗続きだったからだ。甘利らが別の策を勧《すす》めても主君は聞こうとしない。しかも、信虎は負け戦が続いて面白くないので、領内の政治をおろそかにしはじめた。

このとき、若君の傅役《もりやく》をつとめていた七歳年上の板垣が甘利に相談をもちかけた。「信虎を隠居させて信玄にあとを嗣《つ》がせよう」というのだ。板垣は日頃から年下であっても有能な甘利をたてていた。信虎に大恩《だいおん》のある甘利は大いに迷った。

しかし、敵対する大名や農民一揆に負ければ主君の命は危うくなる。それよりは、頼りになる信玄に武田家をまかせることによって、信虎の安全を確保するのがよい。こう考えて甘利は、涙をふるって信虎を親戚筋にあたる駿河《するが》（静岡《しずおか》県）の今川《いまがわ》家に預けることにした。信玄のもとで、甘利は内政の整備につとめた。それとともに、武田家は信濃の小豪族間の紛争につけこむ形で、信濃に領地を拡大していった。

このような武田家の勢力拡大に立ちふさがったのが、信濃北部の葛尾城《かつらおじょう》（上田市《うえだ》）の村上義清《むらかみよしきよ》であった。信玄は村上家と何度かの小競り合いののちに、八千人余りの全軍を上田原《うえだはら》（上田市）に送りこんで五千ほどの村上勢と決戦する作戦をとった。そのため、上田原の合戦（一五四八年二月十四日）が起こった。

夜明けとともに板垣、甘利らの武田方の先陣は、村上勢に激しく攻めかかった。村上方の第一陣は、またたく間に崩れた。そこで、武田の騎馬隊は勢いに乗って思い思いの敵に攻めかかった。

ところがそのとき、村上方の伏兵が武田の先陣と中陣との間に割って入った。板垣隊と甘利隊は敵中に孤立する。信玄は甘利らを救おうとするが、多人数の村上勢がそれを阻《はば》んだ。

その間に、甘利と彼の旗本は槍を構えた歩兵に包囲された。馬が倒され、落馬する体の上に何本もの槍先が振り下ろされ、甘利は五〇歳で絶命した。歴戦の勇者も、数にまさる雑兵には勝てなかった。生きていればもう一働《ひとはたら》きできたろう。板垣もこの戦いで死んだ。しかし、信玄のもとで家老の甘利、板垣が活躍した七年間で武田家は「甲信地方の雄」と呼びうる有力大名にのし上がっていた。

松永久秀《まつながひさひで》

（一五一〇―七七）大和の大名
信長も手こずらせた戦国最凶の奸物《かんぶつ》

「戦国時代最悪の策士《さくし》」として一、二を争《あらそ》う松永久秀《まつながひさひで》の出自《しゅつじ》は明《あき》らかではない。彼の名前が世間《せけん》にあらわれるのは、天文《てんぶん》十年（一五四一年）久秀が三一歳のころからである。彼は阿波の下級武士だとも、京都近郊の小商人の家の出だとも摂津の農家の生まれだとも言われる。本来なら武士として出世できる血筋《ちすじ》ではなかった。

そこから彼は、三好長慶の右筆《ゆうひつ》（書記）の一人に紛《まぎ》れ込んでいた。長慶は阿波一国の大名から、京都を制圧《せいあつ》して一代で八ヶ国あまりの大領主になった風雲児《ふううんじ》である。

久秀は雑務をこなし、認《みと》められていった。しかし、武芸はろくにできず、決して事務能力に秀《ひい》でていたわけではない。軍略は一切《いっさい》なかったが、要領《ようりょう》が良《よ》く、自分が勝てる戦《いくさ》しかしないように立ち回《まわ》ることにかけてはずば抜けていた。そして一軍の将とされ、細川晴元（16ページ）の軍勢を破《やぶ》ってしまった。この手柄で久秀は四七歳のとき長慶から摂津国半分の支配を任されるまでになる。

久秀の一番の才能は、権力者に取り入《い》るのが天才的で、主人の褒《ほ》めて欲しいところを褒め、主人が不安に感じているところについては相手を怒らせないように批判する。ただ世《せ》辞《じ》を並《なら》べるような安易《あんい》なことはしないのが、久秀の上手《うま》い手だった。長慶は久秀を天下の知恵者でかけがえのない人間と思うようになる。

長慶を上手くたらしこんだ久秀は次に主君を孤立させる。彼は、主君に重臣たちの悪口を吹き込み、邪魔《じゃま》者を失脚《しっきゃく》させていった。この策にはまった長慶は、弟の安宅冬康《あたぎふゆやす》も討《う》つ。長慶は久秀の罠《わな》に気がつかない。

この間《あいだ》、久秀は播磨《はりま》（兵庫《ひょうご》県）の一部を攻略《こうりゃく》し、六〇歳のときには大和一国を制圧した。この五年後の永禄《えいろく》七年（一五六四年）に長慶が病没すると、久秀は長慶の養子の義継を操《あやつ》り、三好政権を思いのままに動かした。久秀の野望はますます拡大する。

さらに久秀は、気に入らない足利義輝《よしてる》将軍を暗殺させ、自分が自由に動かせる足利義栄《よしひで》を将軍にした。反対勢力を征伐《せいばつ》できれば確実に中央政権の頂点に立てる。久秀の天下は目の前だ。

しかし、一五六八年に織田信長《おだのぶなが》が松永軍の約八倍の大軍を率《ひき》いて入京してきた。この時、久秀は信長に敵《かな》わないと悟《さと》り、いち早く天下の名器「付藻茄子《つくもなす》の茶入《ちゃい》れ」を献上《けんじょう》して取り入った。このおかげで久秀は大和一国を与《あた》えられたが、あれこれ策略を用いて操ろうとしても信長は思い通りに動かない。業《ごう》を煮《に》やした久秀は石山本願寺《いしやまほんがんじ》の勧《すす》めを受けて信長に謀反《むほん》を起こした。天正五年（一五七七）のことである。実《じつ》はこれは二回目の信長への裏切りだった。一度目が失敗しても、信長に上手く言い逃《のが》れをして咎《とが》めがなかった。

しかし、今度は本願寺などの反信長勢力が思いのほかに弱く、ついに久秀は本拠《ほんきょ》の信貴《しぎ》山城《さん》で織田軍に囲《かこ》まれる。このとき、信長の使者が名器「平蜘蛛《ひらぐも》の茶釜《ちゃがま》」を差し出せば命を助けると久秀に詰《つ》め寄《よ》った。だが、久秀はここで茶釜を献上して一旦《いったん》は助かっても、いずれ信長に殺されるとわかっていた。二度目の裏切りまで許《ゆる》しておくはずがない。このとき、久秀は武士にはあるまじき暴挙に出る。信長に永遠に手に入らないように我が身《み》を茶釜とともに砕《くだ》いた。爆死である。六八歳で壮絶《そうぜつ》な最期《さいご》となった。

上《かみ》泉《いずみ》信《のぶ》綱《つな》

（一五〇二―七三）上野の小領主
後世に大きな影響を与えた多才な剣客

上泉信綱《かみいずみのぶつな》は、江戸《えど》時代の武術、軍学などに大きな影響を与えた人物である。信綱の武術は新陰流《しんかげりゅう》の名で、軍学は上泉流《かみいずみりゅう》の名称で永《なが》く伝承されてきた。さらに柳生新陰流《やぎゅうしんかげりゅう》の祖《そ》である柳生石舟斎宗厳《せきしゅうさいむねよし》をはじめとする多くの剣客《けんかく》が、信綱の教えをもとに独自の流派を開いた。疋田文五郎《ひきたぶんごろう》の疋田陰流《ひきたかげりゅう》、小笠原玄信斎《おがさわらげんしんさい》の真新陰流《しんのしんかげりゅう》、駒川太郎左衛門《こまがわたろうざえもん》の駒川改《こまがわかい》新流《しんりゅう》など、有名な流派には信綱の流れを汲《く》むものが多い。しかし高名《こうめい》なわりには、信綱の消息《しょうそく》を伝える文献《ぶんけん》は少ない。信綱は「謎《なぞ》の才人《さいじん》」と呼ぶべき人物であった。

少ない資料から調べていくと、信綱を文亀《ぶんき》二年（一五〇二年）の生まれとみる伝えがある。信綱は、上野国上泉の小領主《しょうりょうしゅ》の子で、若い頃は上泉秀綱《ひでつな》と名乗《なの》っていた。上泉家は、上野国の小大名《しょうだいみょう》である長野《ながの》家の配下《はいか》にあったが、比較的《ひかくてき》自由な立場におかれていた。信綱は、父の秀継《ひでつぐ》から剣術を教わったことをきっかけに、剣術、軍学などに強い関心を持ち、各地の良い師匠を訪《たず》ねて、多くのことを学んで廻《まわ》った。

信綱が、ある村落《そんらく》を通りかかったときのことだ。浪人《ろうにん》が子供を人質に、民家に立て籠《こも》っていた。信綱は、村人に僧侶《そうりょ》の服を借りて握《にぎ》り飯《めし》を作らせると、浪人が立て籠る民家を訪ねた。僧侶に化けた信綱は、「せめて子供に飯を食わせてやって欲しい」と、握り飯を差し出した。浪人が受け取ろうとした隙《すき》に素手《すで》で浪人を無傷《むきず》で取り押さえることで、事態を解決した。信綱の腕《うで》なら、子供を助けて、浪人を有無《うむ》をも言わさず斬殺《ざんさつ》するのは簡単だ。だが、狼藉者や敵兵であっても、人を殺めるのを嫌った。命を重んじていたからだ。しかし、この信綱の優しさがやがて、武人としての生き方を大きく狭《せば》めていくのだった。

長きにわたって各地で学んだ信綱は、小笠原氏隆《うじたか》の軍学や、愛洲宗通《あいすむねみち》の陰流の刀槍の技に、強い影響を受けた。しかし信綱が編み出した流派は、多様《たよう》なものを取り込んだ独自《どくじ》色《しょく》の強いものであった。信綱の軍学には、当時の科学と呼ぶべき陰陽五行説《いんようごぎょうせつ》の深い知識に裏打ちされた合理性が強くみられた。剣術などの体術だけでなく、学問にも深く取り組み続けてきた成果であった。

信綱に、実戦《じっせん》の機会が訪《おとず》れたのは老年《ろうねん》を迎《むか》えてからだった。信綱の主家《しゅけ》である長野業《なり》政《まさ》が、本拠《ほんきょ》の箕輪《みのわ》城で武田家の侵攻に抵抗《ていこう》したとき、信綱は入城して信玄と戦ったのだ。だが、箕輪城は永禄九年（一五六六年）に落城《らくじょう》した。

落城後《ご》、信玄は信綱の武芸を認め、臣下《しんか》に迎えようとしたが、信綱は辞退して放浪《ほうろう》生活を始めた。信綱はこのとき、六五歳であった。子供を人質に取る卑怯《ひきょう》な浪人すら怪我《けが》一つさせなかった信綱は、人を殺す戦《いくさ》を嫌った。そのために主を持ち、臣下となって出世《しゅっせ》を目指す武人としての道を自《みずか》ら閉ざした。学問と武術家としての道を極《きわ》めればこそ、人を殺めることを拒《こば》んだ。

信綱は、各地の有力者のもとを転々《てんてん》としながら、武芸や軍学を教えて生活していた。信綱と仲の良い公家《くげ》に、山科言継《やましなときつぐ》という男がいた。信綱は元亀二年七月、言継に「上野国に行く」と告《つ》げて京都を出た。その後《ご》の消息は不明になった。行方《ゆくえ》の知れない親友の安《あん》否《ぴ》を心配する言継のもとに、信綱の死の報《しら》せが届《とど》いた。信綱は言継と別れた二年後に、遠く離れた関東の地で、七二歳で病死《びょうし》したのだ。信綱は老《お》いてもまだ、見知らぬ武術を求めて旅していた矢先だった。

信綱の剣術に関する伝説や逸話《いつわ》は多いが、彼がずば抜けて強かったことを記《しる》す確実な文献はない。そこそこの腕前《うでまえ》はあったが、彼は「戦士」ではなく「理論家」であった。信綱を師と仰《あお》ぐ柳生石舟斎らは、彼の剣の腕前ではなく、学問に惹《ひ》かれた。信綱は、政治や出世には関心がなく、武術、学問の向上《こうじょう》だけを望み、穏《おだ》やかな風のように生きた。

土岐頼芸《ときよりなり》

（一五〇一—八二）美濃の大名
守護大名・土岐家を潰した遊び人

土岐頼芸《ときよりなり》は美濃国の守護大名《しゅごだいみょう》、土岐政房《まさふさ》の次男として生まれた。戦国の半《なか》ばの時代である。頼芸は、若い頃から権勢欲《けんせいよく》が強く、土岐家の嫡子《ちゃくし》である兄・政頼《まさより》を嫌《きら》っていた。永正《えいしょう》十六年（一五一九年）に、父・政房が五三歳で亡《な》くなった。このとき、一九歳の頼芸は「自分こそ土岐家の当主《とうしゅ》に相応《ふさわ》しい人物だ」と主張して、二歳上の兄・政頼と家督《かとく》を争《あらそ》った。しかし、家臣《かしん》の多くが兄を支持したために守護になれなかった頼芸は、守護家から鷺山《さぎやま》城という小城を与えられ、不本意な日々を過ごすことになった。

この頼芸のもとに、面白い男が訪《たず》ねてきた。西村利政《にしむらとしまさ》と名乗る武士《ぶし》で、後《のち》の斎藤道三《どうさん》である。この頃の道三は、守護家の執権《しっけん》・長井長弘の家臣であった。道三は主君《しゅくん》の長井に従《したが》って、守護就任の祝《いわ》いを述《の》べに政頼のもとに参《さん》じたが、政頼に疎略《そりゃく》に扱《あつか》われたと頼芸に訴《うった》えた。そして「頼芸様こそ守護に相応しい俊才《しゅんさい》だ」と頻《しき》りに語る。七歳も年長の道三にそこまで言われて、頼芸も悪い気はしない。道三の政頼に対する批判は的を射《い》たもので、頼芸は道三を大《おお》いに気に入り、しばしば客人として居城に招《まね》くようになる。さまざまな遊芸《ゆうげい》に通じた道三の話は、面白い。しかも折《おり》にふれて、美女を頼芸に世話《せわ》した。頼芸は道三を気に入り、長井に話をつけて自分の直臣にする。

彼は道三が連《つ》れてきた深芳野《みよしの》という女性を、大《たい》そう気に言った。そのうち頼芸は絵を好《この》むようになり、政治のことを放り出して何日も絵筆を握《にぎ》り続けたりした。道三は、「頼芸様の鷹《たか》の絵は天下一品でございます」と褒《ほ》めそやす。頼芸が怠惰《たいだ》な日々を送っていたある日、道三が「頼芸様を守護にして差し上げます」と申し出た。そして道三は、五千五百の軍勢を用《もち》いて、土岐政頼を美濃から追った。天文四年（一五三五年）のことである。

道三は素晴《すば》らしく頼りになる直臣だ、と頼芸は喜《よろこ》んだ。忌々《いまいま》しい兄を追い出し、土岐家の当主になった頼芸は、前にも増して贅沢三昧《ぜいたくざんまい》の日々を送る。この間《あいだ》に、道三は美濃の名家の一《ひと》つである斎藤家の養子になり、斎藤利政と名乗った。道三は、旧主《きゅうしゅ》である長井長弘を討《う》って勢力を拡大していったが「頼芸様のような優《すぐ》れたお方《かた》の下で働ける私は幸せでございます」と言い続けた。

頼芸は、「遊芸から戦《いくさ》まで何でも長《た》けた道三が、ここまでわしに忠実《ちゅうじつ》なのは、守護大名になるべくしてなった優れた主人《しゅじん》だからだ」と自信に満《み》ちあふれていた。

「道三さえおれば、わしはすべてが手に入る」

頼芸は、道三が何を考えているのかは思いもしなかったのだ。

頼芸が道三の悪意に気づいたのは、可愛《かわい》がっている弟の土岐頼満《よりみつ》を毒殺されたときだった。頼芸は道三の、美濃を狙《ねら》う途方《とほう》もない野望の道具にされていたのだ。

頼芸は、天文二十一年（一五五二年）に殺された弟・頼満の旧臣《きゅうしん》に勧《すす》められて、道三を討つための挙兵《きょへい》の準備に着手したが、その動きをいち早く知った道三の、数千の軍勢の攻撃を受けた。風流《ふうりゅう》と淫蕩《いんとう》に耽《ふけ》る怠惰な生活をしていた頼芸が、道三に敵《かな》うはずもない。

頼芸はあっさりと敗《やぶ》れ、斎藤家の敵であった織田家を頼って、落ち延びる。この後《あと》、頼芸は織田信秀《のぶひで》・信長親子の食客《しょっかく》となったが、本能寺《ほんのうじ》の変《へん》で信長が亡《な》くなった後《あと》は、稲葉《いなば》一鉄《いってつ》のもとで過ごした。長命《ちょうめい》であったが長い晩年《ばんねん》をひっそりと過ごした。

美濃一国を制圧し、やがて出家《しゅっけ》して道三と名乗るようになった一人《ひとり》の野心家に、いいように守護家の名を利用されたのが頼芸だ。しかし道三という策士《さくし》に甘い夢を見せられ、どん底に突き落とされた頼芸は、与えられる遊興《ゆうきょう》ばかりを貪《むさぼ》り、何の努力もしてこなかった。贅沢な生活を求めて頼芸の愛妾《あいしょう》になった女性たちで、尾張国に逃げ延びた頼芸についで来た者は一人もいなかったという。

斎藤伝鬼坊《さいとうでんきぼう》

（一五五〇―八七）主君を持たない剣客

非業の死を遂げた最強の剣豪

斎藤伝鬼坊《でんきぼう》は天文十九年（一五五〇年）に、常陸国の中で小さな領地《りょうち》を治める中級武士の家に生まれた。実名《じつめい》は勝秀《かつひで》だが、若いときは「主馬《しゅめ》」と言う通称を用《もち》いていた。伝鬼坊の父は、関東の有力大名《だいみょう》である北条氏康の近習《きんじゅ》を務《つと》めている。しかし、父のような城勤《づと》めを好《この》まず、日々を自領《じりょう》でぼんやりと過ごし、親を困《こま》らせていた。

そんな伝鬼坊が何を思ったか、一八歳のときに、関東剣術界の元締《もとじ》めである塚原卜伝《つかはらぼくでん》に弟子入りした。卜伝はこのとき、七九歳であった。晩年《ばんねん》であるにもかかわらず、卜伝の稽古《けいこ》は厳しかったが、伝鬼坊は次々と兄弟子を打ち負かして頭角《とうかく》を顕《あらわ》した。しかし、伝鬼坊から見た卜伝は、老《お》いてもつけ込む隙《すき》がないほど強く、余人《よじん》にはない気品を持っていた。「師匠ほど素晴《すば》らしい人間はいない。剣術はもとより、人間としても完璧《かんぺき》な人だ」と、伝鬼坊は卜伝に心酔《しんすい》し、武芸を極《きわ》める道を歩《あゆ》む決心をした。

だが、卜伝の下《もと》で剣術を学ぶ日々は長くは続かなかった。弟子入りして四年後（一五七一年）、卜伝が病没《びょうぼつ》した。伝鬼坊は、卜伝を超《こ》える指導者を見出《みいだ》せず、各地を旅し、独学で剣を磨《みが》く日々を過ごすようになる。山に籠《こも》り、座禅《ざぜん》を組み、いくつもの道場で他流《たりゅう》試合をしたが、師の境地には及《およ》びそうにない。伝鬼坊は思い煩《わずら》い、十年を過ごした。

天正九年（一五八一年）十一月二十一日、伝鬼坊は鎌倉《かまくら》の鶴岡八幡宮《つるがおかはちまんぐう》に参籠《さんろう》し、瞑想《めいそう》していた。すると、一人《ひとり》の修験者《しゅげんじゃ》が現《あらわ》れ、伝鬼坊に何かを語《かた》りかけたという逸話《いつわ》が残っている。この修験者との対話で、伝鬼坊はすべての迷《まよ》いが解《と》け、自己流《じこりゅう》の剣術を摑《つか》めた。しかし、我《われ》に返った伝鬼坊が目を凝《こ》らしても、修験者の姿《すがた》はなかったという。「あの修験者は神の使いに違いない」。伝鬼坊は、自分の編み出した流派を「天流《てんりゅう》」と名づけた。

剣技に自信を得た伝鬼坊は、師であった卜伝の知人からのツテで、正親町天皇《おおぎまちてんのう》の前で天流を披露《ひろう》する機会を得《え》た。天皇の御前《ごぜん》で伝鬼坊は刀を振るった――上段の構《かま》えから中段へ、中段の構えから下段へ――この剣技を、天皇とともにその場で見た者は感嘆《かんたん》し、伝鬼坊を「最強の剣客《けんかく》」と称《たた》えた。天皇は、伝鬼坊に検非違使《けびいし》・左衛門少尉《さえもんのしょうい》という官職《かんしょく》を授《さず》けた。「判官《ほうがん》」の通称で呼ばれる、かつて源義経《よしつね》が任命された官職であった。

伝鬼坊の評判を聞いて、織田信長らの権力者が競《きそ》って、誘《さそ》いをかけてきた。仕官先は思いのままだ。いくらでも出世《しゅっせ》できる道がある。しかし伝鬼坊は「権力欲を満《み》たすために人を斬《き》りたくはない」と、すっぱりと髪《かみ》を落とし、俗世《ぞくせい》の縁を絶《た》った。伝鬼坊と名乗るようになったのは、このときからである。

故郷《こきょう》の常陸に帰ると、伝鬼坊は小さな道場を開く。弟子入りした者たちは、伝鬼坊を師と尊《とうと》んで「判官入道《ほうがんにゅうどう》」と呼んだ。伝鬼坊は、敬愛《けいあい》した自分の唯一《ゆいいつ》の師であるト伝のように剣に励《はげ》み、弟子を愛し、欲得《よくとく》と無縁《むえん》に過ごした。しかも、伝鬼坊の評判が衰《おとろ》えることはない。伝鬼坊は、塚原ト伝の弟子の中でも鬼才《きさい》と呼ばれ、突出《とっしゅつ》した剣客であった。

しかし無欲な日々の中で伝鬼坊は、常陸国真壁《まかべ》の小武将・桜井大隅守《さくらいおおすみのかみ》の息子・霞之助《かすみのすけ》から憎《にく》まれていることに気づかなかった。自分より家柄《いえがら》の低い伝鬼坊が、世間《せけん》で誉《ほ》め立てられているので、嫉《ねた》み憎んでいたのだ。天正十五年（一五八七年）のある日、三八歳になった伝鬼坊のもとに、霞之助からの挑戦状が届《とど》いた。伝鬼坊はこれに応じて、木刀《ぼくとう》で立ち合ったが、二人《ふたり》の力の差は大きかった。伝鬼坊は一撃で霞之助の頭を砕《くだ》いてしまう。

この立ち合いの後《あと》の帰路が、伝鬼坊の黄泉路《よみじ》となった。寂しい山道で霞之助の仇討《あだう》ちと称《しょう》した卑怯《ひきょう》な闇《やみ》討ちにあったのだ。伝鬼坊一人を殺すために、五十人もの桜井家の者が一斉《いっせい》に弓矢を射《い》た。自由な生き方を好んだ伝鬼坊の境地は、嫉み逆恨《さかうら》みで被《こうむ》った不慮《ふりょ》の死をも、受け入れるものだったのかは、誰にもわからない。

斎藤利三《さいとうとしみつ》

（一五三八―八二）明智光秀の家老
命がけの引き立てに命で報いた男

明智光秀《あけちみつひで》の右腕に斎藤利三《さいとうとしみつ》という男がいた。この利三は、天正《てんしょう》一〇年（一五八二年）の本能寺の変の直後の山崎《やまざき》の戦いで自軍の二倍半近い兵力をもつ羽柴《はしば》（豊臣《とよとみ》）秀吉《ひでよし》の軍勢に敗れて処刑された。

明智を裏切って逃げれば助かったであろうに、斎藤利三はすすんで不利な合戦のもっとも危険な部分に向《む》かった。寝返りや日和見《ひよりみ》の多い戦国の世に、なぜ彼はそこまで光秀に忠義を尽《つ》くしたのだろうか。

利三は、はじめ当時の美濃《みの》の国主・斎藤義龍《よしたつ》に仕《つか》えていたが、まもなく彼は油商人の子孫で品性の劣る成《な》り上がり者の義龍を嫌い、美濃の小大名《しょうだいみょう》・稲葉一鉄の下《もと》に移った。ここで利三は一鉄の娘を妻にして、お福《ふく》（のちの春日局《かすがのつぼね》）という子供までもうけていたが、常《つね》に一鉄のような「小物」の下では自分の実力を発揮できないと考えていた。

そのため、彼は三度稲葉家を抜け、三度とも一鉄に連れ戻されたという。これを気の毒に思った利三の母の兄にあたる明智光秀が、斎藤利三を自家に迎えようとした。一鉄がそのことに対する不満を主君の織田信長に訴えると、信長は家臣《かしん》の居並ぶ前で、光秀の髪をつかんで頭を敷居に打ちつけ、刀を抜いて手打ちにしようとした。それでも光秀は、利三を庇《かば》った。

信長は、このとき強引に斎藤利三をつれて行き自分の家来《けらい》にしたが、利三は織田家から逃《のが》れて明智光秀をたよった。このとき光秀は利三を家老《かろう》にして一万石《ごく》を与えた。光秀は利三を高く評価し破格の報酬を用意した。稲葉一鉄の石高は一万二千石にすぎない。中小企業の優秀な技術者が大企業に引き抜かれ、かつての勤め先の社長と、そう変わらない収入を得るようになったといったところである。

斎藤利三は命をかけて自分を求めた光秀に大いに感謝した。そして、彼は不仲な一鉄や自信家の信長が欲しがるほどの有能な男であった。光秀は利三の実力を知り、それにふさわしい扱いをした。これにより主従の強い絆《きずな》が生まれたのだ。

現在でも社長と中堅幹部との間に、光秀と利三のような信頼関係のある企業は強い。家《か》中《ちゅう》の強い結束があったから、光秀は主君信長を討つ冒険に踏み切れたのだろう。

斎藤利三が光秀に仕えた二年後に、山崎の戦いが起こった。これは光秀が謀反を起こして信長を討ったために、秀吉が大軍を連れて主君の仇討ちに来たものである。不利な戦《いくさ》であるが、兵士のあいだには、利三ならもしかしたら勝てるかもしれない、ここで勝てば光秀の天下取りが確実なものになるという期待があった。しかし、このとき利三は死を覚悟していたであろう。

斎藤利三は、先鋒として主戦場となる円明寺《えんみょうじ》川東岸にむかった。そこに秀吉方の諸隊《がた》が次々に襲いかかったが、斎藤隊は崩《くず》れない。秀吉方の死者がふえていく。そのとき天王山《てんのうざん》に秀吉方の旗印が上がった。明智方の別働隊《べつどうたい》が敗れたのだが、天王山から背後にまわられると逃げ道はない。

斎藤配下の兵士の戦意が急速に衰《おとろ》え脱落者が相次いだ。このようにして、利三は敗れ四五歳で散っていった。かれは命がけで買ってくれた主君に命をかけて応《こた》えた。この斎藤利三の最後は戦国の世《よ》の幸《しあわ》せな死の形の一つだったろう。

弥介《やすけ》

（生没年不詳）織田信長の家来
日本唯一の黒人戦国武士

最初に日本に来た黒人は、織田信長に気に入られて弥介《やすけ》の名をもらった。彼はポルトガル人の宣教師ヴァリニャーニに従《したが》って、信長に謁見《えっけん》したことをきっかけに、信長の側近に加《くわ》えられたのである。

弥介は当時ポルトガル領となっていたアフリカ東海岸のモザンビーク島で生《う》まれ育った。日本に来る前の弥介の名前は伝わっていない。聖職者である弥介は、日本で「黒坊主」と呼ばれていた。

彼は黒人の中のある程度の階層の出《で》であった。モザンビーク島が東方貿易の拠点だったことからみて、輸入品を扱う商家の息子であったかもしれない。家業に関連してポルトガル人と話す機会を持った弥介少年が、成り上がってやろうと考えてモザンビークの教会に入り、ポルトガル語や哲学を学んだのであろう。

ヴァリニャーニが東洋に向かう途中にモザンビークに寄ったとき、弥介は日本訪問の一行に加わった。このとき彼は二五、六歳になっていた。教会で十年ほど勉強した彼は、このころにはモザンビーク各地への布教を担当するぐらいの地位になっていたろう。

この時期には、日本と往来した先輩宣教師たちの手で簡単な日本語辞書が作られていた。そのため、弥介は教会や船中でそれを読み込んだとみられる。

信長は、天正九年（一五八一）二月二十三日に本能寺で弥介を見て驚いた。黒い肌の人間の存在を信じられなかった信長は、弥介が墨《すみ》のようなものを体に塗っているのではないかと疑い、近臣《きんしん》に弥介の体を洗わせたという。

このあと信長は、六尺二分（一八二センチメートル）の巨体と十人力を超《こ》える剛力をもつ弥介を気に入り、常にそばに置いた。

弥介のことを恐れ、珍しがる家来たちや京都の町衆《まちしゅう》を見た信長は、彼を自軍の指揮官の一人にしようともくろんだ。派手な甲冑《かっちゅう》を身に着けた巨大な弥介を自軍の先鋒に立てれば、敵方は異国の怪人に怯《おび》えるだろうと考えたのだ。

そのために、片言《かたこと》の日本語しか話せない弥介は、武家言葉や上級武士にふさわしい作法を教え込まれた。そして弥介は、翌天正十年二月の甲州《こうしゅう》攻めに同行するように命じられた。信長に、実戦で武士の心得を教えられたのだ。

これが弥介の初陣《ういじん》で、本能寺の変にあうまでに信長とともに戦った、ただ一度の戦闘であった。

本能寺の変のときに、弥介は信長のそばで勇敢《ゆうかん》に戦った。本能寺が陥《お》ちると、彼は信長の愛息の信忠《のぶただ》を守るために、二条御所《にじょうごしょ》に入り明智勢に抵抗したが、信忠は自刃《じじん》した。彼の近臣たちもその後を追ったが、キリスト教徒である弥介は自殺を許されない。

これを知った明智の家臣の一人が弥介に近づいて降伏を勧《すす》めた。すると、弥介はすすんで刀を渡して捕《と》らえられた。この報告をうけた光秀は、「弥介を宣教師のもとに返してやれ」と言った。信長との出会いから本能寺の変までの僅《わず》か一年四カ月の間であったが、弥介は本物の武士よりはるかに強い忠誠心をもって信長に仕えたのだ。

弥介は、異国の大名になる夢が破れたことを嘆《なげ》いたのであろうか。それとも、故郷に帰って豪放《ごうほう》な信長と過ごした短い日々を懐《なつ》かしい想い出として過ごしたのだろうか。

十河存保《そごうまさやす》

（一五五五―八六）阿波の大名

一族没落に栄華の人生を狂わされ戦場で散った

十河存保《そごうまさやす》は、三好長慶政権の流れをひく最後の大名である。長慶は、足利一門の細川晴元を追い落とし、約十四年間（一五五〇～一五六四年）にわたって思いのままに幕府政治を動かした人物であるが、存保は長慶の甥（弟・三好義賢《よしかた》の次男）であった。

存保は三好政権の全盛期に生まれ、三好一族の十河の名字を嗣《つ》いだ。長慶は和歌《わか》、連歌、禅《ぜん》に通じた文化人であり、三好一族には風流人も多い。幼い存保は、そのような優雅な京都の文化の中で育ったと思える。

ところが、彼の人生は一転する。長慶の死によって三好一族の内紛が始まったのだ。間もなく（一五六八年）織田信長が武力で京都を制圧した。このとき、十河存保などの三好一族の多くは阿波や讃岐《さぬき》に逃れた。上洛《じょうらく》する前の長慶が阿波・讃岐の戦国大名だったからである。

三好一族と信長の抗争は続き、長慶の養子の義継《よしつぐ》らが討たれた。最後には（一五七五年）十河存保はしかたなく兄の三好長治《ながはる》とともに信長に降伏する。このとき長治は阿波、存保は讃岐の領地を安堵《あんど》された。

最大の敵である信長との関係は安定したが、三好長治はそれから間もなく（一五七七年）阿波回復を狙う細川一族に攻め滅ぼされた。三好の名字はこの時点で歴史の表舞台から消えた。存保は細川一族と戦って兄の旧領を取り戻したが、このあと四国《しこく》南部の大名、長宗我部元親《ちようそかべもとちか》が三好一族の勢力衰退《すいたい》につけ込んで四国北部を自領に併合しようと動き始めた。

彼は十河方の拠点をいくつか攻め落として勢力を拡大していった。そのため、天正十年（一五八二年）に存保と元親との決戦となった中富川《なかとみがわ》の戦いが起こった。

十河勢は五千、対する長宗我部勢は二万三千であった。存保は、数の上での不利をはね返すため自《みずか》ら先頭に立って敵方の本陣を突く作戦に出た。その存保の気迫に、元親の旗本は一瞬、混乱した。

しかし、敵方の諸隊はしだいに態勢を立て直し、ひしひしと存保の部隊をとり囲んで攻撃を加えてくる。「もはやこれまで」と存保は敵中に駆け入って斬り死にしようとした。

そのとき、東山備後守《ひがしやまびんごのかみ》という者が主君をいさめ、自らは戦場に留《とど》まり、存保とその近臣を退却させた。

領地を失った存保は、大坂の豊臣秀吉を頼ることになった。

豊臣秀吉が四国を制圧したあと（一五八五年）、存保は本拠の十河で二万石を与えられたが、その翌年、存保は九州遠征への従軍を命じられ、十二月十三日の豊後《ぶんご》（大分県《おおいたけん》）の戸次川《へつぎがわ》の戦いに加わった。

豊臣方の指揮をつとめる仙石秀久《せんごくひでひさ》に従った存保が、島津の先陣に斬り込むと、島津勢はすみやかに崩れ逃走をはじめた。ところが、それを追っていった存保たちはあちこちに隠れていた島津の諸隊に囲まれた。

すると、仙石秀久はなりふりかまわず敗走した。戦場に踏み留まった十河隊には、伊《い》集院忠棟《じゅういんただむね》（92ページ）の大軍が攻めかかってきた。

このとき存保は「仙石のように敗れて生き恥をさらすべきではない」といい残し、伊集院隊の中心部に馳《は》せむかっていった。

織田、細川、長宗我部など多くの敵と戦い、生き残ってきた存保は最後は島津隊に囲まれ華々しく戦死した。三好政権が崩壊し三好一族が次々に消えていく中で、彼はまるで死に場所を求めるような戦いをした。彼はまだ三二歳だった。

高坂昌信《こうさかまさのぶ》

（一五二七―七八）武田信玄の近臣

武田信玄の引き立てに応え川中島で奮戦した

高坂昌信《こうさかまさのぶ》は武田信玄が後半生にもっとも頼りにした家臣である。信玄は、父の信虎から有能な家臣を多く受け継《つ》いだ。しかし上田原の合戦（一五四八年）で先代以来の家老である甘利虎泰（19ページ）、板垣信方の両名を失った。

高坂は、井沢《いさわ》の庄（笛吹《ふえふき》市）の郷士の子であったが一六歳のとき（一五四二年）に小姓の一人として武田信玄に召《め》し抱《かか》えられた。

このあと高坂は、文武ともに長《ちょう》じた信玄にあこがれ、武芸や学問に勤《いそ》しんだ。この間、細かいことに気配《きくば》りする高坂は、信玄に大いに気に入られた。

幼少のころの彼は、姉に可愛《かわい》がられ、姉婿《むこ》から手習いや算盤《そろばん》の手ほどきを受けたという。年長の親族との交流のなかで、高坂は目上の者の気持ちを読み、歓心《かんしん》を買う知恵を身《み》につけたのだろう。

高坂は信玄の親衛隊の一人としてあちこち転戦した。そして、二六歳のとき、信濃国の小岩岳《こいわだけ》城攻略戦のときに、陣頭に立って城門を破る手柄をたてた。これによって彼は、侍大将の一人に取り立てられた。

この七年後に、高坂は海津《かいづ》城主になった。この城は上杉謙信《うえすぎけんしん》との戦いの最前線に作られていた。信玄は高坂なら上杉軍を見事に防いでくれると考えたのだ。よく知られた第四回川中島《かわなかじま》の合戦（一五六一年）は、その翌々年に起こった。

このとき信玄は海津城に入り、上杉勢はその南西の妻女山《さいじょさん》に陣を置いて、海津城をうかがった。

十日余り睨《にら》み合った後《のち》に、九月九日夜になって数にまさる信玄が動いた。彼は、自軍を二分して謙信を挟《はさ》み撃ちする策に出た。信玄は高坂昌信、飯富虎昌《おぶとらまさ》らの一万二千人の別働隊に背後から妻女山を襲うように命じ、信玄は八千人の本隊を率いて川中島で山から降りてくる上杉勢を待ち受けて、これを討とうとした。

しかし、謙信はこの裏をかいて八千人の全軍で信玄に向かってきた。妻女山に着いた高坂たちは、敵がすでに川中島にいることを悟った。このとき高坂は二千人の手勢をつれて海津城に戻り、飯富らを信玄の助けに向かわせた。

信玄の身が心配だったが、城主としての責任を果たさねばならない。万一、川中島で味方が負けたときに武田家は帰る場所を失う。城さえ持ちこたえていれば、信玄は再び海津城に入り軍勢を立て直せる。高坂はこう考えたのである。

この判断は正しかったろう。しかし、飯富隊などの援軍の到着により、上杉勢の攻撃に苦しめられていた信玄の隊は立ち直り、謙信は越後《えちご》方面に退却せざるを得なくなった。

武田信玄が五三歳で病没《びょうぼつ》した（一五七三年）あと、彼の跡《あと》を嗣いだ勝頼《かつより》の指導力は弱く、武田家の威勢はしだいに衰えていった。高坂は勝頼から、武田家の強敵・謙信への防備を任《まか》された。彼は、その役目をよく果たした。

しかしこういったなかで、長篠《ながしの》の合戦（一五七五年）が起こった。これは勝頼が織田・徳川連合軍に無謀な戦いを独断でしかけて大敗したものである。このとき高坂は、上杉家に知られぬように密《ひそ》かに薬と大量の衣服を持って勝頼を迎えに駒場《こまば》（阿智《あち》村）までおもむいた。傷の手当てをして着替えを手渡す彼は、「負け戦《いくさ》でも、きちんとした装束《しょうぞく》で帰らねば甲斐源氏《かいげんじ》（武田家）の末代までの恥辱《ちじょく》となろう」と言ったとある。

この三年後に高坂は病没した。まだ五二歳であった。彼亡きあとの武田家は信長に滅ぼされた。信玄にほれこみ武田家のために骨身を惜《お》しまず働いた高坂は、信玄の早すぎた死によって生きがいを失い、跡継ぎの勝頼に思い入れを持てなかったのではあるまいか。

佐《さ》久《く》間《ま》盛《もり》政《まさ》

（一五五四—八三）柴田勝家配下の加賀の大名
秀吉に敗れた忠義の猪武者

佐久間盛政《さくまもりまさ》は織田家の譜代の家に生まれた。盛政は、信長の筆頭家老《ひっとうがろう》であり信長の妹婿であった柴田勝家《しばたかついえ》の麾下《きか》で活躍し、勝家の姉の子でもある。

盛政は若いときから武芸で知られていたが、一本気で気の短い男であった。悪く言えば、進むを知って退くを知らぬ「猪武者《いのししむしゃ》」である。

盛政は自分より三二歳年上だが、戦場では死を恐れぬ働きをする勝家の勇猛さに憧《あこが》れていた。

そんな勝家の配下として、多くの手柄を立てていた盛政だが、一五八〇年に織田家の重臣である父方の伯父《おじ》・佐久間信盛《のぶもり》（74ページ）が、信長の理不尽な怒りを買って追放された。信盛は諦《あきら》めて高野山《こうやさん》に入ったが、その被害が係累《けいるい》である盛政にまで忍び寄っていた。このとき、盛政は二七歳であった。そのときに勝家が身《み》をもって盛政をかばったのだ。たとえ信長の重臣とはいえ、信長には細かい情《じょう》は効《き》かない。被害は勝家にまで及《およ》ぶ可能性があった。しかし勝家は熱心に、これまでの盛政の軍功を信長に申告し説得して無事に難《なん》を逃《のが》れさせた上《うえ》になんと、盛政を加賀《かが》一国の大名に引き立ててくれたのだ。盛政はさらに勝家に心酔《しんすい》していき、大恩に報《むく》いようと忠義を誓《ちか》った。

信長の勢力拡大に合わせて勝家ともども快進撃を続けていた盛政を、一気に衰運《すいうん》に導《みちび》いてしまったのが、一五八二年の「本能寺の変」だ。信長が暗殺されたのだが、盛政は信長の没後《ぼつご》の政権を、信長の妹婿で筆頭家老の勝家が受けるものだと思っていた。当然、勝家もその周辺の人間もそう思っていた。天下へ躍《おど》り出る第一歩だ。盛政はここで勝家を殿《との》として活躍し恩義に報いたいと思ったその矢先に秀吉が立ちはだかったのだ。秀吉は口の巧《うま》いおべっか者にすぎない。目の前の秀吉を叩《たた》く。これが一対一の決闘なら盛政は秀吉に圧勝したはずだった。しかし、勝家は秀吉の天才的軍略と組織力を見抜けなかった。

天正十一年（一五八三年）三月十七日に始まる賤《しず》ヶ《が》岳《たけ》の合戦で相《あい》まみえたこの勝負は敗色が濃いものだった。秀吉の軍勢は六万だったのに対し、勝家の兵力は二万足らずだ。両軍は近江《おうみ》国の余呉《よご》湖（長浜《ながはま》市）の北方で対峙《たいじ》したが、勝家は予想外の兵力差に驚きのあまり戦意を失い、動けない。心酔している勝家の有様《ありさま》に盛政は、「ここで止まっては、我らが天下の笑い者になりますぞ」と勝家を励《はげ》まし、自《みずか》ら四千の軍勢を率《ひき》いて敵の第二線陣地を叩く奇襲《きしゅう》を提案した。これは、決死の策《さく》だった。

三千ほどの兵力の第二線陣地を占領《せんりょう》すれば、秀吉方の第一線陣地は勝家軍の本隊と佐久間隊との挟《はさ》み撃《う》ちで倒せる。そうすれば、第二線陣地の後方の敵も退却せざるを得《え》ない、という目論見《もくろみ》だ。

四月二十日早朝、夜をついて行軍《こうぐん》していた盛政が秀吉方の大岩山《おおいわやま》の砦《とりで》に攻撃をかけると大岩山は陥《お》ち、ついで岩崎山《いわさきやま》も制圧した。後《あと》は最後の砦である賤ヶ岳だ。しかし、どうしても陥とせない。焦《あせ》る盛政に、秀吉勢一万六千が攻撃をかけてきた。四倍の勢力相手にも盛政は踏み止《とど》まって奮戦するが、目の前で味方は瞬《また》く間《ま》に崩《くず》れていく。悔しい。勝家が信長の跡《あと》を継《つ》ぐべきなのに、なぜ目の前の卑《いや》しい秀吉に勝てないのだ。打撃を与えられぬまま盛政は退却を余儀《よぎ》なくされた。やがて敵方に捕《と》らえられ無念のまま処刑されたが、まだ三〇歳の若さだった。勝家は本拠の北庄《きたのしょう》城（福井《ふくい》県）に逃《のが》れた後、盛政の後を追うように切腹した。奇襲攻撃に向かう盛政は、自軍が必ず勝つと妄信《もうしん》していた。もし、彼が不利になったときの策を考えていたら、少しは歴史が変わっただろうか。

六角義賢《ろっかくよしかた》

（一五二一―九八）近江の大名

信長から逃げ延びた名家の末裔

六角義賢は戦国騒乱の最中《さなか》（一五二一年）に生まれた。平安《へいあん》時代以来の名門で代々、幕府から近江国の南半分の守護《しゅご》に任命されていた六角家の嫡子《ちゃくし》である。義賢は、典型的なお坊《ぼっ》ちゃん育ちであり、公家《くげ》とも付き合いのある名門武将で、貴族《きぞく》的な生活と教育も受けた。

これは、六角家が京都の近くを支配してきた実績のおかげで、三二歳で六角家の当主《とうしゅ》を嗣《つ》いだ義賢は、将軍職《しょうぐんしょく》の継承《けいしょう》問題に口出しをしたり、三好長慶と権力争いをしたりと精力的な動きを見せた。しかし、三好家との争いに勝たずして、政権を我が物にするには程遠《ほどとお》い。天下を狙いうる立場にありながら、義賢は口ばかりで、戦術的には消極的だった。育ちと血筋が良いことを過信《かしん》するあまり、軍の指揮官として、己《おのれ》が不適格であったことに自覚がなかったのだ。それなりの生活と地位を持つが、それらにも不満を覚え、その現状を覆《くつがえ》せない日々を過ごしていた。

永禄十一年（一五六八年）、義賢が四八歳のときに、義賢より一三歳年下の織田信長が、大軍を率《ひき》いて京都を目指し、近江に乗り込んできた。義賢が長年、欲《ほっ》しながら得られない京都での利権を、成《な》り上がりの若造《わかぞう》が簡単に得られるわけがない……そう、義賢は信長を侮《あなど》り、反旗《はんき》を掲《かか》げた。これが、没落《ぼつらく》人生の始まりだとは義賢はまだ知らない。

織田勢が、瞬《またた》く間《ま》に六角家の拠点《きょてん》である和田山《わだやま》城と箕作《みつくり》城を落として、義賢の本拠《ほんきょ》である観音寺《かんのんじ》城に迫ってきた。「駄目《だめ》だ、負ける！」義賢は歯噛《はが》みしながらも、慌《あわ》てて山深い甲賀《こうが》に逃走した。信長は六角領を一呑《ひとの》みにすると、足利義昭《よしあき》を形だけの将軍に据《す》え、自身が政治の実権《じっけん》を握《にぎ》った。甲賀に隠《かく》れながらも、義賢は口惜《くや》しくてたまらない。だが、「京都の公家や守護職を持つ名門の武家《ぶけ》がおとなしく信長に従《したが》うわけがない。いずれ信長は大きな失敗をしでかすはずだ」と、義賢は先を読み、密《ひそ》かに将軍・義昭と連絡を取り続ける。

それが功《こう》を奏《そう》したのか、六角家再興《さいこう》の唯一《ゆいいつ》の好機《こうき》が巡《めぐ》ってきた。元亀《げんき》元年（一五七〇年）に、信長が越前国の守護の家である朝倉義景《あさくらよしかげ》と衝突《しょうとつ》したのだ。信長が軍勢を連《つ》れて越前に攻め入ると、朝倉家と手を結ぶ近江北部の浅井《あざい》家が、織田軍勢の帰路《きろ》を塞《ふさ》いで織田軍を挟み撃《う》ちにした。義賢は、六角の領地を取り戻すために、旧臣《きゅうしん》を集め、浅井勢と連携して、近江南部に残った織田方を攻撃した。「信長は朝倉と浅井に討《う》たれるのだ」と義賢は確信していた。しかし、信長は浅井領を通らずに朽木谷《くつきだに》の裏道から京都へ戻る。朝倉と浅井の奇襲は信長に知られていた。このままでは、朝倉、浅井ともども義賢も危《あぶ》ない。最後の手段に、義賢はとうとう武士にあるまじき信長暗殺を謀《はか》った。杉谷善住坊《すぎたにぜんじゅぼう》という銃の名人に、京都から本拠地の岐阜《ぎふ》に向かう信長を狙わせた。

しかし、弾丸《たま》が信長に当たることはなかった。ここまでした義賢を信長が見逃すわけがない。もう甲賀にもいられまいと、出奔《しゅっぽん》した義賢の耳に、朝倉と浅井が信長に討たれたとの報《しら》せが入る。「信長にだけは……あんな成り上がり者にだけは、討たれてたまるか！」義賢は浪人《ろうにん》として放浪《ほうろう》しながら、信長から逃亡し続けた。

その放浪生活は二十数年も続き、慶長三年（一五九八年）三月十四日に七八歳で亡《な》くなった。秀吉が亡くなる五カ月前のことだった。当時としては長命だった義賢は「信長の死」「豊臣政権の栄華《えいが》」「秀吉の朝鮮出兵《ちょうせんしゅっぺい》の失敗」などを見続けて、何を思って生きていたのだろう。信長に反抗《はんこう》したことを後悔《こうかい》しただろうか。それでも義賢には、信長に頭を下げるのは我慢《がまん》ならなかっただろう。

朝《あさ》倉《くら》義《よし》景《かげ》

（一五三三—七三）越前の大名

優雅な暮らしに溺れ情勢を見誤った愚将

織田信長の有力な敵として知られる朝倉義景は、守護大名斯波《しば》家を追って越前一国に対する支配を確立した朝倉孝景《たかかげ》から数え、五代目の領主《りょうしゅ》として、天文二年（一五三三年）に生まれた。義景の父は七代朝倉家当主《とうしゅ》と同名の孝景だが、その孝景の代に朝倉家は最盛《さいせい》期《き》を迎《むか》えていた。義景は一六歳のときに、父を亡《な》くして朝倉家の当主を継《つ》いだ。義景の本拠・一乗谷《いちじょうだに》には京風の建物や庭園が建ち並び、京都の公家《くげ》も多く訪《おとず》れ、そこはさながら北国《ほっこく》の小京都の様相を呈《てい》していた。北近江の浅井長政や大坂の本願寺とは友好な関係にあり、越前の有力な兵を持つ義景は、天下を狙《ねら》い得《う》る立場にあった。

義景に第一の転機がきた。永禄八年（一五六五年）、足利将軍家《しょうぐんけ》の内紛《ないふん》の最中《さなか》に、足利義昭が義景のもとを頼《たよ》ってきたのだ。この足利義昭の名代《みょうだい》として、義景は盟友《めいゆう》・浅井長政とともに全兵力で京都に攻め入れば、三好三人衆《さんにんしゅう》と松永久秀を支《ささ》え手《て》とする義昭の政《せい》敵《てき》・足利義栄を政権から追い落とせただろう。そうなれば、室町幕府の実質的権力は義景のものとなっていたはずだ。

しかし、全盛期《ぜんせいき》を迎えている名門の自家しか知らないお坊《ぼっ》ちゃん育ちの義景は、京都遠《えん》征《せい》という冒険に踏み切れない。遊び好きで女好きの義景は、わざわざ危険な目に遭《あ》うより、気楽で決断力の要《い》らない現状の贅沢《ぜいたく》を維持《いじ》することを選んでしまった。

背に腹はかえられない足利義昭の近臣《きんしん》たちは義景に見切りをつけて、義昭を越前から織田信長のもとに遷《うつ》らせた。これが、義景の第二の転機となってしまった。信長は義昭が自分のもとにくると、全兵力で京都を制圧《せいあつ》。京都周辺の小勢力を次々に従《したが》えて勢力を急速に拡大するとともに、京都の商工民を支配して、彼らからの上がりで豊かになっていく。田舎大名《いなかだいみょう》と思っていた信長が、義景より上に成《な》り上がったのだ。

義景は、自分が選択できたのにしなかったことで、信長が成功していくのが口惜《くや》しくてたまらない。何もしなかった自分のことを棚《たな》に上げ、行動して結果を出した信長に激しい嫉妬《しっと》をした。「今度、事があれば絶対に黙《だま》って見ていたりはしない。名門の血筋《ちすじ》と家を持つおれが行動すれば、一《ひと》つ年下で田舎大名の信長なぞに勝《まさ》って当然だ！」。

そして、第三の転機が訪れる。信長と足利義昭が不仲になった。義昭は京都周辺の反信長勢力に「信長を討《う》て」と呼びかける。義景は、今度は真っ先に飛びついた。武田信玄や上杉謙信は、京都から遠すぎて大軍を中央まで送れない。この時期に京都を目指せる位置にいた者の中で、もっとも有力なのが義景である。義景が本願寺と呼応して一気に京都を突《つ》けば、信長と義景との勝機は五分五分だ。「いける！ 信長の今の立場を奪《うば》ってやる」。しかし、先手を取ったのは信長だった。元亀元年（一五七〇年）、信長は「若狭に出兵《しゅっぺい》する」と宣伝しつつ、朝倉領に奇襲《きしゅう》をかけたのだ。

このとき、朝倉家は滅《ほろ》びる寸前まで追い込まれたが、それまで信長と同盟《どうめい》関係にあった浅井長政が義兄《ぎけい》・信長を裏切り、義景の味方をしたために命拾いをした。このまま三年にわたり、朝倉・浅井連合対信長の戦いが続く。この三年の年月を支えられたのは、名門朝倉家に先祖の代から仕《つか》えた、忠臣《ちゅうしん》たちの命を張った働きがあったからだ。だが、家臣に甘えきった義景が、命を張って強硬に生きる信長に、敵《かな》うわけがない。

朝倉家は信長の総攻撃で終焉《しゅうえん》を迎えた。四一歳の義景は、自害《じがい》するしかなかったが、死後の自分の頭蓋骨《ずがいこつ》が、怨敵《おんてき》・信長の杯《さかずき》にされるとは想像すらできなかったはずだ。

義景は、大敵《たいてき》信長と出会ってしまった己《おのれ》の不運を嘆《なげ》いただろうか。しかし、自分の財力、血筋と忠臣の働きに甘え、消極的で攻め時、退《ひ》き時を知らずにいた義景自身が、先祖の遺産《いさん》と功績《こうせき》を潰《つぶ》した張本人であることは理解できなかっただろう。

山名豊国《やまなとよくに》

（一五四八―一六二六）織田信長配下の因幡の大名

君主としての素養はないが情勢を見極める目はあった

山名《やまな》家は室町時代の有力な守護大名《しゅごだいみょう》の流れを嗣《つ》ぐ因幡《いなば》国（鳥取《とっとり》県）の守護大名であった。山名豊国《とよくに》は、この名門・山名家の三男に生まれた。

しかし、豊国の兄・豊数《とよかず》が当主の時代に、新興勢力《しんこうせいりょく》であった毛利《もうり》家に通じた土豪《どごう》たちの反乱《はんらん》により、山名家は領地《りょうち》を失《うしな》う。まだ少年の面影《おもかげ》を残した豊国は、兄たちとは離《はな》れ、単独で逃亡《とうぼう》した。

毛利家に対する怨《うら》みを抱えつつ、豊国の逃《のが》れた先は、隣国《りんごく》の但馬《たじま》国だった。

好機《こうき》が訪《おとず》れたのは天正元年（一五七三年）。羽柴（豊臣）秀吉を指揮官とする織田軍が毛利攻めに取りかかったのだ。豊国は上手に機会を窺《うかが》い、秀吉方の先陣《せんじん》を務《つと》める尼子勝《あまごかつ》久《ひさ》の助けを受けて、山名家の本拠地《ほんきょち》だった鳥取《とっとり》城の奪回《だっかい》に成功した。そして山名家の当主であった兄・豊数が行方《ゆくえ》知れずであったため、豊国は二六歳で、鳥取城の城主の座《ざ》へと収《おさ》まることとなった。とはいえ、豊国の実情は、織田家と毛利家の二大勢力に挟《はさ》まれて、織田の配下の一員としてようやく自立を許《ゆる》された立場にすぎなかった。

しばらくして、毛利軍の本格的な反撃が始まった。秀吉の援兵《えんぺい》は、因幡まで届《とど》かない。「毛利に怨みはあるが、取り返した領地を取られるのは山名の名折《なお》れ！　もとから領地奪還《だっかん》が目的で、織田にはさしたる忠誠心《ちゅうせいしん》はなし」と、天正三年（一五七五年）に、やむなく豊国は毛利に降伏《こうふく》し、毛利の家臣《かしん》となることにより領地を守った。

だが、秀吉の軍勢はゆっくりと着実に、西進《せいしん》していた。彼らが因幡国に迫った天正八年（一五八〇年）に、豊国のもとに秀吉の降伏を勧《すす》める書状が届く。「毛利に秀吉が勝っ」と、豊国は毛利には勝ち目はないと考えた。毛利の領国《りょうごく》は広いが、織田家の勢力はそれを遥《はる》かに上回る。この判断は正しかった。

しかし、豊国が家臣に、降伏を切り出したところ、多くの者が反対した。多くの家来が、君主の豊国よりも、毛利に心を寄せていたのだ。

「最初に代々続いた名門・山名家を攻めてきたのは、毛利だ！　それなのに、なぜ君主のわしに逆《さか》らい、負ける戦《いくさ》なのに毛利方につくのだ？　負けたら死ぬし、山名家も終わってしまう。死にたければ勝手に無駄死《むだじ》にするがいい。上手《うま》くやれば家臣なぞ、後《あと》でいくらでも持てるさ」。豊国は単身で鳥取城を脱出《だつしゅつ》して秀吉を頼《たよ》った。城主を失い鳥取城に残った城兵《じょうへい》は、秀吉の猛攻《もうこう》を受けて多くの戦死者《せんししゃ》を出した――

豊国のこの決断《けつだん》は、結果として、功《こう》を奏《そう》したといえる。豊国は名家の出ゆえの、武士《ぶし》のしきたりや和歌、書道《しょどう》などに通じていることを買われて、秀吉の御伽衆《おとぎしゅう》とされた。因幡国は豊国の手に戻らなかったが、信長が亡《な》くなり秀吉が天下を取ると、豊国は天下人の近臣《きんしん》として重用《ちょうよう》された。先祖代々の名家の領土を失いはしたが、悪くはない地位《ちい》だ。しかし、その暮らしも永遠には続かない。

秀吉没後《ぼつご》、豊国は豊臣秀頼《ひでより》と石田三成《いしだみつなり》に見切りをつけた。戦の勝ち負けに関しては鼻が利《き》くのか、徳川家康《とくがわいえやす》に接近したのだ。そして関ヶ原《せきがはら》の合戦《かっせん》で、東軍《とうぐん》についた戦功《せんこう》によって、因幡国に近い但馬国に六千七百石の領地を与えられた。家康・秀忠《ひでただ》父子の近臣の一人《ひとり》として生涯《しょうがい》を終えたのは、享年七九歳で家康の没後の寛永《かんえい》三年（一六二六年）。

細川家と並《なら》び、室町時代からの有力大名である山名家の最後の生き残りとなった山名豊国は、一国《いっこく》の領主の地位を維持《いじ》できなかった。しかし、彼は激動の戦国時代を上手に渡り歩き、そこそこの地位で、穏《おだ》やかな晩年《ばんねん》を過ごした。山名家は、小勢力《しょうせいりょく》ながら幕末《ばくまつ》まで続くこととなる。長寿《ちょうじゅ》にも恵《めぐ》まれた豊国の、あえて欠点《けってん》を挙げるなら、毛利に負けた戦の際に、家臣が自分について来なかった、彼の領主としての人間性だろう。

森《もり》長《なが》可《よし》

（一五五八―八四）美濃の大名
運に見放された勇将

森長可《もりながよし》は、森可成《よしなり》の次男に生まれた。父・可成は名のある家の出《で》ではないが、織田信長の下《もと》、各地で戦功をあげ、織田軍団の幹部にまで昇進し、美濃国金山《かなやま》を領地《りょうち》にした。

元亀元年（一五七〇年）、長可の父は、浅井・朝倉の大軍に近江国宇佐山《うさやま》城を攻められて初陣《ういじん》であった長兄《ちょうけい》とともに戦死した。残された長可はわずか一三歳、特別な後ろ盾《うしだて》はない。父亡《な》き後《あと》に、長可にとって四番目の弟が生まれた。だが幸《さいわ》いなことに長可には、父の遺領《いりょう》である美濃国金山が与えられた。これは異例の厚遇《こうぐう》である。当時は、跡継《あとつ》ぎが一人前になる前に当主《とうしゅ》が没《ぼっ》した武士の領地は、主君《しゅくん》に没収されたからだ。可成の力戦に対する恩賞《おんしょう》であり、信長の森家の人間への期待もあったのだろう。

しかし、これは長可にとって重圧にもなった。信長に期待外《はず》れと思われたら即《そく》、領地を没収されるからだ。そこで長可は、領内の政治を父の代からの年長の重臣《じゅうしん》に委《まか》せ、父を超《こ》える武人になるために全力で武芸に励《はげ》んだ。そして一六歳で初陣を務《つと》めると、人目を惹《ひ》く活躍をした。四人の弟を抱《かか》えて長可は必死だった。

その甲斐《かい》あってか、織田家中《かちゅう》に、「長可は可成を超える立派な大将になるだろう」という声が広まる。長可は、あちこちの合戦《かっせん》で手柄をたてた。武蔵守《むさしのかみ》の官職《かんしょく》に任命され、敬意を込めて「鬼武蔵《おにむさし》」と呼ばれるようになる。すぐ下の弟、蘭丸《らんまる》は信長の側近くで寵愛《ちょうあい》され、その下の弟の坊丸《ぼうまる》、力丸《りきまる》も信長の下で小姓《こしょう》に取り立てられた。幼《おさな》い末の弟は、長可が父代わりとなり面倒を見ていた。

努力を重ね武芸に秀《ひい》でた長可は、実力の伴《ともな》った自信に溢《あふ》れていた。「父の夢は中途で崩《くず》れたが、おれは柴田勝家も羽柴（豊臣）秀吉も抜いて、織田第一の家臣になってやる」と日々精進《しょうじん》していた。甲州遠征《えんせい》（一五八二年）でも、先陣《せんじん》を切って武田勢と戦った功績に、武田家の旧領《きゅうりょう》であった信濃国北部の川中島四郡《ぐん》の十八万石を与えられた。このとき、金山の旧領地は弟の蘭丸に与えられた。長可は弱冠《じゃっかん》二五歳であり、異例の大出世《だいしゅっせ》であった。若くして織田配下の有力大名に成《な》りあがった。父の死後《しご》、長可は順調すぎる人生を歩《あゆ》んでいた。しかし――

長可が信濃に移った二カ月後、本能寺の変が起きた。長可を取り立ててくれた主君と、一緒に森家を守り立てた弟三人を亡《な》くした長可の喪失感《そうしつかん》は多大なものだった。追い打ちをかけるように、信濃の領地を信長の死の報《しら》せに勢いづいた上杉景勝と徳川家康に脅《おびや》かされ、長可は金山に逃げ帰らざるを得《え》なく、信濃は景勝に取られてしまった。その間《あいだ》に、秀吉は明智光秀を倒していた。

金山の小大名に落ちぶれた長可は、光秀を倒し、弟たちの仇《あだ》を討《う》ってくれた秀吉を主君とした。秀吉陣営《じんえい》でも、長可の能力は高く評価される。本能寺の変の二年後に、秀吉と家康の戦《いくさ》が起こった。小牧《こまき》・長久手《ながくて》の合戦である。

豊臣方の十万の軍勢は犬山城《いぬやまじょう》を中心に、小牧山に拠《よ》る一万七千の家康軍と対峙《たいじ》した。このとき、長可は数の上で自軍が圧倒的に有利だと読んで、本隊で家康を小牧山に釘付《くぎづ》けにしておき、一万六千の別働隊《べつどうたい》によって家康の本拠《ほんきょ》の三河《みかわ》国を攻める作戦を献策《けんさく》した。

ところが長可は、長久手の地で思いもよらぬ敵襲《てきしゅう》にあった。徳川方のほぼ全軍が、二方向から攻めてきたのだ。慌《あわ》てる豊臣方から戦死者が相次《あいつ》ぐ。長可は、森隊を取り囲《かこ》む敵兵と力の限り戦い、息絶《いきた》えた。残された末の弟は一四歳で、長可の代わりに金山七万石の領地を与えられ、秀吉に仕《つか》えた。

二七歳で戦死した長可は当代で第一級の勇将《ゆうしょう》であった。勇猛《ゆうもう》な武士であったかれに唯《ゆい》一足《いった》りないものは、危機を切り抜ける「運《うん》」だろう。

葛《か》西《さい》晴《はる》信《のぶ》

（一五三四―九七）陸奥の大名
ドロ舟を沈めた名族の末裔

葛西晴信《かさいはるのぶ》は、天文三年（一五三四年）に、葛西晴胤《はるたね》の三男に生まれた。葛西家は、鎌倉時代から奥州《おうしゅう》に根を張った名門で、晴胤は、葛西七郡《ぐん》を治める十七代目の寺池城主《てらいけじょうしゅ》（宮《みや》城《ぎ》県登米《とめ》市）であった。十八代目は、嫡子《ちゃくし》の葛西親信《ちかのぶ》が嗣《つ》ぐことになっており、親信の異母弟《いぼてい》にすぎない晴信は、一生を兄の家臣《かしん》として過ごさざるを得ないのである。

ところが、葛西家十八代目を嗣《つ》いだ親信は、当主《とうしゅ》となった頃から病気がちになった。病床《びょうしょう》の人間を当主にはしておけない。重臣《じゅうしん》たちに担《かつ》がれて、永禄元年（一五五八年）に晴信は葛西家十九代目の当主となった。一家臣から、一国一城の当主になったのだから、これからは良い思いができる。二五歳の晴信は、思いがけず葛西家を継承《けいしょう》できた幸運を嚙《か》み締《し》めた。しかし――

隣領《りんりょう》の大崎《おおさき》五郡を治める大名《だいみょう》・大崎義隆《よしたか》が、この当主の交代を、つけこむ好機とみて侵入してきた。当主となった途端《とたん》の災厄《さいやく》に、晴信は焦《あせ》った。どうにか、大崎勢とやり合い、何とか自領《じりょう》を守るために苦心《くしん》する。しかも、葛西家の家臣筋《すじ》の小領主《しょうりょうしゅ》がさまざまな紛争《ふんそう》を起こした。晴信が率《ひき》いる葛西家の指導力が先代以前に比べて弱《くら》まったと見られたのだ。同じ家臣筋でありながら、力を持つ強い家臣が周囲の弱い家臣の領地を奪《うば》い、勢力を拡大しようと謀《はか》った。晴信が当主として調停《ちょうてい》に入っても、強い側はそれを受け入れない。弱い側の肩を持つと、強い側は葛西家に反抗《はんこう》する。自分の命令に従《したが》わない家臣に手を焼いた。そして、晴信が当主になった三年後、兄の親信は病没《びょうぼつ》した。

こうした、領内の紛争に振り回されて二十年が過ぎた。領内の家臣たちを結束《けっそく》させることができない。晴信は苦しんだ。そうした隙《すき》に、天正七年（一五七九年）には、葛西領で中堅の家臣である、寺崎良治《てらさきよしはる》と富沢直綱《とみさわなおつな》とが勝手に戦《いくさ》を始めた。このときを、大崎義隆は見逃《みのが》さない。すかさず、大崎勢の葛西領への侵入もしきりに行《おこな》われた。必死《ひっし》で晴信は、仕える家臣たちと大崎領へ報復のために攻め込む。「いつまで、こんな艱難《かんなん》の日々が続くのだろう」。晴信は疲れていた。

天正十年（一五八二年）に、中央では織田から豊臣への政権交代があった。しかし晴信には目先の領内のことだけで精一杯《せいいっぱい》で、豊臣政権の全国支配に向けた動向も、自分とは関係ない遠い世界の出来事であった。自領と近隣《きんりん》以外に目を向ける余裕《よゆう》はない。

そして天正十四年（一五八六年）には、家臣筋の本吉大膳《もとよしたいぜん》が、謀反《むほん》を起こした。晴信は何とかそれを鎮《しず》めたものの、その翌々年には同じく家臣筋の浜田広綱《はまだひろつな》が紛争を起こした。晴信は慌《あわただ》しく領内の方々《ほうぼう》に出兵《しゅっぺい》し、小競《こぜ》り合う。本来《ほんらい》自分を支《ささ》えるはずの家臣が領内を荒《あ》らす。弱みを見せると近隣から攻められる。右腕として頼れる者もいない。

そういった中、天正十八年（一五九〇年）三月頃、豊臣秀吉から「小田原に参陣《さんじん》せよ」という命令が届《とど》いた。晴信は秀吉に従うべきかさんざん悩《なや》んだが、結局は動けなかった。葛西領のあちこちで紛争があり、晴信は国を空《あ》けられなかったのだ。

その年の七月、北条家を降伏させた豊臣政権から、領地を没収するという通達が届いた。背《そむ》くなら大軍を送り込んで攻めるという。自領の支配もおぼつかないのに、外部の大《たい》敵《てき》と戦えるはずがない。翌月、晴信は領地も城も息子も家臣も、すべてを捨てて逃げた。

この時、晴信は五七歳になっていた。〈家臣たちの紛争が続く領地の当主〉という苦難を捨て去ったのだ。父たち先代当主は、微妙な均衡《きんこう》を保《たも》って領地を治めていたのだろう。晴信が嗣《つ》いだ時点で、すでに葛西家は自領をまとめる力量を欠《か》いていた。凡才《ぼんさい》で人材にも恵まれないまま、沈《しず》みつつあるドロ船《ぶね》の舵《かじ》を晴信は三十年も取り続けた。晴信は、加賀国を流浪《るろう》し、ひっそりと晩年《ばんねん》を過ごして六四歳でこの世を去った。

赤座直保《あかざなおやす》

(一五五五頃—一六〇六) 越前の大名

一度の幸運で大名になり一度の失敗で転落した

赤座直保《あかざなおやす》の父の直則《なおのり》は織田信長の近臣《きんしん》であった。父・直則の出自《しゅつじ》ははっきりとしていないが、足軽《あしがる》身分か農民兵あがりで、信長に気に入られて織田家家臣《かしん》に取り立てられたようだ。天正十年(一五八二年)、直保が二十代半《なか》ばと思われる頃、本能寺の変で父・直則が討《う》ち死《じ》にしたという報《しら》せが届《とど》いた。

この直後に、直保は父に代わり、羽柴(豊臣)秀吉に召《め》し抱《かか》えられる。明智光秀を討って天下取りの目算《もくさん》がついた秀吉は、「わしは、亡《な》き主君《しゅくん》・信長の遺臣《いしん》を重用《ちょうよう》しておる」と宣言していた。秀吉が、自分の正統性や善人ぶりを周囲に訴《うった》えるのに利用するためだが、直保は秀吉に利用されていると充分《じゅうぶん》理解していた。

直保が秀吉に仕《つか》えたのは成《な》り行《ゆ》きと言っていい状況だったが、秀吉の機嫌《きげん》を取ることが自家《じけ》の繁栄《はんえい》につながると考えた。それに直保にとって、秀吉は明るくて気前が良く、きらびやかな姿《すがた》が絵になると思い、大《たい》そう尊敬《そんけい》していた。主君は、豪快《ごうかい》な話が好きだったから、直保は自分には、いずれは天下一の武芸者になり、軍略家《ぐんりゃくか》になる才能があるかのように振《ふ》る舞《ま》った。秀吉の側近《そっきん》の直保たちは、「折《おり》あらば、お前を大名に取り立ててやろう」という主君の言葉を何度も聞かされていたからだ。直保は、武芸の上達に努《つと》め、軍学書も読み漁《あさ》った。若い直保は出世《しゅっせ》の夢に燃えていた。

直保はやがて、その能力を秀吉に評価されて、越前国今庄邑《いまじょうむら》に領地《りょうち》を与《あた》えられた。そして天正十八年（一五九〇年）の小田原《おだわら》の北条《ほうじょう》家攻めのときに、直保に好機が訪《おとず》れた。北条方の武蔵国岩槻《いわつき》城と忍《おし》城の攻略を命《めい》じられた直保が、大きな手柄を挙《あ》げたのだ。直保は本拠《ほんきょ》を越前国今庄に置き、いくつかの飛び地二万石を支配する形で与えられた。

「だがこれは、殿が理由をつけてでも拙者《せっしゃ》を取り立てたいという有《あ》り難《がた》い心持ちなのだから、万謝《ばんしゃ》に受けて、これからは殿の期待に応《こた》えねばならぬ」

しかし直保は機会に恵《めぐ》まれぬまま、秀吉が逝去《せいきょ》（一五九八年）したため、秀吉に大きな戦果《せんか》を見せることはできなかった。

慶長五年（一六〇〇年）の関ヶ原の合戦《かっせん》が直保の人生を変様《へんよう》した。そのとき、越前のすべての大名が石田三成についた。そのために、直保も西軍の一員として六百の兵力で関ヶ原に出陣《しゅつじん》したのだ。

そこへ、直保の予想もつかない事態が起こった。直保の部隊は小早川《こばやかわ》隊の近くに陣を敷《し》いていたが、戦《いくさ》の最中《さなか》に、一万五千余りの兵力を持つ小早川秀秋《ひであき》が西軍を裏切ったのだ。小早川と戦う戦力はない——

直保は小早川に倣《なら》い、小早川とともに、西軍の大谷吉継《おおたによしつぐ》の隊を攻撃した。

直保は西軍を裏切って勝者の側についたわけだが、彼に対する徳川家康の処置は厳《きび》しかった。家康の重臣《じゅうしん》たちが、秀吉の寵臣《ちょうしん》であった直保を嫌《きら》ったため、直保は領地をすべて没収《ぼっしゅう》されてしまう。

しかし、前田利長《まえだとしなが》が直保を見捨てなかった。父の前田利家《としいえ》が秀吉の世話になったため、秀吉への義理で直保を七千石で家臣に迎《むか》えてくれた。ここで、利長に手柄を見せる機会があれば、まだ出世できる可能性があるのだ。

直保が亡《な》くなったのは慶長十一年（一六〇六年）だった。このとき、彼は四十代後半もしくは五〇歳近くであったと思われる。死因《しいん》は溺死《できし》だった。越中国大門川《えっちゅうのくにだいもんがわ》の氾濫《はんらん》の検分《けんぶん》の際、渡河《とか》中に落馬《らくば》したのである。

実《じつ》のところ、秀吉を亡くした上に領地を失《うしな》って前田領に来た後《のち》の直保は、まったく生《せい》気《き》がなかったという。彼にとって、秀吉がすべてだったのだ。

尼子勝久《あまごかつひさ》

（一五五三―七八）反毛利家の闘士
尼子家と家臣に人生を翻弄された

尼子勝久は、京都の東福寺《とうふくじ》で育った。勝久は二歳のとき、尼子家のお家騒動《いえそうどう》に巻き込まれて父を亡《な》くし、この寺に連れてこられたのである。

都《みやこ》では三好長慶、松永久秀らが勢力争いを繰り返していたが、寺の中は平和だった。東福寺は禅寺《ぜんでら》だが、修行はそれほど厳《きび》しくなかった。僧侶《そうりょ》となった勝久は、和歌《わか》、漢《かん》詩《し》、水墨画《すいぼくが》、茶《ちゃ》の湯《ゆ》などを習《なら》い、穏《おだ》やかで優雅《ゆうが》な少年期を過ごしていた。

かれの人生が一変《いっぺん》したのは永禄九年（一五六六年）、勝久が一四歳のときだ。この年、平和に過ごしていた勝久に、疫病神《やくびょうがみ》のような人間が訪《おとず》れた。出雲《いずも》国（島根《しまね》県）の有力大《だい》名《みょう》・尼子義久《よしひさ》の遺臣《いしん》であった山中鹿之介《やまなかしかのすけ》だ。鹿之介は、立原久綱《たちはらひさつな》ら多くの同志《どうし》を連れて押し掛けて来た。勝久が、鹿之介らに対面すると、一同は一斉に深々と頭を下げ、「若君《わかぎみ》様」と呼んだ。勝久は全《まった》く事情が飲み込めない。鹿之介は勝久に、ゆっくりと慇懃《いんぎん》に事情を語った。

「悪漢《あっかん》、毛利元就《もとなり》が尼子領に侵入し、あれこれと卑怯《ひきよう》な手立てを用《もち》いて、我ら尼子家臣《かしん》を数多く殺してきたのでございます。あまつさえ、我が殿まで捕《と》らえて連れ去った次第にございます。つきましては、何卒《なにとぞ》私どもの主君《しゅくん》となりて、尼子家再興をお頼み申し上げまする」

勝久は戸惑《とまど》った。目前にいるのは、見るからに乱暴な野武士《のぶし》のような浪人《ろうにん》たちだ。――かれらの仲間になって何の益《えき》があろうか。聞けば、攫《さら》われた当主《とうしゅ》の義久とこの私は、祖父《そふ》同士が兄弟だという。お家のことも父の顔も知らぬ孤児《こじ》の私が、遠い見知らぬ親類に義理立てする必要はあるものか――

しかし、勝久は断《ことわ》れなかった。鹿之介の元就を憎《にく》む心は凄《すさ》まじく、断れば この場で斬《き》りかかってくる気配を感じたのである。気合負けし、脅《おび》えた勝久は、鹿之介の言うがままに還俗《げんぞく》して、尼子勝久と名乗った。尼子家臣と生活をともにするようになった勝久は、鹿之介が毎晩、月に尼子家再興が実現するようにと祈る姿《すがた》を見ていた。

鹿之介は、元就の評判は最悪だと言う。領民に高率の租税《そぜい》を課《か》し、降伏した尼子の旧《きゅう》臣《しん》を冷遇していたからだ。勝久は、鹿之介の指示により出雲国の反毛利勢力に多くの書状を送り、挙兵《きょへい》の工作を行《おこな》った。

三年後の永禄十二年、一七歳になった勝久は、尼子浪人を率《ひき》いて山陰道《さんいんどう》から密《ひそ》かに島根半島《はんとう》に入り、決起《けっき》した。この挙兵は豊後の有力大名、大友宗麟《そうりん》の援助を得て行なわれたものであった。

宗麟とは、長年にわたる仇敵であった。元就が大内家に養子に迎えられていた宗麟の弟の大内義長を滅ぼしたためである。これ以来、宗麟と元就は大内家の旧領であった筑前を取り合って何度も戦って来た。

宗麟は出雲で騒ぎを起こした際に、筑前で勢力を拡大しようと考えたのだ。これは、毛利家に対する不意討《ふいう》ちとなった。多くの者が勝久に応じたために、出雲国の半分以上を奪還《だっかん》した。この勝利に大喜びの家臣や尼子浪人たちの様《さま》は、勝久の心を変えた。鹿之介の言いなりだった勝久が、自分の意思として尼子の当主であることに腹を括《くく》ったのだ。

しかし翌年、まだ七カ国の領地を持つ毛利家が全力で反撃してきた。勝久は自軍を支《ささ》えきれず、鹿之介ら家臣とともに京都に逃げ戻った。京都での貧乏暮らしは数年続いたが、鹿之介らは勝久に献身《けんしん》的に尽《つ》くす。勝久は忠臣《ちゅうしん》たちを思い、いつか毛利に打って出る機会を探《さぐ》っていた。

その頃、浅井や朝倉を倒した織田信長が勢力を伸ばしていた。勝久は織田家を頼った。

しばらくして、毛利を攻める機会に恵まれる。信長配下の羽柴（豊臣）秀吉の毛利攻めに従《したが》ったのだ。この秀吉の毛利攻めは数年にわたって小競《こぜ》り合いになった。

天正六年（一五七八年）、勝久は尼子勢を率いて、秀吉支配下の播磨の上月城《こうづき》を守っていた。戦《いくさ》の最前線の一《ひと》つである。そこへ、毛利の大軍が攻めてきた。毛利方が秀吉からの援軍《えんぐん》が届《とど》かぬように仕組む念の入れようだった。予想外の出来事で、尼子隊は次々と殺され、逃げ場もなく、ほぼ全滅は間違いなかった。家臣たちの無残な死骸《しがい》の前で、一矢報《いっしむく》いることもできずに勝久は自害《じがい》するしかなかった。

弱冠《じゃっかん》二六歳で命を終えた勝久は、東福寺にいれば、平穏《へいおん》な人生を送れたことだろう。

荒《あら》木《き》村《むら》重《しげ》

（一五三五―八六）摂津の大名

信長に憎まれた勇将

荒《あら》木《き》村重《むらしげ》は天文四年（一五三五年）に生まれた。村重の父は、池田《いけだ》家支配下の摂津国の小大名《しょうだいみょう》であった。成長した村重も、池田勝正《かつまさ》に仕《つか》えた。とはいえ荒木家は、忠義《ちゅうぎ》で池田家に仕えているのではなく、生き抜くために池田家の支配下についていたのだ。

長《ちょう》じた後《のち》の村重は、武芸、軍略ともに当代一級《とうだいいっきゅう》の人物となり「池田勝正の家中《かちゅう》に村重あり」と言われるようになっていく。織田信長が京都を制圧した永禄十一年（一五六八年）、村重は池田勝正とともに時勢《じせい》の流れを読んで、いち早く信長に従《したが》った。

永禄十二年（一五六九年）の三好政康《まさやす》との戦《いくさ》で、村重は大きな手柄《てがら》を立てて勝正を除《の》けて信長の注目をうけた。さらに村重は、池田家の家中で勢力を高めていく。

そして天正元年（一五七三年）、村重は信長の不評《ふひょう》を買った和田惟政《わだこれまさ》から高槻《たかつき》城を奪《うば》い、足利義昭追い落としの戦いでも活躍し、信長から摂津一国を与《あた》えられた。そうして村重は、摂津国の領主《りょうしゅ》であり主君《しゅくん》であった池田勝正を摂津から追放《ついほう》し、高野山へ追い払ったのだ。――もとより、池田家に忠義の心なし。戦国の世《よ》に倣《なら》いし立身出世《りっしんしゅっせ》、某《それがし》がどこまで上《のぼ》り詰《つ》めようか――

順調に領地《りょうち》を拡《ひろ》げる村重は同年、池田家の片翼《かたよく》である伊丹《いたみ》家も滅《ほろ》ぼし、有岡《ありおか》城に本拠《ほんきょ》をおき、四〇歳で従五位下《じゅごいのげ》摂津守《せっつのかみ》を叙任《じょにん》した。これは羽柴（豊臣）秀吉よりも早い出世である。有力大名となった村重は、信長の直臣《じきしん》として天正三年に播磨を攻め、同四年には石山《いしやま》本願寺包囲の海上警備をし、同五年は一向一揆《いっこういっき》と戦い、赫々《かくかく》たる転戦をしていた。村重は「まもなく天下を治める織田政権の、重要な柱の一《ひと》つだ」と自《みずか》らを誇《ほこ》った。

天正六年（一五七八年）から、村重は秀吉とともに播磨攻略の主力を務《つと》めることになった。播磨に西進《せいしん》することは、有力大名・毛利家と、その同盟者《どうめいしゃ》である石山本願寺と敵対することを意味する。織田家は、長期にわたって大坂石山本願寺を包囲していた。

そういった中で同年十月に、「村重の従兄弟《いとこ》で重臣《じゅうしん》の中川清秀《なかがわきよひで》（116ページ）が、密《ひそ》かに本願寺に兵糧米《ひょうろうまい》を売っている」という偽《にせ》の噂《うわさ》を敵方が意図的に流した。このことが村重の運命を暗転《あんてん》させる。村重は信長に会《あ》って噂の弁明《べんめい》をしようとした。ところが清秀が「信長は弁明を聞くまい。安土城《あづちじょう》へ行けば必《かなら》ず斬《き》られる」と忠告した。生き延《の》びる術《すべ》を熟《じゅっ》考《こう》した村重は翌十一月、今まで敵対していた毛利家らと通じ、信長に反旗《はんき》を掲《かか》げ、有岡城に立て籠《こ》もる。

信長は容赦《ようしゃ》なく、優勢な兵力で攻めてくる。この間に信長の手管《てくだ》にかかった重臣の高山《たかやま》右近《うこん》と清秀が相次《あいつ》ぎ、降伏していった。孤立した村重は十カ月間、籠城《ろうじょう》し凌《しの》ぐが埒《らち》が明《あ》かない。このままでは落城《らくじょう》し、自分も親族・家臣も滅ぼされてしまう。この戦いは誤解から起こったものに過ぎず、誤解のもとを作った清秀はすでに降《くだ》ったにもかかわらずだ。

村重は、天正七年九月に僅《わず》かな近臣《きんしん》だけ連れて城を脱出し、毛利家の世話で出家《しゅっけ》した。自分さえいなければ、城が落ちても親族や家臣は追放されるだけだと信じて――

しかし、この村重の行動が大惨劇《だいさんげき》を引き起こした。村重の嫡子《ちゃくし》・村安《むらやす》の妻は光秀の娘だったため助かったが、それ以外の村重の妻子《さいし》・弟妹《ていまい》ら二十六人と、家臣とその妻子から召使《めしつか》いに至《いた》るまで総勢六百人以上が殺された。

出家した村重は、道薫《どうくん》と号《ごう》し、信長が没《ぼっ》するまで姿《すがた》を隠《かく》した。村重は学問、諸芸だけでなく若い頃から茶にも通じ、出家後には千利休《せんのりきゅう》門下の利休七哲《しちてつ》の一人《ひとり》と称《しょう》される茶《ちゃ》人《じん》となった。晩年《ばんねん》の村重は、茶道《さどう》で秀吉に取り立てられ、五二歳で生涯《しょうがい》を終えた。信長が噂を信じなければ、天下を取った秀吉の立場は、村重のものであったかもしれない。一《いち》族郎党《ぞくろうとう》殺された村重は、信長に翻弄《ほんろう》された己《おのれ》の生涯に、何を思って生きたのだろうか。

佐久間信盛《さくまのぶもり》

（一五二七―八一）織田信長の重臣
織田軍団に生き残れなかった凡才

佐久間信盛《のぶもり》は、大永《だいえい》七年（一五二七年）に、尾張国の有力な武士《ぶし》の家に生まれた。成長した信盛は父の跡《あと》を嗣《つ》いで、尾張国の戦国大名《せんごくだいみょう》である織田信秀に仕《つか》える。信盛は二十代半《なか》ばを迎える頃には、織田信秀の家中《かちゅう》で重要な地位を占《し》めていた。

当時の織田家には、信秀の嫡子《ちゃくし》・信長を推《お》す一派と、信長の弟・信行《のぶゆき》につく一派との対立があった。信盛は、柴田勝家とともに信行派の中心である。人の心を良くわかる信行が、好きだからだ。気性《きしょう》が激しく悪い噂《うわさ》の絶《た》えない信長では、戦国大名の織田家を嗣いでは駄目《だめ》だと思い、信行が織田家を嗣げるようにと考えていた。とはいえ当《とう》の信行には、周囲の意思と反《はん》して、兄に逆《さか》らい織田家を嗣ぐ気はなかった。

しかし信盛の気持ちに反し、天文二十一年（一五五二年）に信秀が没《ぼっ》すると、長子《ちょうし》の信長が一九歳で当主《とうしゅ》になった。信長より七歳年長《ねんちょう》の信盛は、若年《じゃくねん》のくせに威張《いば》り散らす信長に我慢ならない。信行が主君《しゅくん》であれば、年長の家臣《かしん》へ敬意《けいい》を持って振る舞ってくれたろう、と思ったからだ。

織田家の家臣として、信盛は気が進まなくともまじめに信長に仕えていたが、弘治《こうじ》三年（一五五七年）、信盛が驚愕《きょうがく》し悲傷《ひしょう》する事件が起こった。信行が、信長に呼びつけられて殺されたのだ。子細《しさい》について信長は「柴田勝家が信行の謀反《むほん》の企《くわだ》てをわしに密告《みっこく》してまいった」と事触《ことぶ》れた。信盛は、それを信じなかった。

――信行様に限って、謀反なぞあるわけがない。今まで信行様は信長様に忠実《ちゅうじつ》に仕えてきたではないか！　信長様が、人望のある信行様を目障《めざわ》りに思って謀《たばか》ったに違いあるまい――

信盛は信行派の自分にも咎《とが》めがあろうと覚悟していたが、信長からは「これまで通りに織田家に忠誠《ちゅうせい》を尽《つ》くせ」という沙汰《さた》が来た。

――父の代から「織田家」に仕えてきたのだ。誰が主君であっても、拙者《せっしゃ》が仕えることに変わらぬ。咎めなしというなら、忠義《ちゅうぎ》は果《は》たそう――と、信盛は決意する。だが、その心中は信長を厭《いと》うていた。

その後《ご》の信長は、一五六〇年に桶狭間《おけはざま》の合戦《かっせん》で大勝し、次《つ》いで一五六八年には京都を制圧する。この間《あいだ》、信盛は織田家の一方《いっぽう》の将《しょう》として働いた。そのおかげで信盛は、近江国永原《ながはら》城を与《あた》えられた。しかし信盛がよくよく考えてみると、自分の手柄《てがら》で勝った戦《いくさ》は一度もないということに気づく。信盛と等《ひと》しい家柄《いえがら》の出で、同じく信行派であった柴田勝家は、自己保身《じこほしん》で信行謀反と密告した後《あと》、戦場の最前線で華々《はなばな》しく活躍して、今や織田家第一の家臣になっている。足軽上《あしがるあ》がりの羽柴秀吉にも、出世《しゅっせ》では追い抜かれていた。この後《あと》も信盛は、あちこち転戦したが目立った働きはできなかった。

天正四年（一五七六年）に信盛は、石山本願寺攻めの主力《しゅりょく》を命《めい》じられた。ところが堅《けん》固《ご》な城に籠《こ》もる本願寺の門徒《もんと》は果敢《かかん》に戦い、つけこむ隙《すき》を見せない。戦いは無意味に長引いた。天正八年（一五八〇年）八月、信盛は信長のもとに呼び出された。石山攻めに無為《むい》に四年を過ごしたことをきつく責められ、追放《ついほう》を申し渡されたのだ。

——あっけないものだ……自《みずか》ら戦功《せんこう》をあげられなかったが、拙者は織田家家臣として、信長様には忠義の限りを果たした。この後《のち》は仏門《ぶつもん》で信行様を弔《とむら》い、静かに過ごそう——

出家《しゅっけ》して高野山に行った信盛は、宗盛《そうせい》と号《ごう》した。翌年の天正九年（一五八一年）七月二十二日、信盛は病気の療養《りようよう》で訪《おとず》れていた紀伊《きい》国十津川《とつがわ》の温泉地で病没した。

信盛は心も技能も凡才《ぼんさい》であったがために、戦国《せんごく》の世《よ》を渡りきれなかった。せめて江戸時代に生きていれば堅実《けんじつ》な生涯《しょうがい》を過ごせたことだろう。

津田《つだ》信澄《のぶすみ》

（一五五五―八二）織田信長の甥
謀反騒ぎに振り回された

津田《つだ》信澄《のぶすみ》は織田信長の甥《おい》にあたる。信澄の父は、信長の弟の織田信行だ。信澄は幼名《ようみょう》を坊丸《ぼうまる》といい、四歳のときに、父と死別した。このとき、母の荒尾御前《あらおごぜん》は、信長の命令ですぐさま再婚させられた。

一人残された信澄は、織田家の第一の重臣《じゅうしん》である柴田勝家に育てられた。勝家は勇猛《ゆうもう》で知られた武将である。信澄は、この勝家に厳《きび》しくしつけられた。

勝家は信行の家臣《かしん》であった。しかし信長が当主《とうしゅ》になった後、信長に信行の謀反《むほん》の企《くわだ》てを密告《みっこく》する。その結果、信行は信長に呼びつけられ殺された。勝家は信澄に、

「織田一門《いちもん》の一人であられる若君《わかぎみ》は、将来は信長様の支《ささ》えとならねばなりませぬ」

と度々《たびたび》口にしていた。それは、自分の密告で父を亡《な》くした信澄を哀《あわ》れに思ったからか、謀反疑惑のある父を持つ信澄が信長のもとで不自由しないようにと案《あん》じたのだろうか。

信澄は父の死の理由も知らされず、勝家の期待に応《こた》えようと武芸に励《はげ》んだ。厳しくしつ

けてきた勝家も、次第に信澄の成長を喜《よろこ》ぶ様《さま》を見せていた。

永禄七年（一五六四年）、一〇歳になった信澄は、信長のもとへ連れていかれた。勝家は信長に、信澄がいかに果断《かだん》で知勇《ちゆう》に優《すぐ》れた若者に成長したかを述《の》べた。すると信長は、「わしは思いも寄らぬ拾い物をしたな」と応《おう》じた。信澄は〝拾い物〟という言葉が気にかかったが、信長が「気に入った。大いに励め」と続けた言葉に喜んだ。この年、信澄は元《げん》服《ぷく》して、津田信澄を名乗った。元服後の信澄は一手《いって》の将《しょう》として、大活躍をしていく。

一九歳で浅井攻《ぜ》めに活躍して近江国に地盤を得《え》た信澄は、翌年の天正二年（一五七四年）に二十歳で信長の腹心《ふくしん》である明智光秀の娘を妻にした。次いで天正三年の越前一向一《いっこういっ》揆平定戦《きへいていせん》、天正四年の丹波攻めで信澄は大手柄《おおてがら》を立てた。

おかげで信澄は天正六年（一五七八年）に僅《わず》か二四歳で、信長から大溝《おおみぞ》城を与《あた》えられる。この地は信長の本拠《ほんきょ》である安土、羽柴（豊臣）秀吉の治める長浜、明智光秀が支配する坂本《さかもと》と並《なら》ぶ、近江国の四大要地《よんだいようち》であった。織田家中《かちゅう》で「信澄様は信長様の御子様方《おこさまがた》をも越える一段《いちだん》の逸物《いちもつ》だ」という声が広まり、その話は信澄の耳にも入ってきた。

しかし、父の織田信行が信長に対する謀反の罪で自害《じがい》させられたという話も耳にする。当時、信澄の身《み》も危《あぶ》なかったが、信長・信行の母の土田《つちだ》御前の計《はか》らいで許《ゆる》されたという。

父の顔を覚《おぼ》えていない信澄には、もはや信長を恨《うら》む気持ちはなかった。信長が国内を統一《とういつ》するのは目前だ。織田家臣の中でも四大要地まで任《まか》されている身で、自分の居場所を織田家にしか見出《みいだ》せなかった。

この信澄の上《のぼ》り坂《ざか》な人生が一転《いってん》した。天正十年（一五八二年）六月二日の本能寺の変である。この日、明智光秀が信長を討《う》ったという報《しら》せが、大坂にいた信澄のもとに届《とど》いた。舅《しゅうと》の光秀からは相談もなく、信澄には想像もしえないことであった。

——舅殿……何ということを！　妻の父とはいえ明智軍に加担《かたん》はできぬ。幼《おさな》き頃から織田家の家臣となるべく生きてきたのだ。織田家への謀反とあらば尚更《なおさら》じゃ——

そんな信澄の思いも、無駄に終わった。

本能寺の変から三日後の六月五日、津田信澄は僅か二六歳で命を終えた。

信長の三男《さんなん》である、織田信孝に討たれたからだ。信孝は信長の後釜《あとがま》を狙《ねら》う野心家《やしんか》で、自分よりも評判の高い信澄を疎《うと》ましく思っていた。そこで、光秀の謀反騒動に便乗《びんじょう》し、信澄が光秀の娘婿《むすめむこ》であることを利用して、信澄に弁解《べんかい》させる間《ま》も与えずに〝光秀の一味〟というあらぬ疑《うたが》いで、粛清《しゅくせい》した。

この危機を乗り切れていれば、信澄ほどの才《さい》ならば出世《しゅっせ》は思いのままだったろう。

結《ゆう》城《き》晴《はる》朝《とも》

（一五三四―一六一四）常陸の大名
名門の家名を失った

結城晴朝《ゆうきはるとも》は、小山高朝《おやまたかとも》の三男で、名門結城家の養子に迎えられた人物である。結城家は室町時代に、足利家が関東経営のために送った、鎌倉公方《くぼう》の有力な支援者だった。そのために、結城晴朝は養父《ようふ》の政勝とともに、鎌倉公方の流れをひく古河《こが》公方家を支えて反古河公方の諸勢力と争うことになる。

永禄二年（一五五九年）、結城政勝が没《ぼっ》した。晴朝は二六歳で、結城城主《じょうしゅ》（茨城県結城市）となった。このときの結城家は、八万石程度の小勢力にすぎない。新しい城主を侮《あなど》って、敵の大軍が襲《おそ》ってきた。近隣《きんりん》の佐竹《さたけ》家、宇都宮《うつのみや》家、小田《おだ》家の連合である。その兵数は、晴朝の手兵の数倍に及《およ》んだ。戦いは長引き、晴朝は翌年に結城城に籠城《ろうじょう》して侵入者と戦い抜いた。そのために城を攻め落とせないと悟《さと》った敵方は、和議《わぎ》を求めてきた。粘《ねば》り抜いた、晴朝の勝利である。

それ以来、「結城家は強い」という評判が広まり、晴朝は北関東の小勢力の間で主導権を握ることになった。この時代の北関東は、小田原の北条氏康と越後・春日山城《かすがやまじょう》の上杉謙信の二大勢力から圧力を受け続けていた。晴朝は勢力の衰《おとろ》えた古河公方に見切りをつけ、北条家と結んだ。すると北関東の他の諸勢力も北条家になびいた。

そこへ農民保護の立場を取る氏康が、晴朝の領内統治《りようないとうち》にあれこれ注文をつけてきた。そのことを不快《ふかい》に感じた晴朝は、北条に従《したが》った数ヵ月後には上杉方についた。北条嫌いの謙信の後押しを受けて、反北条の旗印《はたじるし》を掲《かか》げたのである。

ところが永禄十二年（一五六九年）になって、上杉と北条の和睦《わぼく》が成った。一転、上杉の後盾《うしろだて》を失《うしな》っても、晴朝は後には退《ひ》かない。近隣の小勢力を組織して、北条軍と対抗したが、敵に対し味方があまりにも少ない。

この戦いは二十年近く続き、五七歳になっていた晴朝は疲れ果て、天下人《てんかびと》となった豊臣秀吉の北条攻めに、便乗しようと考えた。天正十八年（一五九〇年）、晴朝はいち早く小田原に参陣《さんじん》し、秀吉に従った。このおかげで、北条攻めは成功し、結城領は秀吉から褒美《ほうび》として新たに加増され十万一千石となった。しかし、この褒美は滅法《めつぽう》高くついた。それは加増とともに、徳川家康の次男で秀吉の養子になっていた豊臣秀康を、結城家の跡取《あとと》り養子とすることを求められたからだ。秀康は、家康からの人質であったが、秀吉と気が合い可愛《かわい》がられていた。

——謀《はか》られた！　秀吉が秀康のために与える城として、結城家は利用されたのか——

だが、ここで断《ことわ》れば、結城家は潰《つぶ》されるだろう。御家断絶よりは……。晴朝は渋々、秀康を養子にし、家督《かとく》を譲《ゆず》った。

すると結城城主となった秀康は、思い通りに結城家を切り盛りし始めた。不本意な隠居《いんきょ》をさせられた晴朝は不満であった。慶長五年（一六〇〇年）の会津遠征の手柄《てがら》で、結城秀康は天下を取った徳川家康から、越前国北庄七十五万石を与えられた。これによって六七歳になっていた晴朝は、秀康に従わされ、越前に移された。しかも秀康は越前転封を機に、将軍《しょうぐん》となった家康の実子《じっし》として、松平《まつだいら》の名字《みょうじ》に復《ふく》したのだ。

晴朝はこの後、結城への帰城を寺社に祈りながら不遇《ふぐう》のうちに没した。晴朝は、成り上がり者の徳川一族に、名門である自家を乗っ取られたことが悔《くや》しかったのであろう。自分の能力と血筋と家名を過信した晴朝は、北条との戦《いくさ》の代償を取り返しのつかないものとしてしまった。

ちなみに、秀康を養子に迎える直前に、晴朝が結城家の莫大《ばくだい》な黄金《おうごん》を結城城の近くに隠したという俗説《ぞくせつ》も残っている。

仁《に》科《しな》盛《もり》信《のぶ》

（一五五七―八二）武田信玄の五男
武田家の最期に華々しく殉じた

仁科盛信《にしなもりのぶ》は、武田信玄の五男である。母は信玄の側室《そくしつ》の油川《あぶらかわ》氏であるが、盛信の同母《どうぼ》妹《まい》の一人はかつて織田信忠の婚約者であった。

武田家の滅亡《めつぼう》のときに、盛信は信長の嫡子《ちゃくし》である信忠相手に激しい戦いを演じることになる。盛信と信忠は同い年で、二人とも二六歳で生涯を閉じている。

弘治三年（一五五七年）生まれの盛信は、永禄四年（一五六一年）に北信濃の名門である仁科家の名跡《みょうせき》を嗣《つ》いだ。信玄が没《ぼっ》したとき（一五七三年）に、盛信は一七歳であった。

信玄の死をきっかけに武田家の勢力は下降しはじめるが、若い盛信にはその流れが読めなかった。将来、武田家の信濃統治《とうち》の中心を担《にな》うことを期待されていた盛信は、武芸を鍛《たん》練《れん》する日々を送っていた。

天正三年（一五七五年）に、長篠の合戦《かっせん》が起こった。二〇歳の若さの盛信は戦いに参加しなかったが、間もなく武田軍が長篠で大敗したという報《しら》せが伝わってきた。

この時点で、かつて同盟関係にあった武田家と織田家との仲は、修復不可能な敵対関係になっていた。武田家の当主《とうしゅ》で盛信の異母兄《いぼけい》にあたる勝頼は、「武田の無敵の騎馬《きば》軍団が織田に負けるはずはない」と勇《いさ》ましいことを言っていた。

盛信は、その言葉を信じていた。そういった中の天正六年（一五七八年）に、盛信は勝頼から信濃国の交通の要地、伊那谷《いなだに》を支配する高遠城主《たかとおじょうしゅ》（伊那市）に任命された。二三歳の盛信が、信濃に侵入した敵を防ぐ責任者とされたのだ。

勝頼も盛信も、武田家の勢力を盛り返そうと努めていた。ところが破綻《はたん》は、思わぬところからやってきた。信玄の娘婿《むすめむこ》の一人である木曽義昌《きそよしまさ》が、天正十年（一五八二年）二月一日に織田家へ寝返ったのだ。

義昌の手引きで、織田家の大軍が侵入してきた。すると武田に従《したが》ってきたあちこちの中小の領主《りょうしゅ》が、次々と織田家に降《くだ》った。織田軍の進撃の手は早く、盛信が拠《よ》る高遠城は瞬《また》く間に信忠の軍勢に包囲された。その年の三月二日のことである。

盛信の部下から、「こうなったら降伏して命を全《まっと》うする他ない」という意見も出た。しかし盛信はかれらを叱《しか》りつけ、自《みずか》ら最前線に出て、銃を撃ち矢を放った。

盛信は、半日にわたって敵の猛攻を防ぎ抜いた。すると織田の旗印《はたじるし》を掲《かか》げた新手《あらて》の敵が塀際《へいぎわ》に迫《せま》ってきた。かれらは強く、武田勢はばたばたと倒された。

「信忠自身が旗本《はたもと》を率《ひき》いて最前線に出てきた」と、盛信は悟《さと》った。しかしそのときには、味方の防衛線は破られて、敵兵が城中に満ちていた。

盛信は追われるように、城の大広間に退《さ》がった。そしてそこで十数名の敵兵を死傷させた後に、「武士《もののふ》の最期《さいご》を見よ」と叫《さけ》び、切腹《せっぷく》した。大広間は血で染まっていた。このとき、城の内外で桜《さくら》が満開であった。

信忠は見事に戦った盛信を、満開の桜にたとえて「花の若武者《わかむしゃ》」と称《たた》えた。しかしその信忠も、その三カ月後の明智光秀の謀反《むほん》で命を落とす。運命の流れが違っていれば、盛信と信忠は義理の兄弟として互《たが》いの武芸を認め合って、仲良く過ごせたのかもしれない。

稲葉正成《いなばまさなり》

（一五七一―一六二八）小早川秀秋の家老

天才的軍略を生かせなかった

斎藤利三（34ページ）の娘が春日局であるが、彼女の夫であった稲葉正成《まさなり》は浮き沈みの多い人生を送った人物であった。正成は運が良ければ「第二の竹中半兵衛《たけなかはんべえ》」といった名声を残せた優《すぐ》れた軍師であったが、武芸は人なみで気の弱い面もあった。このため彼は、一度人生のどん底を味わうことになる。

徳川家の天下取りを実現させた関ヶ原の戦い（一六〇〇年）の徳川方の勝因は、稲葉正成の陰での活躍に求められるともいわれるが、まず関ヶ原の戦いに至る正成の経歴を記《しる》そう。美濃の小大名、稲葉一鉄は有能な家臣である斎藤利三を明智光秀に取られたあと、美濃の名家の次男であった林（のちの稲葉）正成に目をつけた。

正成を跡とり息子の稲葉重通《しげみち》の養子にして、正成の軍略によって自家を発展させようとしたのである。はじめは重通の娘が正成の妻になったが、彼女が亡《な》くなると稲葉一鉄は娘の子にあたるお福（春日局）を正成の後妻にした。正成を、何としても自家につなぎ止めておきたかったのだろう。

ところが、天下人となった豊臣秀吉が稲葉正成の才能に目をつけた。かれは、正成を自家に引きぬき、豊臣家の養子になった秀秋（秀吉の妻、北政所《きたのまんどころ》の甥《おい》）の家臣にした。優秀な人間を次々に失う一鉄は、よほど不運な人間であるが、現在でもヘッドハンティングはさかんに行《おこな》われている。

稲葉正成の主君、秀秋はのちに筑前国《ちくぜんのくに》の名島《なじま》三十六万石の大名、小早川家の養子になった。このとき、正成には五万石が与えられた。

関ヶ原の戦いのときに、小早川家は他の西国《さいごく》の大名に倣《なら》う形で石田三成についた。しかし稲葉正成は、石田は戦いに勝っても国を指導する能力はないとみて、密《ひそ》かに徳川方に通じた。

関ヶ原の戦場で、小早川勢は正成の策《さく》によって関ヶ原の西南にある松尾山《まつおやま》に陣を設けた。そこは、徳川方からも石田方からも攻撃されにくい位置にあった。正成はそこで戦況をうかがい、機会をみて石田方に一気に攻めかかる作戦をとった。

朝から始まった戦いは、一進一退のくり返しであった。昼ごろになって正成が率《ひき》いる一万五千人の大軍が石田方を裏切り、松尾山を駆け下りた。思わぬ方面から出現した敵に、石田方は大混乱に陥《おちい》った。小早川勢の裏切りが、関ヶ原の勝敗を分けた。これが正成の三〇歳のときの出来事である。

ところが、徳川家康は小早川秀秋に十分な恩賞を与えなかった。そのため正成は家中で「主君に無意味な裏切りをさせた不忠者」と罵《ののし》られて、小早川家にいられなくなった。しかも正成が浪人して美濃に帰ったあと、妻のお福が出世《しゅっせ》の見込みのない夫に見切りをつけて去っていった。

このとき彼女は正成との間にできた稲葉正勝《まさかつ》らの子供たちを連れていった。正成は慶《けい》長《ちょう》十二年（一六〇七）になって徳川家の情けで一万石（後に二万石に加増《かぞう》された）を与えられて大名になるが、その後は歴史の表舞台で活躍の場を与えられず、五八歳まで生きた。

正成は再婚して平穏な晩年を過《す》ごしたが、能力を発揮できず、世間の冷たい視線をあびた彼の人生は、恵《めぐ》まれたものではなかったろう。

島《しま》左《さ》近《こん》清《きよ》興《おき》

（一五四〇―一六〇〇）石田三成の家老
華々しい戦死で後世に名を遺した

関ヶ原の戦い（一六〇〇年）に敗れた石田三成の家老に、島左近清興《しまさこんきよおき》という名軍師がいた。彼は、関ヶ原で敵方の諸将をさんざん苦しめたことにより、「石田勢に島左近あり」とたたえられた。

左近は、大和国《やまとのくに》平郡谷《へぐりだに》の小領主《しょうりょうしゅ》の家に生まれ、大和の有力な武将、筒井順慶《つついじゅんけい》に重用《ちょうよう》された。当時、大和一国は有力寺院・興福寺《こうふくじ》の領国とされ、興福寺が大和国守護を務《つと》めていた。筒井家はこの興福寺に仕える高位の僧兵の家であったが、順慶の代に大和一国の大名にのし上がった。

有能な実務者が、創業者の子孫に代わって社長になったようなものであるが、この筒井家の躍進は順慶の政略と、左近の軍略とによってもたらされたものだった。

ところが順慶の養子の筒井定次《さだつぐ》が筒井家を継《つ》いでまもない天正十六年（一五八八年）に、左近は先祖代々仕えてきた筒井家を去った。定次が政治をおろそかにして家臣を粗略に扱《あつか》ったためである。左近はこのままでは筒井家は滅び、わが身《み》にもそのことによる災厄が降りかかってくると考えたのだ。無能な二代目社長と、先代以来の重役とが対立したようなものである。

このとき左近を一万五千石の高禄で迎えたのが、近江国《おうみのくに》（滋賀《しが》県）水口《みなくち》四万石の大名、石田三成であった。彼は左近にほれこんで禄の半分近くを与えてしまった。が、この話を聞いた秀吉は、「良い家来を得たな」と三成をほめたという。

このあと左近は、三成のもとで各地を転戦して多くの手柄《てがら》をたてた。そして、関ヶ原の戦いの朝に彼は自《みずか》ら石田隊の先陣を買って出た。このとき左近は、味方の勝利を信じていた。このあと左近は、自陣の前に柵《さく》を築き、敵方へのそなえとした。そして軍勢を三つに分け、柵の後方、柵の前方左側、前方右側においた。

黒田長政《くろだながまさ》、加藤嘉明《かとうよしあき》らが攻撃をしかけてくると、柵の前方の二隊が囮《おとり》になって敵を柵のそばまで引きつけたあとで、敵の後方にまわる。

すると彼らを追って柵のそばまで来た敵兵は、柵に進路をふさがれ、そのむこうからくる銃弾、弓矢や、背後の二隊の波状攻撃によって、次々に倒れることになる。

この作戦があたり、一万数千人の徳川方の連合軍は、千人足らずの島左近の部隊を攻めあぐんだ。左近は自信をもって采配《さいはい》をふるった。しかし、左近の奮戦も小早川秀秋の裏切りの時点までのことであった。小早川勢という思いもよらぬ敵の出現に、石田方の諸隊は次々に敗走した。石田三成まで戦場を逃《のが》れていったが、そのことは前線の左近に伝わらなかった。

このころ左近は、どこからか飛んできた流れ弾に当たって命を落としたという。左近はこのとき六一歳であった。後になって徳川方の先頭で戦った黒田長政が家臣たちに、「鬼《き》神《じん》をもおそれぬという、島左近のその日の有様は、いまでも目の前にあるようだ」と語った。

持ち前の才能が他者から正しく評価される機会が、必ず得られるとは限らない。左近は、自分の手腕を発揮できる地位を与えられてそれに応え、名を成した好例だろう。

伊《い》集《じゅう》院《いん》忠《ただ》真《ざね》

（？—一六〇二）島津家配下の日向の小大名
戦士の意地で勝ち目のない反乱を起こした

関ヶ原の戦いの前年にあたる慶長四年（一五九九年）に、南九州《みなみきゅうしゅう》の島津《しまづ》家の領国で大がかりな反乱があった。伊集院忠真《ただざね》が起こした、庄内《しょうない》の乱である。

伊集院家は武門の家として知られており、忠真は父の忠棟から、さまざまな武芸と武士道の心得《こころえ》を教えられていた。忠真の妻の於下《おしも》は、藩主の島津家久《いえひさ》の妹であった。

慶長四年三月に伊集院忠真の父・忠棟が、島津家久の伏見《ふしみ》の屋敷の茶室で暗殺される事件が起こる。代がわりして当主になった家久が、先々代、先代の寵臣《ちょうしん》で八万石の高禄を取る伊集院家をうとましく思ったためだ。

そのときの島津家の石高が五十六万石であったから、島津領のおよそ七分の一を庄内（宮崎《みやざき》県都城《みやこのじょう》市）の伊集院家が持っていたことになる。

国許《くにもと》で暗殺の報《しら》せをうけた忠真は、ただちに一族や家臣に、憎い家久の首を取るか、忠真が斬り刻まれるかの、弔《とむら》い合戦の支度にとりかからせた。

このとき、徳川家康は島津家と伊集院家との調停をもくろんだ。家康のすすめに応じて屈服すれば伊集院家は存続できたが、忠真は島津家の卑劣なふるまいを許せなかった。そして、戦いは慶長四年六月に始まった。

島津領には「外城《とじょう》」とよばれる小領主が一一一家あったが、この乱にあたって一二の外城が伊集院家の味方についた、そこで、島津家久は手兵をあちこちに分けて小領主の砦《とりで》を攻めねばならなくなった。

伊集院方の武士たちは必死に抵抗した。そのため、島津方は苦戦し、乱は長期化した。この情勢をみた家康は、あらためて使者を送り忠真に降伏をすすめた。彼は島津家に恩を売るために、「これ以上戦いが続けば徳川家などの有力大名が島津に加担するぞ」と脅《おど》したのだ。

忠真は、はじめはそれに抵抗した。しかし、情勢を冷静にみると予想外の数の犠牲者を出したのに、島津に勝てそうもない。そのため慶長五年三月になってこれ以上部下を死なせてはならないと観念して、家康の勧告に応じた。

このとき、忠真の妻は、乱が起こったときに娘をつれて実家に帰った。彼女はのちに子連れで再婚している。

忠真は、庄内の乱のあと八万石の領地を没収されて、代わりに薩摩半島《さつまはんとう》南部の頴娃《えい》で一万石を与えられた。

このあと、忠真はまじめに主家に仕えたが、島津家久はかれを怨《うら》みつづけた。庄内の乱の損害によって、島津家は関ヶ原の合戦に十分な兵力を送れず不本意な戦いをせざるを得なかったためである。

そのため慶長七年（一六〇二）八月になって、島津家久は参勤交代のお供《とも》をしていた忠真を鹿狩りに誘い出し、鉄砲の得意な二人の家臣に命じて忠真を暗殺させた。暗殺の現場となった宮崎県野尻《のじり》町には、忠真の墓が残っている。その後島津家は、忠真の弟たちを殺し、さらに祖母と母を自害させている。

こうして伊集院家は滅んだが、筋を通した生き方をとった伊集院一族の名前は長く語りつたえられることになった。

曾呂利新左衛門《そろりしんざえもん》

（?——一六〇三）豊臣秀吉の近臣
出世欲がないのに口だけで臣下に召し抱えられてしまった

曾呂利新左衛門《そろりしんざえもん》は、戦国の有力者の近臣《きんしん》としては変わり種であった。曾呂利はもともと堺の鞘師《さやし》で杉本甚右衛門《すぎもとじんえもん》と名乗っていた。彼は刀の刀身が鞘口に「そろり（するりの意）」と入る良い鞘を作り「曾呂利さん」の通称で呼ばれた名鞘師だった。曾呂利は武士ではなく武芸もできなかったのである。

曾呂利の運命が変わったのは、天正十三年（一五八五年）六月に秀吉が四国の長宗我部元親を攻めたときのことだった。秀吉は弟の秀長《ひでなが》を先発隊として四国に送ったが、自らは大坂にいてなかなか渡海《とかい》しなかった。そのため大坂の商人たちは、秀吉軍の行列の無礼討《う》ちを恐れて、うかつに家を出られず不自由していた。

曾呂利はこのような空気をよんで、思わず秀吉批判の狂歌《きょうか》を詠《よ》んだ。「我が殿は四石（四国）の米（酒や麦でも良いが曾呂利は人々になじみ深い米にした）を買いかねて、今日も五斗買い（御渡海）明日も五斗買い（御渡海）」これは「殿様が四石の米を一度に買えず、五斗ずつ小分けに買っている」という歌だが、よくみるとその裏に、毎日「御渡海である」と噂《うわさ》が流れるのに秀吉がなかなか大坂を動かないことに対する大坂の人々の苦しみが詠まれていた。

この狂歌は不満の募《つの》った町人に広まり、ついに秀吉の耳に入ってしまった。この歌を聴いた秀吉は、家来に命じてその作者を連れて来させた。殿様というものは庶民が自分を批判しても知らぬふりをするのが通常であったが、秀吉の面前に引き出された曾呂利はもう、『命はないのだな』と悟った。このとき曾呂利は命乞いや言い訳などに走らずに、観念して開き直った。もう死ぬのならその前に言いたいことを言ってやろうと秀吉に政治批判を繰り広げたのだ。秀吉はその批判が機智《きち》に富んだものだったことや、有力者に媚《こ》びない曾呂利の正直さをたいそう気に入った。そこで秀吉は「わしに仕《つか》えろ」と言った。曾呂利は意外な言葉を発した秀吉の懐《ふところ》の深さにいたく驚き感動しながらも「私は一介の鞘師で武芸はできず、武家の堅苦しい生活もできません」と返事をした。一介の職人が武家に成り上がれる願ってもないチャンスなのだが、それを断《ことわ》るところに曾呂利の無欲な人柄が現れている。彼はますます秀吉に気に入られ、鞘師として豊臣家に召し抱えられ、大事な宴席に御伽衆《おとぎしゅう》（面白い話で有力者の機嫌取りをする大事な役目）として呼ばれるようになった。

曾呂利の狂歌の凄《すご》さは、秀吉との愉快な会話とともに江戸期にまで伝わり、のちに江戸時代の話芸者がインドや中国の笑い話まですべて「曾呂利噺」として紹介してしまったほどであった。

しかし、口先だけで秀吉に気に入られたことで秀吉の臣下から嫉妬《しっと》や不信を買った曾呂利は、自分が出世欲を持たないことを周りに示すために、出家して「伴内《ばんない》」の法名を名乗った。そして、秀吉の宴席に呼ばれるとき法名を名乗るのが野暮《やぼ》なので、本名の甚右衛門をもじり新左衛門の名を用いるようになった。このあと曾呂利は、茶の湯などの文化に通じ、知識人として重んじられ、終生秀吉に気に入られた。

曾呂利は秀吉の亡き後、秀吉の息子・秀頼に仕えたが秀吉の死の五年後（一六〇三年）に病死した。彼は秀吉のいない豊臣家の後退に寂しさを感じただろうか。しかし豊臣家の滅亡（一六一五年）を知らずに逝《い》ったのは幸いであっただろう。

伊《い》藤《とう》一《いっ》刀《とう》斎《さい》

（一五四二—一六三五）誰にも仕えなかった剣客

武士として生きずに剣に一生を捧げた達人

伊藤一刀斎《いとういっとうさい》は、一刀流の開祖《かいそ》である。一刀流は、流派の起こった戦国の世から明治時代の廃刀令までの三百年以上も日本で代表的な剣術とされ、山岡鉄舟《やまおかてっしゅう》、坂本龍馬《さかもとりょうま》などの数多くの剣客《けんかく》を生んだ。一刀斎は当代一の剣客であったが、彼の経歴に関する正確な記録は少ない。後世、彼の弟子筋《すじ》からいくつかの伝説が出ているが誇張や創作が含まれている。

一刀斎は、権力者に仕官しなかったので確かな記録が残りにくかったのだ。

比較的信頼できる記録には、一刀斎は伊豆《いず》国の伊東《いとう》で生まれ、越前国一乗谷で当時流行した中条《ちゅうじょう》流剣術を学んだとある。

一乗谷を出て修行の旅をしていた一五七八年。すでに武名が高く、誰とでも試合をすると公言していた一刀斎のもとに、鎌倉の鶴岡八幡宮の奉納《ほうのう》試合の話がきた。鎌倉を治《おさ》めていた関東の有力大名である北条氏政《うじまさ》からだ。

北条は、自分のもとに北中国の貿易船にいた「十官（下級の管理職に対する敬称。主任に相当)」の通称で呼ばれる武芸の達人と一刀斎の試合をさせたらどうだろうと考えた。この十官は身長七尺(二一〇センチメートル)の巨漢で青竜刀を軽々と振りまわす腕力の持ち主だ。少々の剣技なら勝ち目がなさそうだ。そこへ武名をあげてきた負け知らずと評判の一九歳の若武者をぶつければ、どのような勝負になるかと興味を持ったのだ。

一刀斎と十官は鶴岡八幡宮の境内で木刀で立ち合った。見た目には明らかに体格差のある一刀斎が不利に見えただろう。しかし、彼は半刻《はんとき》(一時間)にわたり打ち合い、十官の太刀筋に僅《わず》かな隙《すき》を見つけた。すかさず十官の太刀をかいくぐって懐に入り、相手の木刀を蹴り飛ばす。ついで一刀斎は、木刀が横にそれたのに付け込み十官の頭に鋭《するど》い一撃を加えた。それは、長い打ち合いの果《は》ての一瞬で決まった勝利であった。

しかし、木刀での奉納試合は殺し合いではない。一刀斎は相手を気絶させるつもりだった。だが、十官は当たり所が悪く不幸にもそのまま死亡した。

一刀斎は人を斬り捨てて強さを認める剣を望んではいない。彼は木刀の試合で、相手を死なせる自分の未熟さを悔《く》やんだのだろう。一刀斎の強さに北条は仕官を勧《すす》めたが彼は断り、さらに修行の旅を続けた。

諸国を巡り試合を重《かさ》ねた一刀斎は、やがて三十三勝目をあげたときに、「剣の極意をつかんだ」と唱えて一刀流を起こした。この後、彼は勝負より後進の指導を好み、多くの弟子を育てた。しかし、剣豪として名高い一刀斎を、打倒しようと挑戦を挑む剣士は後を絶《た》たない。腕の劣《おと》る剣客から、勝負の見えた試合を挑まれることも多かった。決闘で相手を斬り捨てることが当然だったなか、一刀斎は「どこからでも打ってきなさい」と相手に木刀を持たせ、自分は扇子《せんす》一本で対峙《たいじ》した。しかし、一刀斎には隙がない。剣のわかる相手は動けない。未熟で無理に打ち込んだ者はかわされ扇子で打ちすえられた。扇子一本でも一刀斎の強さは変わらず、むやみに人を殺《あや》めなかった。

一刀斎は、剣術そのものだけを追い求め続け、出世や武士の名声には興味を持たなかったのだ。その剣の強さを武士として使っていれば、小大名に出世もできたことだろう。

一六五三年、九四歳で丹波《たんば》国の篠山《ささやま》で最期を迎えたとされる説が正しければ、彼はかなりの長命だ。一刀流の後継者には弟子の御子神典膳《みこがみてんぜん》が指名され、御子神は二代目将軍・徳川秀忠の剣術指南役になる。これによって旗本、御家人に一刀流が広まり、一刀斎の剣名もさらに高まった。

一生《いっしょう》を剣術に生き精神修養することを重《おも》んじる一刀流を編み出した、一刀斎の生き方は戦国の世《よ》でも特出《とくしゅつ》したものだった。

大久保彦左衛門《おおくぼひこざえもん》

（一五六〇―一六三九）徳川家康の家来
武芸と武士の心を大切にした元祖江戸っ子

大久保彦左衛門《おおくぼひこざえもん》（忠教《ただたか》）は大久保忠員《ただかず》の八男で、桶狭間の戦いの年である一五六〇年に生まれた。大久保家は家康の父である松平家に代々仕《つか》える有力な武士で、彦左衛門は徳川家の発展を眺《なが》めながら武芸の腕を磨《みが》いて育つ。

武芸の努力には人一倍の彦左衛門は、めきめき頭角をあらわし、特に槍の名人として知られるようになった。

彦左衛門は長兄・大久保忠世《ただよ》と親子ほど歳《とし》が離れている。甥《おい》にあたる、忠世の長男・忠《ただ》隣《ちか》すら彦左衛門より七歳年上だ。彦左衛門は大久保家の直系で跡継《あとつ》ぎとされる二人《ふたり》に、仕える形になる。

彦左衛門に初陣《ういじん》の機会が訪《おとず》れた。一五七六年、武田勝頼の支配下にあった遠江《とおとうみ》北部の乾《いぬい》城攻略に向かう、兄・忠世の隊に加えられたのだ。

彦左衛門は初陣ながら、恐れることなく槍をふるって自軍の先頭で戦った。稽古と戦場は違う。矢が飛び交い、敵味方の怒号が入り乱れる中、彦左衛門は夢中で戦う。気が付いたとき、乾城の城兵で身分ある武士を一人《ひとり》討ち取っていた。初手柄だった。

この戦《いくさ》で、彦左衛門は日頃の鍛錬《たんれん》が必ず良い結果につながる、勇士は簡単に倒されないという信念を持つ。五年後の遠江高天神《たかてんじん》城攻めでは、彦左衛門は武田方の指揮官・岡部《おかべ》長教《ながのり》に遭遇《そうぐう》し、彼を討ち取った。

徳川家中での彦左衛門の武名は高まっていくが、彼を嫌う重臣も多かった。彦左衛門の若い頃からの信念に拍車がかかり、納得がいかないことは徹底的に非難し、追従《ついしょう》だけで出世した武芸なき武士をあからさまに軽蔑《けいべつ》したからだ。しかし、彦左衛門を評価する者もいた。大言壮語《たいげんそうご》するが有言実行で、戦場ではいつもすすんで危険な前線に馳《は》せ向かったからである。家康も、そんな彦左衛門を気に入る一人で、時折《ときおり》彼を身近に招き武勇譚《たん》をさせていた。

彦左衛門の戦功は、大久保家の功績とされる。大久保家当主になった長兄・忠世もその息子の忠隣も優秀で大久保家は徳川家家臣として発展していく。忠隣は、政治・経済に通じて幕府に重んじられ、小田原六万五千石の藩主になる。彦左衛門も忠隣から二千石を与えられ重臣とされた。だがそれが、大久保家の絶頂だった。

有能すぎる忠隣は二代将軍・秀忠の近臣の妬《ねた》みをかい、一六一四年に冤罪《えんざい》で領地を没収された。家臣の彦左衛門も一緒に無一文になるはずだった。しかし、彦左衛門を気に入っていた家康が彼を千石の旗本として招いた。

家康直属になれた彦左衛門は天下泰平《たいへい》となった江戸でのびのびと本領を発揮し、気風《きっぷ》の良さで目下の者に慕《した》われていく。

彦左衛門は、幕府に進言したり、まじめな町人の若者を可愛がったりして日を送った。武芸に長じた浪人たちを家に置き、世話《せわ》をし、仕官先を探したりもした。そんな彦左衛門の人望が後《のち》に、彼を主人公とする講談や言い伝えを生んで、彼の名を後世《こうせい》まで語らせることになった。

彦左衛門が大久保家の長男として生まれていたなら、有力な譜代《ふだい》大名に成れただろう。戦国の戦いで彼は、それだけの活躍をしてきたのだ。彦左衛門が、戦功が自分より劣《おと》る者が五万石、十万石の大名になったことに不満を漏《も》らす場面もあった。

しかし、後に加増を受けて三千石になり、八〇歳まで生きた彦左衛門は、自分を曲げることなく、やりたい放題の人生だったのではないだろうか。大久保家の本家の子孫が後に小田原の藩主の地位を回復したことも記《しる》しておこう。

蘆《あし》名《な》盛《もり》重《しげ》

（一五七五―一六三一）会津の大名

時代の寵児・伊達政宗に一生を台無しにされた男

蘆名盛重《あしなもりしげ》は、代々常陸《ひたち》国（茨城《いばらき》県）を支配した名門である佐竹家の出《で》で、生まれながらの御曹司《おんぞうし》だった。盛重の父は、下野《しもつけ》国（栃木《とちぎ》県）や陸奥《むつ》国に勢力を伸ばし、小田原の後北条氏と争《あらそ》った有力な戦国大名の佐竹義重《よししげ》だ。

天正十五年（一五八七年）、一三歳の盛重は、蘆名本家の当主になるため、蘆名家の娘と結婚した。佐竹家が蘆名家を支配下におくための政略結婚であるが、それは父・義重の次男で佐竹本家の当主になれない盛重を思う親心からなされたものだ。

佐竹家が手に入れた、蘆名家は鎌倉時代半《なか》ば以来、交通の要地《ようち》である会津を治《おさ》めた名門で当時の奥羽《おうう》地方の有力大名の一人《ひとり》であった。

しかし、少年城主・盛重の人生の頂点は、この僅《わず》か二年後に終わった。

転落のきっかけは、幼い盛重の側近として政治を握る佐竹側の家臣が、蘆名家譜代の家臣を蔑《ないがし》ろにしたことだった。しかし、若い盛重はこれを諫《いさ》められない。名門蘆名家譜代の家臣は、突然の佐竹側ののっとりのため政治の日陰に追いやられ、他国から来た幼い城主の近臣にいいように扱われたのだからたまらない。

この情勢を読んだ北方の米沢《よねざわ》城の伊達政宗《だてまさむね》が、蘆名家の家臣団の切り崩《くず》しを謀《はか》ってきた。政宗は二三歳の若さだが、武芸の達人で、一八歳で家督を継《つ》いでいた。それ以来、畠山《はたけやま》家、相馬《そうま》家などの周囲の敵を次々に討《う》った政宗は時代の寵児《ちょうじ》として注目されていた。

盛重が蘆名家を継いで二年後、とうとう蘆名家親族からの裏切りが出てしまった。政宗の工作によって、猪苗代湖《いなわしろこ》北岸を治める蘆名一族の猪苗代盛国《もりくに》が、伊達側についたのだ。政宗が支配下にいれた猪苗代城から、盛重の蘆名本城の会津黒川《くろかわ》城（後《のち》の鶴《つる》ヶ《が》城）まで五里《り》（約二〇キロ）しか離《はな》れていない。猪苗代城を取り返せねば、蘆名家はすべて伊達に取られてしまう。盛重は、父から常陸・佐竹の兵も借りて全兵力で猪苗代城に向《む》かった。初めての大きな戦《いくさ》は、自分の責任で自分の国を守る戦だった。

これに対して政宗は、すばやく猪苗代城の西方の平原・摺上原《すりあげはら》に布陣した。伊達の兵力と蘆名の兵力はほぼ互角だ。だが、蘆名家譜代の富田《とみた》、平田《ひらた》、松本《まつもと》などの諸家は、後方にいて傍観《ぼうかん》を決め込み、戦へ参加する気配がない。伊達方が軽く先制攻撃を仕掛けたが、それを迎え討つ蘆名方の士気があがるわけがない。この戦況を見た政宗は、鉄砲《てっぽう》二〇〇挺《ちょう》を一斉《いっせい》に盛重の旗本に撃《う》ちかけてきた。そこには、常陸からつれてきた佐竹の精兵が集まっていた。真の味方の佐竹兵は銃に怯《ひる》み、蘆名後方の支援はえられない中で、伊達側の一斉攻撃が始まった。四面楚歌《しめんそか》である。たまらず、盛重が逃げ出すと、富田家などの蘆名家譜代が裏切り、伊達勢に合流した。蘆名本家以外の蘆名一族すべてに裏切られたのだ。盛重は会津黒川城に籠城《ろうじょう》することも叶《かな》わず、一目散《いちもくさん》に常陸に逃げ帰った。

盛重は、父の保護のもとで生活していたが、後《のち》に徳川家康に転封させられ、秋田《あきた》藩主となった兄・佐竹義宣《よしのぶ》の家臣としてついて行き、角館《かくのだて》で一万六千石を与えられた。

少年期の失敗がたたって、良いところのない人生であった盛重だが、秋田藩内で大切《たいせつ》にされ、五七歳の寛永《かんえい》八年（一六三一年）で寿命を全《まっとう》うした。坊《ぼっ》ちゃん生まれで、恵まれた出世《しゅっせ》をお膳立《ぜんだ》てされたが、若くして挫折《ざせつ》した後《あと》は何も成《な》し得《え》なかった。典型的な良いとこの次男坊として父に溺愛《できあい》されて過《す》ごし、兄に守られて平和になった晩年を過ごして一生を終えたのは、彼にとって幸せだったのだろうか。少年期の乱世の時代に唯一《ゆいいつ》で最大の戦経験は、二度としたくない恐ろしい出来事とだけ思っていたのだろうか。

平塚為広《ひらつかためひろ》

（？——一六〇〇年）美濃の小大名

石田三成に義理立てして関ヶ原で戦死した

平塚為広《ひらつかためひろ》は、慶長五年（一六〇〇年）の関ヶ原の戦いで戦死した勇将である。為広は、石田三成への義理を果《は》たすために不利だと知りながら石田方に従った。

為広の正確な生年は伝《つた》わっていないが、関ヶ原で戦死したとき為広は四〇歳前後ではなかったかと考えられる。最初、為広は秀吉の馬廻《うままわ》りの一人《ひとり》にすぎなかった。ある日、秀吉直属の一兵卒《いっぺいそつ》であった為広に「お前は見所《みどころ》があるぞ」と声をかけてきた者がいた。石田三成である。

為広から見れば、秀吉の第一のお気に入りであった三成は雲の上の人であった。小田原遠征《えんせい》（一五九〇年）にあたって為広は下級の指揮官に起用された。これは、三成の口添《くちぞ》えによるものらしい。

このとき為広は秀吉や三成の期待に応《こた》えようと力戦して、手柄を立てた。これをきっかけに為広は次第に出世《しゅっせ》し、最後は美濃国垂井《たるい》一万二千石の大名となった。この間《あいだ》に、為広は三成や大谷吉継の知遇《ちぐう》を得て、三成と吉継に心酔《しんすい》していった。

豊臣秀吉の没後《ぼつご》に、徳川家康と三成との対立が決定的になった。このとき、為広や大谷吉継は三成に挙兵《きょへい》を思い止《とど》まるように説《と》いた。秀吉亡《な》き後《あと》、大名の多くが家康に心を寄せていると読んだのである。

しかし三成は、為広の説得に耳を貸さず、諸大名に「反徳川に決起《けっき》せよ」と呼びかけた。この後、為広は石田方の諸将とともに関ヶ原に向かうことになった。為広から見ても、石田方の大名の心は一《ひと》つにまとまっていなかった。密《ひそ》かに家康に連絡をとる者がいることもわかった。

為広は、小早川秀秋が敵方に通《つう》じているのを知って秀秋の陣を訪《たず》ねた。秀秋を斬《き》るつもりだったが、秀秋は隙《すき》を見せなかった。

決戦の日となった九月十五日、為広ら石田方の諸将は関ヶ原に布陣《ふじん》した。徳川方も関ヶ原に出ている。このとき為広は、大谷吉継隊とともに一万五千の小早川軍のいる松尾山の麓《ふもと》にいた。小早川隊の動向を監視する役目を請け負《お》ったのだ。しかし、為広の兵力は五百、大谷の兵力は一千にすぎない。小早川が裏切れば苦戦することは確かだ。

夜明けとともに、合戦が始まった。両軍があちこちで衝突《しょうとつ》する。小早川は動かない。

石田方と徳川方との戦況は五分五分だ。

昼近くになって小早川の旗印《はたじるし》が動くのが見えた。小早川の大軍が山を下《お》りて大谷隊に攻めかかっていく。大谷隊も勇敢にそれを迎《むか》え撃《う》つ。

このとき、為広は大谷隊の反対側から小早川隊に猛攻《もうこう》をかけた。挟《はさ》み撃ちを受けた小早川隊はたじろぎ、退却《たいきゃく》する動きを見せた。小早川隊の兵士の戦意は低い。石田方の諸隊は持ちこたえ、やがて反撃に移ると為広は考えたのだろう。

ところが、信じられないことが起こった。石田方の脇坂《わきさか》、朽木《くつき》、小川《おがわ》、赤座の四隊の計四千人が一斉《いっせい》に裏切った。脇坂らは、平塚隊の後方に廻《まわ》った。前には小早川隊、後ろには脇坂らがいる。しかも敵の数は、味方の十二倍だ。為広は進退窮《きわ》まった。何とか血路《けつろ》を切り開いて逃《のが》れようとするが、敵の包囲は厚い。為広は、やがて乱戦の中で戦死した。

昨夜、秀秋を斬れずに残念と為広は思ったのだろうか。徳川方につけば為広は領地を保《たも》てたかもしれないが、そうすると為広は裏切り者の汚名を背負《せお》って生きねばならなくなる。自分を引き立ててくれた三成に殉《じゅん》じることが、為広の最良の選択だったのだろう。

蒲生真令《がもうさねのり》

（一五四〇頃―一六〇〇）石田三成の家来
一寸先は闇。関ヶ原を必死で戦った

蒲生真令《がもうさねのり》は、石田三成の家臣のなかにあって、島左近（89ページ）と並ぶ名指揮官として称《たた》えられていた。若い頃の真令は横山喜内《よこやまきない》と名乗《なの》り、近江国半分を支配した六角《ろっかく》義賢に仕《つか》えていたが、六角家の滅亡《めつぼう》後に蒲生氏郷《うじさと》の家臣になる。蒲生家が南近江の名家であったためだ。近場で手を打つ安易《あんい》さだが、幸運にもこの選択で真令は出世《しゅっせ》の道を歩みだす。

真令の仕えた氏郷は、信長、次《つ》いで秀吉に従《したが》い、最後には会津九十二万石の大名にまで出世する。蒲生家の勢力拡大とともに、真令の地位は上がっていった。真令は九州遠征《えんせい》（一五八七年）で手柄を立てた。その功績で、主君から蒲生の名字と蒲生家の親類衆《しんるいしゅう》なみの扱《あつか》いを受けた上に氏郷の名の「郷」の字を賜《たまわ》り、頼郷《よりさと》の名前を与えられた。一介《いっかい》の家臣が、主君から同姓の名乗りを賜り親類扱いされたのだ。このときから真令は「横山喜内」に代えて「蒲生頼郷」と名乗る。そして主君の会津入りのときには、真令は会津塩川《しおかわ》城六千石の城主《じょうしゅ》にまで出世した。真令の人生は輝《かがや》いていた。このときまでは。

氏郷が亡《な》くなり、その跡《あと》を継《つ》いだ蒲生秀行《ひでゆき》は、蒲生家を宇都宮十八万石にまで格下《かくさ》げ（一五九八年）される無能さだった。蒲生家の禄《ろく》が下がったため、禄の高い臣下《しんか》から蒲生家を追われる羽目《はめ》になった。それは有能な臣下を解雇《かいこ》することでもあった。幾人《いくにん》もの名のある武士と同じように、真令も蒲生家を追われる。

途方《とほう》にくれた真令は、当てもなく京都を目指した。ここで真令に手を差し伸べたのが、石田三成だった。これが真令の、二度目の幸運になった。

三成は、真面目に主君に仕え成果を挙げる真令を気にかけていて、破格の一万五千石で招《まね》いたのだ。真令はこの好待遇に大《おお》いに感謝した。そこで三成を立て、前の主君から貰《もら》った「郷」の字の付いた名前を蒲生真令と改《あらた》めた。石田家には、蒲生家の旧臣だった蒲生郷舎《さといえ》ら十数名がおり、石田家の家老・島左近とも気が合った。三成に覚えの良い真令には、ここはとても居心地の良い場所であった。真令の正確な年齢は伝わっていないが、左近とほぼ同世代であったらしい。真令が石田家に仕えた年の左近の年齢は五九歳である。

しかし、この幸せが翳《かげ》りだしたことに真令は気付かなかった。石田家に召し抱えられて二年後、関ヶ原の戦いが起こった。このとき、真令は三成への恩返しのために石田家の前線で勇敢《ゆうかん》に戦った。だが逆に、実直で真面目ゆえに真令は、目の前の戦《いくさ》の指揮は執《と》れても大局的な社会情勢がわからない。いつも一つ一つ目の前の戦を必死で戦ってきたから、この戦での石田家の微妙な立場を理解していなかった。

前線の真令や左近の働きで、正面の敵は石田勢を攻めあぐんでいた。ところが、石田方であった小早川秀秋が、突然裏切った。真令も流石《さすが》にこれで味方の負けが確定したことを悟《さと》った。もはやこれまでと、真令は手勢を連《つ》れて敵の大将・徳川家康の本陣を目指して破《やぶ》れかぶれに斬り込んでいく。

敵方の織田有楽《うらく》の隊が、真令たちを阻《はば》んだ。負ける戦であっても、せめてこの男の首を獲《と》ってやる！　真令は名乗りを上げて有楽に斬《き》りかかった。真令の大太刀《おおだち》が有楽の右腿《もも》を傷付け、有楽は落馬《らくば》した。真令は有楽の首に大太刀の刃《やいば》を向けた。有楽の首を獲った！と真令は思った。だが、目の前に広がった景色は、一面の空だった。何が起こったのか。有楽の家来が殺到《さっとう》し、既《すんで》のところで真令を背後から攻撃して落馬させたのだ。転倒してあちこちに怪我《けが》を負《お》った真令は、慌《あわ》てて立ち上がる。しかし、そこに有楽が駆《か》け寄り真令の首に刃を向けた。絶命《ぜつめい》の瞬間。そのとき、真令は自分の首が飛んだことを理解できただろうか。

北条氏照《ほうじょううじてる》

（一五四〇—九〇）北条氏政配下の下総の小大名

連戦連勝で生きてきた男の最後

北条氏照《うじてる》は、北条氏康の三男として生まれた。氏照が生まれた北条家は鎌倉幕府《ばくふ》の執権《しっけん》を務《つと》めた北条家と区別して「後《ご》北条氏」と呼ばれる。後北条氏が早雲《そううん》、氏綱《うじつな》、氏康の三代で着々と関東に勢力を伸ばしていたので、氏照は有力大名の子として早くから文武の英才教育を受けた。元服《げんぷく》した氏照は、軍略に人並外《はず》れた才能を発揮するようになった。

氏照は一九歳で滝山《たきやま》城主になる。この年には、氏照の二歳年上の兄で長兄の北条氏政が後北条氏の当主になっている。次男は早くに亡《な》くなっていたようだ。氏照は三六歳のときに後北条氏の下総《しもうさ》（千葉《ちば》県北部）経営の最前線である栗橋《くりはし》城に入った。氏照が後北条氏の軍事上の最重要部署を任《まか》されたのだ。氏照は英才教育に見合った、良好な出世《しゅっせ》をして、兄の氏政から全幅《ぜんぷく》の信頼を受けていく。やがて氏照は、政治上の重要事項について氏政から意見を問われるようになっていった。

氏照と後北条氏の勢力拡大に、好機《こうき》が訪《おとず》れたのは一五八二年のことだった。本能寺の変で信長が明智に討《う》たれたのだ。氏照は、後北条氏の関東支配を広げるために、突然の信長の死に揺《ゆ》れる織田の支配下にあった上野国《こうずけ》（群馬県《ぐんま》）を落とそうと考えたのだ。氏照は有能な弟の北条氏邦《うじくに》を従《したが》えて、滝川一益《たきがわかずます》が治める上野国に侵入した。平素《へいそ》は勇将と知られた一益だが、信長の死で動揺《どうよう》していたところを氏照と氏邦の大軍が襲撃《しゅうげき》した。突然の出来事に、一益はろくに戦えずに逃げ去った。氏照の作戦勝ちである。この勝利をきっかけに、北条の勢力は北関東に広まった。これが氏照の最大の戦功《せんこう》といえるだろう。そして最後の戦功になることをこのときの氏照はまだ知らない。後北条氏は、この戦いで、秀吉の根深い恨《うら》みを買ったこととその危険に気が付けなかった。八年後、秀吉が北条攻めの大軍を発するまで。

このとき、北条の家臣は、主戦《しゅせん》派と和平《わへい》派とに分かれた。和平派は「すでに、日本の大半を支配している秀吉と戦っても勝ち目はないから降伏《こうふく》しよう」と訴《うった》えた。しかし氏照は「降伏は北条の恥《はじ》だ」と主張する。今まで連戦連勝を続けて生きてきた氏照には秀吉に負けない自信があった。北条の家臣たちは、次第に氏照に引きずられていく。氏政も氏照を支持し、徹底抗戦《てっていこうせん》が決まった。

しかし関東に侵入した豊臣方の兵力は、氏照の予想を超《こ》えた二十一万人であった。氏照は見たことのない大軍に、目が眩む。北条の兵力は五万人足《た》らずである。三島《みしま》近くの北条領の境《さかい》にある山中城《やまなか》はあっさりと豊臣軍に攻め落とされた。為《な》す術《すべ》がない。従えた北条の兵が脅《おび》え、氏照が思うように指揮が執れないでいると、本拠《ほんきょ》の小田原城ごと包囲されてしまった。こんな様《ざま》は初めてだ。氏照は衝撃を受けた。

豊臣軍の包囲で兵糧攻《ひょうろうぜ》めを受けて、三カ月が経《た》った。敵の兵は多勢で囲《かこ》んでいるのに、食料は十分な補給ができているようだ。いくら自軍の城であってもそろそろ食料も乏《とぼ》しく、兵の集中力はとうにない。氏照はこれほどの惨《みじ》めな気持ちを味わったのは初めてだった。この危機を打破する方法はないのだ。和平派を捩《ね》じ伏《ふ》せこの戦《いくさ》を進めたのは自分だ、自軍の兵の命は救わねばならない。氏照は兄・氏政とともに敵方に降伏を申し出た。

これが敗者というものか。氏照は生まれたときから一緒だった兄とともに切腹《せっぷく》をする。自分を負かした親玉・秀吉の前で。連勝する己《おのれ》に自惚《うぬぼ》れて、思慮《しりょ》のない戦を仕掛けたことを後悔《こうかい》したとしても、もう遅い。氏照は享年《きょうねん》五一歳だった。

中川清秀《なかがわきよひで》

（一五四二—八三）摂津の大名
第二の秀吉になり損ねた男

中川清秀は、戦国動乱の最中《さなか》の天文十一年（一五四二年）、摂津国の小領主の子として生まれた。清秀の家は、源頼光《みなもとのよりみつ》の流れを汲《く》む平安時代以来の由緒《ゆいしょ》正しい名門であった。しかし戦乱の時代、数カ村を支配するだけの小領主では立場は弱い。当時の京都周辺の小領主たちは、細川家、三好家、本願寺などの大勢力が出てくるたびに有力者に媚《こび》を売って離合集散《りごうしゅうさん》を繰り返していた。そのような自家や周辺の城主《じょうしゅ》の生き方を見て育った清秀は「他人に頭を下げる立場に甘んじないぞ。いつか偉《えら》くなって、頭を下げさせる立場に成《な》ってやる」と、考えた。清秀は、権力者が下の者にあっけなく倒される下克上《げこくじょう》の現場を何度も見ていたのだ。

武芸に励《はげ》んだおかげで、清秀の武名は周囲に知られるようになった。織田信長が京都を制圧したとき、清秀は二七歳であった。それから間《ま》もなく清秀は織田家に従《したが》い、池田勝正の配下に置かれることとなる。

清秀にとって信長は、強く、決断力があり、人を惹《ひ》きつける魅力を持っている憧《あこが》れの存在であった。清秀は、信長の行動を見ているうちに「いつしか俺も信長のように尊敬される武士に成って、有力大名にのし上がる。そして、あわよくば天下を取りたい」と、夢を抱《いだ》くようになっていた。信長に惚《ほ》れ込んだからではない。清秀は信長の下で力をつけ、機会があれば下克上してやろうと考えたのだ。

元亀二年（一五七一年）に和田惟政が織田家に反抗した。清秀は先頭に立って斬《き》り込み、惟政を討《う》ち取る大手柄《おおてがら》を立てた。これによって清秀は、自身の腕を間違いなく信長に認めさせた。そのおかげで、池田勝正が失脚《しっきゃく》したとき、清秀は巻き添えをくうことなく、摂津の有力者である荒木村重の配下に移される。

しかし、村重は天正六年（一五七八年）に毛利と結び、信長に叛《そむ》いた。清秀は、信長の配下にいたいのであって、村重に忠義を感じていない。「村重の謀反《むほん》になぞ巻き込まれてたまるか！」。清秀はこの危機を好機に変える。すぐさま荒木方に反旗《はんき》を翻《ひるがえ》したのだ。これが功を奏《そう》し、織田軍の荒木攻めにおいて活躍して手柄を立てたのだった。

この功績によって清秀は、茨木《いばらき》十二万石を与えられた。さらに息子の秀政《ひでまさ》は、信長の娘婿《むすめむこ》となる。「俺は信長に目を掛けられて、織田家配下の有力大名の一人《ひとり》に成れたのだ」

と清秀は思った。そして「自分より四歳年上の羽柴秀吉は、織田家の新参者《しんざんもの》でありながら今や信長の片腕と呼ぶべき地位にある。俺が足軽上がりの秀吉に劣《おと》るとは思えない。これからの働きによって、俺は秀吉を超えることができるかもしれない」とも清秀は考えたろう。

天正十年（一五八二年）、姻戚《いんせき》に当たる信長が暗殺された。秀吉は、信長の後継者のような顔をして、山崎の合戦で謀反人・明智光秀を倒す。このとき、清秀は秀吉方について、一万石の加増を受けた。今は秀吉の配下になって功績を挙げて禄《ろく》を増やすのが、秀吉を超える近道と考えたのだ。出世《しゅっせ》していけば、いつか下克上の機会が来る——

そして清秀は、山崎の合戦の翌年（天正十一年）の賤ヶ岳の合戦に秀吉方の一員として従軍《じゅうぐん》した。更《さら》なる出世の好機だ。

しかし四月二十日の早朝、清秀が一千の兵力で守る大岩山の砦《とりで》が、四千の敵勢による奇襲《きしゅう》を受ける。清秀は味方が逃げ惑《まど》う中、最後まで戦場に踏《ふ》み止《とど》まって戦死した。享年《きょうねん》四二歳であった。ここで討ち死にしなければ、豊臣政権下の有力者の一人《ひとり》にのし上がって、秀吉に不測の事態があれば天下取りの争いに加われたはずであった。

織田秀信《おだひでのぶ》

（一五八〇—一六〇五）美濃の大名
時流に呑まれ流され続けた御曹司

織田秀信《ひでのぶ》は信長の孫である。信長の嫡子《ちゃくし》である信忠の子として天正八年（一五八〇年）に生まれた。信忠は織田家中《かちゅう》で、信長の長男というだけでなく、跡《あと》を継《つ》ぐのにふさわしい名将という評判を受けていた。その信忠の唯一の息子である秀信は、将来、日本の覇者《はしゃ》となる運命だった。明智光秀が天正十年（一五八二年）、織田家に対して謀反《むほん》を起こさなければ——

秀信がまだ三法師《さんぼうし》の幼名《ようみょう》で呼ばれていたとき、秀信の祖父・信長が本能寺で光秀に殺された。信忠は父の仇《かたき》の謀反者・光秀の軍と勇敢《ゆうかん》に戦ったが、逆に追い詰められ、自害《じがい》した。幼《おさな》い秀信は、信長の家臣・前田玄以《まえだげんい》に守られて戦場から逃《のが》れ、織田家の拠点《きょてん》の一《ひと》つである清洲《きよす》城に籠《こも》った。

その後《ご》、羽柴（豊臣）秀吉は、光秀を討《う》ったことにより発言力を持ち、秀信を織田家の後継者《こうけいしゃ》として推薦《すいせん》する。しかし、三歳（満二歳）の子供に国が動かせるわけがなく、政治の実権は、秀吉に握られた。

天正十一年（一五八三年）に、秀信は四歳で元服《げんぷく》した。秀吉から「秀」の字をもらい、三法師から秀信と改《あらた》める。秀吉が上手に秀信の機嫌《きげん》を取ったので秀信は秀吉に懐《なつ》いた。

天正十八年（一五九〇年）、秀吉が天下統一《てんかとういつ》を成《な》し遂《と》げた。その二年後、秀信は一三歳で岐阜城主《ぎふじようしゆ》となり秀吉から十三万石を与えられる。少年が城主でいられたのは、戦国の国取りが終結し、他国に狙われる心配がなくなったからだ。秀吉は、秀信を豊臣政権の一大名として残そうとしていた。

慶長元年（一五九六年）、秀信は権中納言《ごんちゆうなごん》という高い官職《かんしよく》を授《さず》かった。だが、信長の家臣だった秀吉は織田家を秀信に継がせながらも、天下を秀信に継がせるつもりはない。秀吉は自分の子・秀頼を後継者としていた。それに対して秀信は、秀吉を恨《うら》まず素直に尊《そん》敬《けい》していた。秀吉に懐いたことで、秀信は命を長らえたともいえるだろう。もし、秀吉に反抗的な態度を取り続けたら、秀吉に暗殺される可能性もあったろうし、秀吉に反旗《はんき》を翻《ひるがえ》す敵にまつり上げられ、幼くして戦死《せんし》した可能性もあったのだ。秀信はそのことを自覚していた。平和な世で大名に取り立ててもらったことにも感謝した。「私には実父《じつぷ》の記憶もろくにないせいか、昔から可愛《かわい》がってくれた秀吉のおじ上を、父のように慕《した》っている。その息子の秀頼君《ぎみ》は我が弟のように可愛い。いつか、秀頼君がおじ上の跡を継いだ日には、兄のように守っていこう」。

秀信が一九歳のときに秀吉が病没《びょうぼつ》し、石田三成と徳川家康の対立が目立つようになった。秀吉が好きだった秀信は、秀吉の路線を継ぎ、秀頼を守《も》り立てる石田三成を支持した。

秀信の初陣《ういじん》となった関ヶ原の合戦《かっせん》では、石田方と家康方の勢力の際《きわ》にいた岐阜城が西軍《せいぐん》の最前線になる。池田輝政《てるまさ》らの徳川勢の先陣《せんじん》が、秀信が城主を務《つと》める岐阜城に迫ってきた。後方の大垣城《おおがきじょう》には味方がいる。秀信の家臣たちは籠城《ろうじょう》して味方の到着を待つように進言した。しかし、秀信は「地の利《り》は我らにある。ここで敵に一撃を加えて石田方を優勢に導《みちび》こう」と、三千五百の兵を引き連れ、木曾《きそ》川で敵軍を迎《むか》え討つ。ところが敵の兵力は秀信の予想を遥《はる》かに超《こ》える一万八千であった。これでは、さすがに勝てない……だが、このまま退きはしない。「秀頼君のためにも、ここで少しでも東軍《とうぐん》の兵力を大きく殺《そ》いでやる！」と、秀信は勇敢に戦ったが、戦況《せんきょう》は徳川方優勢へと傾いていく。岐阜城は陥《お》ち、秀信は戦後《せんご》、高野山に追放された。

関ヶ原合戦の五年後、秀信は二六歳で没《ぼっ》した。織田、豊臣、徳川の目まぐるしい政権交代《せいけん》の時流《じりゅう》の中で早世《そうせい》した秀信は、まだ人生をろくに知らなかったであろう。

伊《い》東《とう》祐《すけ》兵《たか》

（一五五九―一六〇〇）日向の小大名
意志を貫き御家再興を果たした

伊東祐兵《いとうすけたか》は永禄二年（一五五九年）、日向国《ひゅうがこく》（宮崎県《みやざきけん》）の戦国大名である伊東義祐《よしすけ》の三男《さんなん》に生まれた。伊東家は鎌倉時代から続く家柄で、日向南部に勢力を張り、日向北部の土持《つちもち》家と競《きそ》いあっていた。

しかし、祐兵が生まれた頃から、南方《なんぽう》の大敵《たいてき》である島津家の日向侵攻《しんこう》が始まった。北部の土持家は、早々に島津に降参《こうさん》したが、伊東家は抵抗し続けた。そして祐兵が一七歳のとき、伊東家は島津に敗《やぶ》れ、領地《りょうち》をすべて奪《うば》われた。

祐兵は、島津に対する深い恨《うら》みを抱《いだ》いて、父の義祐、兄の義益《よします》とともに、日向国の北方《ほっぽう》にある豊後国に本拠地《ほんきょち》を置く大友宗麟《おおともそうりん》を頼《たよ》った。義益の妻が、宗麟の娘の子だからだ。宗麟にとっても、島津家の勢力拡大は面白くない。そこで、身《み》を寄せた伊東家の人々は、島津を討《う》つように勧《すす》めた。

天正六年（一五七八年）に、宗麟は五万の大軍による日向侵攻の指示を出した。この侵攻の際、祐兵は島津への怨みを晴らすべく、父や兄とともに大友軍の先陣《せんじん》を務《つと》めた。しかし、味方は島津軍の包囲をうけて大敗。大友家中《かちゅう》では、この敗戦と損害は、伊東親子の責任だとする声が広まり、祐兵たちは大友家にいられなくなった。

伊東親子は遠縁《とおえん》の姻戚《いんせき》を頼って、伊予《いよ》国（愛媛《えひめ》県）へ落ち延《の》びた。伊予へ来てしまうと、旧領《きゅうりょう》の回復は絶望的だ。義祐と義益はすべてを諦《あきら》め、風流《ふうりゅう》で心を慰《なぐさ》めていた。

しかし、若い祐兵は一人《ひとり》で京都を目指した。

折《おり》しも、本能寺の変の直後（一五八二年）である。祐兵は、姫路《ひめじ》城にいた羽柴（豊臣）秀吉のもとを訪《おとず》れた。主君《しゅくん》を倒して京都を支配した明智光秀を討ちに向かうところだった秀吉は、臣下《しんか》がいくらでも欲しい。祐兵は秀吉に、快《こころよ》く迎《むか》えられた。山崎の合戦で手柄を立てた祐兵は、秀吉から河内《かわち》国（大阪府東部）の五百石の領地を賜《たまわ》る。

五年後の天正十五年（一五八七年）、秀吉が九州の島津攻めに踏み切った。祐兵は道案内を命じられる。「島津の奴《やつ》らめ、積年《せきねん》の恨みを晴らしてやる！」と、祐兵は秀吉軍の先陣を務め、命《いのち》懸《が》けで戦った。敵地の中にある曽井《そい》城を制圧し、そこを守り抜いた。これが秀吉に認《みと》められて、島津家が降伏した後《あと》に、伊東家の旧領の一部である飫肥《おび》の地を与えられた。

祐兵は、領地こそ少し減ったが、兄・義益ができなかった、大名家としての伊東家の再興を立派に果《は》たしたのだ。だが、この功績を一番に報《しら》せたい父は、二年前に不遇《ふぐう》のうちに没《ぼっ》していた。

飫肥の領民も、「先祖代々続く領主《りょうしゅ》のご子息が帰ってきた」と歓迎してくれた。しかし、祐兵の不安は大きい。飫肥の周囲は島津領に囲《かこ》まれているからだ。父の代よりも状況は苦しい。はたして今後も、島津家と対抗して独立を保《たも》っていけるだろうか。

この状況で、祐兵の庇護者《ひごしゃ》であった秀吉が亡《な》くなった。そして、関ヶ原の合戦が始まる。負ける側についたら領地を失《うしな》ってしまう。祐兵は息子の祐慶《すけのり》に、少年期の自分と同じ目には遭《あ》わせたくない。祐兵は徳川家康の勝利を確信し、東軍《とうぐん》についた。だがそれは、石田三成の西軍《せいぐん》についた島津義弘《よしひろ》を敵に回すことになった。自分のこの判断は正しいのだろうか。しかし祐兵は、この結果の行く末を見届けられないまま、関ヶ原の合戦の直前、大坂で無念のまま病没《びょうぼつ》した。息子の祐慶にすべてを背負わせて――

だが、この判断は正しかった。東軍は勝利し、伊東家は家康から飫肥三万六千石の領地を安堵《あんど》されたのである。合戦の結果を目にすることなく四二歳の若さで亡《な》くなったことは気の毒だが、意地を通し十分な成果をあげた一生《いっしょう》を送った祐兵は強い男だった。

長束正家《なつかまさいえ》

（一五五九頃―一六〇〇）豊臣配下の近江の大名

時流に乗れなかった能吏

豊臣政権の時代には、秀吉に特別に目をかけられて異例の出世《しゅっせ》を遂《と》げた者が何人かいる。長束正家《なつかまさいえ》もその一人《ひとり》である。正家は一介《いっかい》の文官《ぶんかん》から、武功一《ぶこうひと》つ立てずに近江国水口十二万石の大名《だいみょう》に成《な》り上がった。

正家は、もとは織田家の重臣の一人、丹羽長秀《にわながひで》の家臣《かしん》であった。丹羽長秀は信長の没後に秀吉を支《ささ》えた有力大名の一人《ひとり》になったが、天正十三年（一五八五年）四月に没《ぼっ》した。秀吉が政権を握《にぎ》るきっかけとなった山崎の合戦《かっせん》より僅《わず》か三年後のことである。

長束正家は、主人の丹羽長秀が亡《な》くなった直後に秀吉の招《まね》きを受けた。「お前の理財《りざい》の才能を生かしたい」というのである。このとき、正家はあっさりと丹羽家を見限り、秀吉のもとで出世しようと目論《もくろ》んだ。

この後《あと》、正家は秀吉のもとで文官として目覚《めざ》ましい働きをした。正家の正確な生年《せいねん》は伝《つた》わってはいないが、彼が豊臣家に仕《つか》えたときに石田三成は二六歳、大谷吉継は二七歳であった。正家も、彼らとほぼ同年代の二〇代後半であったと思われる。

正家は、小田原遠征《えんせい》や朝鮮出兵《しゅっぺい》のときの兵糧奉行《ひょうろうぶぎょう》や、近江・越前などの検地《けんち》の奉行を務《つと》めた。小田原遠征のときに、正家は大量の兵糧を手早く運《はこ》んで徳川家康を感服《かんぷく》させた。

正家は九州遠征後の博多《はかた》の町割《まちわ》りや、肥前名護屋《ひぜんなごや》城、伏見《ふしみ》城の工事も担当し、見事な働きを見せた。この手柄で正家は、文禄四年（一五九五年）に水口五万石の大名になった。

この後《あと》、正家は水口で加増を受けて十二万石の領主《りょうしゅ》になる。さらに秀吉逝去《せいきょ》の直前となる慶長三年（一五九八年）に正家は、五奉行《ごぶぎょう》の一人《ひとり》とされて豊臣政権の財政を一手《いって》に握った。

正家は、自分の才能を評価してくれた秀吉を大《おお》いに尊敬した。秀吉の治世《ちせい》のおかげで国内に戦乱がなくなり、大名が贅沢《ぜいたく》を楽しめるようになったとも考えた。それゆえ、正家は秀吉のために精一杯《せいいっぱい》働いた。

しかし正家の最大の理解者である秀吉の逝去が彼の運命を暗転させた。豊臣政権は急速に崩《くず》れていく。幼《おさな》い後継者《こうけいしゃ》・秀頼では国をまとめられない。「自分は誰を頼《たよ》りに生きればよいのだろうか」と、正家は悩《なや》む。

そして正家は、五奉行などの豊臣政権の文官が結束《けっそく》して自分たちの利権を守る道を選んだ。そのために正家は、秀吉の第一の近臣《きんしん》であった石田三成に付《つ》いて、関ヶ原で徳川方と相《あい》まみえることになった。

これが、正家が最初に経験する本格的な戦いであった。関ヶ原の戦場で正家は、毛利秀《ひで》元《もと》らと徳川方の側面を攻める役目を与《あた》えられた。ところが合戦が始まっても、毛利隊は動かない。

「毛利に付いて、そこそこ戦っておけばよい」と考えていた正家の目論見《もくろみ》は崩れた。正家には、自隊だけで敵の大軍に斬《き》り込む勇気はない。午後になって石田隊などが総崩れになった。正家は水口城に逃げたが、敵方の池田長吉《ながよし》に城を包囲された。逃《のが》れる術《すべ》はない、と悟《さと》った正家は自刃《じじん》した。小田原遠征のときに家康と繫《つな》がりを持っていれば、正家は豊臣から徳川に乗り換えられたかもしれない。しかし秀吉の抜擢《ばってき》を受けた正家には、豊臣政権が自分のすべてだった。

疋《ひき》田《た》文《ぶん》五《ご》郎《ろう》

（一五三六―一六〇五）自由を愛した剣客
家康の評価を得られなかった孤高の剣豪

疋田文五郎景兼《かげとも》は剣技に優《すぐ》れた、当代《とうだい》最強といわれる人物である。文五郎の正確な出《しゅつ》自《じ》は不明だが、上泉信綱《かみいずみのぶつな》の姉の子とも、柳生石舟斎の異母《いぼ》兄弟とも伝《つた》えられている。若き日の文五郎は、新陰流の流祖《りゅうそ》で多くの剣の達人を育てた上泉伊勢守《いせのかみ》信綱の弟子であった。上泉の門下《もんか》には柳生新陰流の柳生石舟斎や真新陰流の小笠原玄信斎、タイ捨流《しゃりゅう》の丸目《まるめ》長恵《ながやす》（蔵人《くらんど》）など、一派《いっぱ》の長《ちょう》となった有力者が多い。

永禄六年（一五六三年）、織田信長が京を制圧する五年前の頃だ。二八歳の文五郎は、剣の勝負や指導で京や奈良《なら》へ訪《おとず》れる上泉に同行していた。

そこへ柳生の領主《りょうしゅ》である柳生石舟斎に、師の上泉が招《まね》かれたため、文五郎もともに柳生の里を訪《たず》ねた。上泉は石舟斎の才能を高く買い、熱心に稽古《けいこ》をつける。幾日《いくにち》か共に稽古した文五郎は「己《おのれ》の居場所はここになし」と思い、一人《ひとり》武者修行《むしゃしゅぎょう》の旅に出た。文五郎は師の上泉よりも、石舟斎よりも優れた自分の剣技を編み出そうとしたからだ。

しかし、旅を通じて日本の広さを知り、多くの剣客《けんかく》と交流する中で、文五郎が思い知ったのは人間の出世欲《しゅっせよく》、名誉欲《めいよよく》やそれによって生《しょう》じるいがみ合いであった――空《むな》しい――文五郎が極《きわ》めたいのは剣技のみ。だが戦国の世《よ》、多くの男たちは出世や褒賞金《ほうしょうきん》を得《え》る手段として、剣技を求めていた。

それでも、文五郎は各地を巡《めぐ》り修行を重《かさ》ねた。十年近くの年月《としつき》が経《た》つ頃には、この国には「自分ほど多様な剣客と勝負をした者はいない」と思うようになっていた。そうして多くの者の剣から良いところを学んできた文五郎は「一対一の勝負なら誰にも負けぬ」という強い自信があった。この頃になると、文五郎と立ち合った人々から「文五郎は強い」という評判が広がっていった。その伝聞《でんぶん》を聞きつけた幾人《いくにん》もの大名《だいみょう》が、文五郎に声をかけてきた。しかし文五郎は、誰にも仕《つか》えなかった。命のやり取りを嫌《きら》うようになっていたからだ。戦《いくさ》であっても、強い自分が人を斬《き》るのは、弱い者をいたぶることだと考えていた。

仕官《しかん》の誘《さそ》いを断《ことわ》り続けても、文五郎を招待《しょうたい》したがる大名は多かった。豊臣秀吉の養子《ようし》である豊臣秀次も文五郎の評判を聞き、城に招いた。その滞在中、秀次の剣術師範《しはん》・長谷川宗喜《はせがわそうき》との試合を命《めい》じられた。宗喜は緊張した表情で、「勝負をお受けいたす」と応《こた》える。

だが文五郎は、困《こま》り果《は》てた――宗喜殿を打ち負かすのは容易《たやす》い。しかし、面目《めんぼく》を潰《つぶ》された宗喜殿は切腹《せっぷく》するほかなくなるであろう――宗喜を自害《じがい》させたくない文五郎は、別《わか》れも告《つ》げず秀次の城を去《さ》った。

その後《あと》も文五郎は、求められるままに各地を渡り歩いて、食客《しょっかく》暮らしで生涯《しょうがい》を過ごした。戦に加わらなくても、かれの話は有力者を魅《み》するものであった。

文禄三年（一五九四年）に文五郎は、徳川家康の御前《ごぜん》試合を命じられた。相手は、家康に目をかけられていた柳生石舟斎である。石舟斎は大名で、一介の剣術師範の長谷川宗喜と立場が異《こと》なる。負けても困ることはないだろうと、文五郎は思った。何より、石舟斎は師のもとを去るきっかけになった男であり、剣豪《けんごう》としての実力勝負もしたかった。

御前試合は、文五郎の勝ちで終わった。文五郎は自惚《うぬぼ》れでなく、最強の実力を備《そな》えていた。しかし家康は、勝者の文五郎に、「文五郎の剣は一騎討《いっきう》ちだけに役立つものであり、才能の劣《おと》る者を導《みちび》く力はなし」と言って、石舟斎を重用《ちょうよう》した。

文五郎は慶長十年（一六〇五年）、大坂城の豊臣秀頼のもとにいるときに七〇歳で病死《びょうし》した。文五郎の剣の才《さい》は家康の言葉がすべてを表《あらわ》しているといえよう。文五郎は、妻も子も持たなかった。当代最強と言われる剣技を完成しながら、その技は誰も学ぶことはできない。文五郎は後世《こうせい》に、剣技も子孫も、何も残さなかったのである。

塙《ばん》直《なお》之《ゆき》

（一五六七―一六一五）豊臣秀頼の家来

一度の抗命が命取りになった勇者

団《だん》右《え》衛門《もん》の通称で知られる塙直之《ばんなおゆき》は、永禄十年（一五六七年）に尾張国の豪農《ごうのう》の家に生まれた。団右衛門誕生の翌年に当たる永禄十一年（一五六八年）に、織田信長が京都を制圧している。

「武士《ぶし》になり、郷土《きょうど》の英雄《えいゆう》・信長のように名を上げたい」

と考えて、団右衛門は成長した。生来《せいらい》の大力《だいりき》であったかれは、武芸《ぶげい》の修行に励《はげ》んだ。団右衛門は一三歳のときに、家に入った強盗《ごうとう》と素手《すで》で格闘《かくとう》して、これを捕《と》らえた。この働きで団右衛門の武名《ぶめい》はあたりに広がったが、その程度のことでは大名家《だいみょうけ》からのお招《まね》きが来るはずはない。しかし団右衛門は、自ら大名家に売り込み、中間奉公《ちゅうげんぼうこう》からする気はない。

「武者修行に出て、武名を上げて機会をつかむのだ」

と団右衛門は旅に出た。団右衛門が一五歳のときに信長が暗殺され、羽柴（豊臣）秀吉

が天下を取った。秀吉が国内統一をすすめるのを見て、団右衛門は、

「戦乱《せんらん》の時代は、もう長くはなかろう。早く仕官先《しかんさき》を探さねば」

と焦《あせ》る。団右衛門が二〇代後半になったあたりから、声をかけてくる大名も出てきた。しかし食客《しょっかく》としてもてなしてくれる大名は多いが、「自家に仕《つか》えよ」とまで言う者はいない。

「俺の実力《じつりょく》をわからぬ者ばかりだ」

と団右衛門は嘆《なげ》く。かれは、上の者に対して言いたいことを言う自分の性格が嫌《きら》われていることに気づかないのだ。

それでも関ヶ原合戦《かっせん》の直前に、伊予国松山《まつやま》十万石の加藤嘉明に召《め》し抱《かか》えられた。千石取りの鉄砲大将《てっぽうだいしょう》という好条件だ。

「来《きた》る大合戦では命《いのち》懸《が》けの働きをして名を上げねば」

と団右衛門は思う。このとき、かれは三四歳になっていた。

ところが戦場で石田三成の軍勢を目前にしたときに、先手《さきて》の団右衛門に「負けたと見せかけて敵を誘《さそ》い出せ」という命令が来た。団右衛門は理屈《りくつ》抜きで怒った。

「武士《もののふ》として、そんな卑怯《ひきょう》な策は採《と》れませぬ」

と伝令《でんれい》に言い放ち、槍《やり》を手に敵方の主力に駆け込んでいったのだ。この行動が、大きな失敗だった。十余《あま》りの首を持って復命《ふくめい》した団右衛門に対して、主君《しゅくん》の嘉明の「うつけ者め、召し放ちじゃ」という罵倒《ばとう》が下《くだ》った。松山を去る団右衛門に対して、嘉明の奉公構《ほうこうかま》いの廻状《かいじょう》まで出されていた。「団右衛門を雇《やと》う者は、嘉明の敵と見なす」というものだ。

居場所をなくした団右衛門は、しかたなく京都で出家《しゅっけ》して鉄牛《てつぎゅう》と名乗った。一介《いっかい》の学《がく》僧《そう》として、何年過ごしただろうか——

慶長十九年（一六一四年）に、団右衛門のもとに大坂の陣《じん》が起こるという話が伝わってきた。

「徳川の大軍を相手にする豊臣家なら、俺を雇ってくれるであろう。大坂で今一度、花を咲かせてみよう」

こう考えて、団右衛門は大坂城に馳《は》せ参《さん》じた。しかし豊臣方の不利は動かし難《がた》い。

団右衛門が決死の夜襲《やしゅう》で、蜂須賀至鎮《はちすかよししげ》勢に大勝した場面もあった。しかし慶長二十年（一六一五年）四月二十九日に、団右衛門は浅野長晟《あさのながあきら》の大軍に囲《かこ》まれて討《う》たれた。四九歳であった。かれは後半生《こうはんせい》で何度か、「あのとき、嘉明に反抗《はんこう》せねばよかった」と思ったのであろうか。あるいは筋《すじ》を通して生きたことに満足して、死地《しち》に向かったのだろうか。

可児才蔵《かにさいぞう》

（一五五四―一六一三）福島正則の家来

槍の天才少年の末路

可児吉長《かによしなが》は、通称の可児才蔵《さいぞう》で知られる豪傑《ごうけつ》である。才蔵は幾《いく》つもの戦場で先駆《さきが》けして華々《はなばな》しく戦い、その武勇《ぶゆう》を知られていた槍《やり》の天才であった。

才蔵は天文二十三年（一五五四年）、美濃国で生まれた。可児家は、美濃国を治める斎藤家に仕《つか》えた下級武士《かきゅうぶし》であった。才蔵が三歳のときに、斎藤家では斎藤義龍が父の道三を殺して当主《とうしゅ》の座《ざ》を奪《うば》った。しかし可児家には雲の上の出来事だ。可児家は新たな権力者である義龍に従《したが》い、成長した才蔵は、義龍の後を嗣《つ》いだ斎藤龍興《たつおき》に仕えた。

才蔵は、槍においては天賦《てんぷ》の才《さい》に恵まれていた。子供のときから強さを求めた才蔵は、宝蔵院流槍術《ほうぞういんりゅうそうじゅつ》の開祖《かいそ》である胤栄《いんえい》の教えを受けて、十代前半で槍の名手《めいしゅ》と呼ばれるまでになっていた。その強さは一二くらいの歳《とし》で、大人の槍の達人《たつじん》を倒せるほどであった。

才蔵は、自分の槍術で大将首《たいしょうくび》を獲《と》って大きく出世《しゅっせ》しようと夢見た。しかし、主君《しゅくん》の斎藤龍興が、永禄十年（一五六七年）に織田信長に敗れて、美濃から追われる。「落ち目の龍興についても無駄《むだ》」と美濃国の多くの武士は考えて、織田家に仕える道を選んだ。才蔵も周囲に倣《なら》って、伝《つて》を辿《たど》り織田家の家老《かろう》の一人である柴田家の家臣《かしん》になった。

ところが柴田家譜代《ふだい》の家臣が、才蔵にあれこれと意地悪《いじわる》をする。才蔵が付き合い下手《べた》なうえに、何かにつけて自分の武勇を鼻にかける態度をとるからだが、才蔵は自覚がない。才蔵はなまじ、『一二歳』で大人の名手を倒したことで、少年の自分は大人と対等であると思い込み、かれの精神年齢《せいしんねんれい》はそのまま成長しなかったのかもしれない。大人になっても歳相応《としそうおう》の気遣《きづか》いがわからない才蔵には、面白くない環境となり、柴田家を飛び出した。柴田家を出た才蔵には「斎藤の旧臣《きゅうしん》を拾ってやったのに些細《ささい》なことで飛び出す恩知らず」という陰口《かげぐち》が叩《たた》かれたが、才蔵は仕官先《しかんさき》に困《こま》らなかった。

次の仕官先を探して才蔵は、明智光秀、前田利家、織田信孝《のぶたか》、森長可、豊臣（三好）秀次、佐々成政《さっさなりまさ》と次々と主君を変える。才蔵の槍の腕は、仕官先には困らないが、どこへ行っても長続きはしなかった。

どこに仕官しても、自分を変えず、好き勝手の言い放題と振る舞いだった。「武士は世《せ》辞《じ》の腕より、武芸《ぶげい》の腕があればいい」と才蔵は思っていたからだ。

八人目の主君・福島正則《ふくしままさのり》に仕官したが、才蔵はようやく自分をわかってくれる主君に出会えたと喜《よろこ》んだ。福島正則のもとに売り込みに行ったところ、「某《それがし》は、振り返らずとも背後が見えるようにわかりまする」と、武芸者としての勘の良さを大袈裟《おおげさ》に話して、正則に気に入られたのだ。正則は才蔵を面白がり七百石の禄《ろく》を与えた。

関ヶ原の合戦《かっせん》（一六〇〇年）のとき、四七歳の才蔵は、東軍《とうぐん》の福島隊の先陣《せんじん》を務《つと》め、勇《ゆう》敢《かん》に戦った。才蔵は、自慢の槍をここぞとばかりに振り回す。日頃の自慢は伊達《だて》ではない。敵を薙《な》ぎ倒し、獲った敵の首は十七。この数は東軍随一《ずいいち》だ。これだけの活躍をした武将なら、出世は思いのままである。だが才蔵が手にしたのは、五百石の褒美《ほうび》だけであった。

才蔵には福島家を政治的に牛耳《ぎゅうじ》る器量《きりょう》がなかったのだ。福島家家臣の頂点にも立てず、福島家も徳川政権の中枢《ちゅうすう》になれなかった。しかも、関ヶ原合戦の後の世《よ》は平和になっていく。槍一本の武勇しかなく、学《がく》も教養《きょうよう》もない、人付き合いや気遣いを持ち合わせなかった才蔵には、これ以上成《な》り上がることができなかった。

慶長十八年（一六一三年）、才蔵は六〇歳で戦《いくさ》と関《かかわ》りない死を迎《むか》えた。何度も危険な戦場を駆け抜けて、無事に帰還《きかん》した結果であり、才蔵の武芸と武運《ぶうん》の証明でもある。

しかし、かれに謙虚《けんきょ》さや、学問・教養を学ぶ勤勉《きんべん》さがあれば、大名にまで出世できたのではあるまいか。数々の武勇・手柄《てがら》に見合った地位を得《え》られぬまま生涯《しょうがい》を終えた。

明石全登《あかしてるずみ》

（一五六六―一六一八?）宇喜多秀家の家老

義に生きた勇猛な敗将

関ヶ原の合戦《かっせん》（一六〇〇年）のときのことである。明石全登《あかしてるずみ》は、西軍《せいぐん》・宇喜多《うきた》隊の先頭に立って奮闘していた。西軍の諸隊は、数に勝《まさ》る東軍《とうぐん》・徳川方の猛攻に苦しんでいる。しかし、全登の力戦のおかげで、宇喜多隊だけが、何度も敵中深く斬《き》り込んだ――

慶長五年（一六〇〇年）、このとき、明石全登は三五歳。三万石余の禄《ろく》をとる宇喜多家の家老《かろう》であった。史実にあるように、石田方西軍は徳川方に惨敗《ざんぱい》する。敗者の家臣《かしん》となる宇喜多家と明石家の記録は皆無《かいむ》に近く、明石全登はこのとき、突然歴史の舞台に躍《おど》り出たように見える。しかし、全登の主君《しゅくん》である宇喜多秀家《ひでいえ》が豊臣政権時に五大老《ごたいろう》という要職《ようしょく》にあるところをみると、宇喜多家及《およ》び全登はそれに見合った武士であろう。

豊臣政権時代、秀吉の没後《ぼつご》（一五九八年）、家康は天下取りの地歩《ちほ》を着々と固めていた。これに対して豊臣家に恩のある宇喜多秀家は、あくまでも豊臣秀頼を守り、秀頼を頂点とする新政権を実現させようとしていた。賢明《けんめい》な者であれば、徳川を敵に回すのは得策ではないことに気づくはずだ。しかし宇喜多に仕《つか》える全登は、主君・秀家にとっての最大の敵が家康であるなら、主君に仇《あだ》なす者、不倶戴天《ふぐたいてん》の敵と見た。

とはいえ、関ヶ原の家康に追随《ついずい》する福島正則や寺沢広高《てらさわひろたか》の部隊の攻撃は激しかった。全登は夢中で、正面から来る敵も側面から来る敵も、誰かれかまわず斬り倒していった。

そこへ伝令《でんれい》が馬を馳《は》せて、全登のもとに来た。「小早川秀秋が、敵方に寝返《ねがえ》った」というのだ。間《ま》もなく小早川らの優勢な諸隊が、背後に迫《せま》る。「主君をお守りせねば!」と、全登は秀家のもとに走った。味方が方々《ほうぼう》で敵に囲まれ討《う》たれていく。全登の顔を見ると、秀家は怒声《どせい》を張り上げ「このまま小早川隊に切り込み、秀秋めと刺し違えてみせよう。お前も続け!」と促《うなが》した。だが全登は、主君の前に立ち塞《ふさ》がり「ここは、大将《たいしょう》が討ち死にする場ではござりませぬ!」と秀家を止めた。秀家は全登より六歳下だ。秀家は、年上で頼りにしている家老の言葉で我に返った。全登は説得するように、若き主君を宥《なだ》めた。

「秀家様は、秀頼公の行《ゆ》く末《すえ》を見守らねばなりませぬ。ここは拙者《せっしゃ》が引き受けますするゆえ、殿は一旦お退《ひ》きなされよ」

秀家は全登に応《こた》えねばと、再起を図《はか》るために、供の者に守られ戦場を後にした。それを確認した全登は、腹心《ふくしん》の家来《けらい》とともに、鬼神《きじん》のように、刀を振るった。そして、主君が安全なところまで逃げ落ちた頃を見計《みはか》らうと、突如《とつじょ》どこへともなく姿を消した——秀家は備前《びぜん》の本拠地《ほんきょち》に戻り、兵を立て直そうとしたが、すでにそこは徳川方の策略により混迷していて戻れなかった。そこで薩摩へと落ち延《の》びた。だが関ヶ原の合戦後、味方であった島津家は寝返り、秀家を徳川方へ引き渡した。秀家は八丈島《はちじょうじま》に流された。

戦後の混乱が治《おさ》まれば、全登ほどの武士にはいくらでも仕官《しかん》の機会はある。しかし、全登は誰にも仕えなかった。

関ヶ原の合戦から消息《しょうそく》をたった全登が、歴史の舞台に再び現《あらわ》れるのは、大坂の陣（一六一四〜一六一五年）である。八丈島にいる主君・秀家の代わりに豊臣秀頼を守りぬくために突如現れ、徳川方と力戦した。しかし秀頼が切腹《せっぷく》したとの報《しら》せが入ると、全登は大坂城が落城する混乱の中で姿を晦《くら》ました。敗者の常《つね》か、隠れ潜《ひそ》んだか、明石全登は歴史から消えた——

この後、全登は筑後《ちくご》国の柳川《やながわ》に隠れ住んだとも言われているが、正確なことは残っていない。だが、全登が己《おのれ》の主君・秀家の命と、主君が守護する秀頼のために忠義を尽《つ》くしたことに変わりない。かれは、命懸《が》けの働きをしながらも、無闇《むやみ》に命を捨てなかった。全登ほどの智勇《ちゆう》があれば、勝ち組につけば大身《たいしん》に成《な》れた。しかし、全登は義を守り通した。

赤《あか》松《まつ》広《ひろ》道《みち》

（一五六二—一六〇〇）播磨の大名
安易に生きて名家を滅ぼした

赤松広道《あかまつひろみち》は、播磨国（兵庫県）の名門の出である。竜野城主《たつのじょうしゅ》の家に生まれた広道は、早くに父と兄を亡《な》くし十代で城主を嗣《つ》いだ。

赤松家は一時、三カ国の守護大名《しゅごだいみょう》を兼ねて隆盛《りゅうせい》を誇《ほこ》った。しかし広道が生まれた永禄五年（一五六二年）の時点で、赤松家の勢力は大きく後退していた。赤松家は本家の赤松則房《のりふさ》の置塩城《おきしおじょう》と、分家の広道が住まう竜野城の二つの小城を保《たも》つだけになっていた。

城主となった広道は、武《ぶ》より文《ぶん》を好んだ。とくに朱子学《しゅしがく》に心をひかれ、漢籍《かんせき》を読んで日々を過ごした。小領地《しょうりょうち》と成り果てたとはいえ、城主がこれでは、名門の赤松家の先行きはますます暗いと誰もが思っただろう。

しかし、広道は幸運に恵まれていた。織田信長の勢力が伸びてきたときに、又従兄《またいとこ》で本家の赤松則房とともに、信長の配下の羽柴（豊臣）秀吉に従《したが》うことになったからだ。衰《おとろ》えてはいたが名門赤松家ということで、広道と則房は秀吉に好遇《こうぐう》された。天正十年（一五八二年）に、秀吉が信長に代わって天下人《てんかびと》になった。その頃、広道は学問に通《つう》じたことを評価されて、秀吉のお気に入りとなり、四年後には但馬国竹田《たけだ》二万二千石を与《あた》えられた。旧領《きゅうりょう》の二倍以上の石高《こくだか》の領地であった。武を嫌いながらも好きな文で、順調に出世《しゅっせ》していったのだ。

さらに翌年、広道は秀吉の九州遠征《えんせい》と小田原遠征に従った。どちらも後方に控《ひか》え、戦《いくさ》で怪我《けが》を負わずにすんだが、手柄《てがら》も立てずに終わった。広道には大きな出世欲はなく、無理せず得意なことだけで無難《ぶなん》に立ち回った。だがそれも長くは続かなかった。

秀吉が没《ぼっ》した後《あと》に、関ヶ原の合戦《かっせん》（一六〇〇年）が起こったからだ。このとき、広道の領地の近くの大勢力である毛利輝元と宇喜多秀家が、西軍《せいぐん》についた。とうに又従兄の則房も没し、赤松本家は絶《た》えている。広道は、毛利、宇喜多の攻撃を恐れ、安易《あんい》に西軍に従った。その後《あと》、広道は丹後《たんご》国（京都府）田辺《たなべ》城攻めの一員を命じられた。一万五千人余の連合軍で、五百の兵力の細川藤孝を攻める楽な戦いであった。西軍の諸大名は、相手方を小兵力と侮《あなど》って先を争《あらそ》って攻めかかっていく。広道は遅れじと、約六百の軍勢で城の南方二キロの公文名《くもみょう》から田辺城下《じょうか》に進撃していった。勝てる戦だった。

そこへ、大砲と鉄砲が撃ち込まれてきた。予想しえない攻撃である。細川藤孝の息子の妙庵《みようあん》が、僅《わず》か二、三十の兵力だが大砲と鉄砲を構え、左右二手に分かれて待ち受けていたのだ。広道の配下は不意の敵襲《てきしゆう》に脅《おび》え、先を争って逃げていく。広道も馬を走らせ全速力で後退した。この一戦で、広道はすっかり戦意を失《な》くした。そのため田辺攻めから脱落し、より優勢な東軍《とうぐん》につくための工作に入った。前々から親《した》しかった東軍の亀井茲矩《かめいこれのり》に、徳川家康への取り成しを頼んだのだ。

広道は亀井勢の戦力に加わり、亀井茲矩の保護のもとで、何とか生き残ろうとしていた。だが、それが命取りになることに広道は気がつかなかった。茲矩の指令で、広道は鳥取城下の焼き討ちに加わった。鳥取城は陥《お》ち、作戦は予定通り成功した。しかし、それが残虐非道《ざんぎやくひどう》な行為だと東軍総大将《そうだいしよう》の徳川家康の怒りを買った。慌《あわ》てた茲矩は、すべての罪を広道に擦《なす》りつける。広道の知らぬところで、広道の未来が決まった。

関ヶ原の合戦が終わると、家康からの切腹《せつぷく》命令が下《くだ》ったのだ。広道には、落ち延《の》びて隠れ過ごすことも許《ゆる》されない。広道はこの戦国の世《よ》を、生き延びようとしただけなのだ。鳥取の真教寺《しんきようじ》で、広道は無念のままに自尽《じじん》した。三九歳であった。

戦国動乱期の大名としてみるなら広道の生涯はあまりにも不甲斐《ふがい》ない。しかしもし、広道が生きた時代が江戸中期ならば、文人《ぶんじん》大名として尊敬されたことだろう。

宇《う》都《つの》宮《みや》国《くに》綱《つな》

（一五六八―一六〇七）下野の大名
波乱の時代を乗り切れなかった名門の当主

宇都宮国綱《くにつな》は、戦国動乱のさなかの永禄十一年（一五六八年）に生まれた。国綱は、藤《ふじ》原《わら》氏の流れを引く下野国の旧族の当主《とうしゅ》である宇都宮広綱《ひろつな》の嫡子《ちゃくし》であった。

国綱は若いときから武芸と軍略を学び、有能な指揮官に成長していった。しかし、広綱・国綱父子の時代に宇都宮家は、関東の強豪である後北条氏に一方的に押されまくっていた。

宇都宮家は、国綱の母である南呂院《なんりょいん》の実家・佐竹家の助けを受けて、ようやく北条家の侵攻を食い止めている有様《ありさま》であった。

「かつて足利家、小山家と下野国を三分した宇都宮家の威信《いしん》を取り戻さねば」

国綱はこういった家中《かちゅう》の声を、幾度《いくど》も聞かされた。しかし間《ま》の悪いことに、当主の広綱が病気で寝込んでしまった。天正六年（一五七八年）のことである。

この隙《すき》を狙《ねら》って北条氏政・氏照の父子が、宇都宮領に侵入してきた。国綱は僅《わず》か一一歳であったが、自《みずか》ら軍勢を率《ひき》いて出陣した。これが国綱の初陣《ういじん》であった。母方の伯父《おじ》である佐竹義重の援軍《えんぐん》もあって、国綱は首尾《しゅび》よく北条勢を追い返した。

これが国綱の大きな自信になった。国綱の初陣の翌々年に父の広綱が病没《びょうぼつ》すると、国綱は一三歳で宇都宮家の当主になった。

この後、何度も後北条氏との戦いがあった。国綱はどうにか、数に勝《まさ》る北条勢と互角の戦いを演じていた。ところが天正十七年（一五八九年）に突然、日光山《にっこうさん》の衆徒《しゅと》が北条方についた。そのため北条勢と日光の僧兵《そうへい》の両者による攻撃にあった国綱は、北条に降伏《こうふく》せざるを得なかった。

「このまま北条の家来で終わってたまるか」

と国綱は考えた。そこでかれは石田三成を仲介者《ちゅうかいしゃ》として、豊臣秀吉と通じた。

翌天正十八年に、秀吉の北条攻めがなされた。このとき、国綱は豊臣方に馳《は》せ参じて、三成の下で戦った。おかげで国綱は、豊臣家から旧領の十八万石を安堵《あんど》された。

国綱はこの後、秀吉と三成に心酔《しんすい》し、慶長の役《えき》では朝鮮半島《はんとう》で奮戦した。ところが国綱を思いもよらぬ不幸が襲《おそ》った。五奉行を務める秀吉配下の浅野長政が、国綱の領内の悪政《あくせい》を非難してきたのだ。かれと同じ五奉行の国綱には身に覚えのないことだが、国綱は秀吉の不興《ふきょう》をかって領地を没収された。慶長二年（一五九七年）のことである。

「三成派と見られたのが、おれの不幸だ」

と国綱は悟《さと》った。だが、このまま国綱は引き下がれない。秀吉に領地回復を願うために再度、国綱は朝鮮に従軍《じゅうぐん》したが、願い叶《かな》わず、秀吉は翌慶長三年に没《ぼっ》した。

この後、徳川家への政権交代となり、家康が嫌《きら》う佐竹家に近い国綱が浮かび上がる目はなくなる。国綱は流浪《るろう》のすえに、慶長十二年（一六〇七年）に江戸の浅草《あさくさ》で没した。四〇歳であった。国綱の子孫は、水戸《みと》徳川家の家臣《かしん》となって生き残っている。

国綱の時代に、当主が無能なために消えた名門は多い。国綱はそうではなく一城の主《あるじ》として優秀な部類だったが、豊臣政権の内部抗争《こうそう》に巻き込まれ、家を潰《つぶ》してしまった。

直《なお》江《え》兼《かね》続《つぐ》

（一五六〇―一六一九）上杉景勝の家老
天下を狙える器だった

直《なお》江《え》兼続《かねつぐ》は上杉家の名家老《めいかろう》として知られている。

しかし、もし兼続が上杉家の枠《わく》を飛び出して雄飛《ゆうひ》できたとすれば、彼が天下を取れたかもしれない。

兼続は、文武ともに秀《ひい》でたうえに、農政や財政にも通じていた。さらに兼続は、神がかりといえるほどの人を見る目を持っていた。兼続が引き立てた武芸者はすべて、戦場でめざましい働きをした。

上杉謙信という偉才《いさい》亡《な》き後の上杉家を支えたのは兼続だといえる。

兼続は永禄三年（一五六〇年）に、樋口兼豊《ひぐちかねとよ》という上杉家に仕《つか》える下級武士《かきゅうぶし》の子に生まれた。そして兼続の並外《なみはず》れた才能が周囲に広く知られたことによって、兼続は長尾《ながお》景勝の近習《きんじゅ》に召《め》されることになった。兼続が四、五歳の頃である。

兼続が景勝に召し抱《かか》えられてすぐ、景勝は上杉謙信の養子《ようし》に迎えられた。そのために兼続は春日山《かすがやま》城に移り、謙信の教えを受けて成長することになる。四〇歳の謙信のもとに、一〇歳の景勝が養子として入り、その景勝に五歳の兼続が仕えたという形である。

兼続がその才能を発揮する機会は、謙信の没後《ぼつご》に訪《おとず》れた。謙信の跡目《あとめ》をめぐって上杉景勝と、もう一人の謙信の養子である上杉景虎《かげとら》との戦いが起こったのである。このとき、兼続は景勝方の作戦をすべて任されて、見事に敵方を打ち破った。天正六年（一五七八年）、兼続が一九歳のときのことである。

この後から兼続は、主君《しゆくん》から領内の政治を委《ゆだ》ねられた。そして天正十年（一五八二年）には、名門・直江家の名跡《みようせき》を嗣《つ》ぐことになった。いまや兼続は、上杉家の第一の家臣《かしん》にのし上がったのだ。

兼続は上杉家の家老として、主君に豊臣家に従《したが》うように勧《すす》め、鯖石川《さばいしかわ》の藤井堰《ふじいせき》を開発するなどの治水に尽《つ》くした。さらに教育の奨励《しようれい》などの文化事業にも力を入れる。

兼続を軍の指揮官とした時期の上杉家は、佐渡《さど》一国と信濃、出羽の一部も切り従えている。

謙信亡き後、越後一国の一地方大名《だいみよう》に成り下がった上杉家が、兼続の働きで豊臣政権下の有力大名の一つにのし上がったのである。豊臣政権の末期に上杉家は会津百二十万石に転封《てんぽう》されて、五大老《ごたいろう》の一人とされた。このとき、兼続は米沢で三十万石を与えられた。これが兼続の絶頂期であった。

このあと直江兼続の判断の誤りが、上杉家の勢力を大きく後退させることになった。なぜなら秀吉の没後に、兼続が徳川家康と対立する道を取り、関ヶ原合戦（一六〇〇年）で上杉家を反徳川陣営に導《みちび》いたからである。

あらゆる才に恵まれ、神がかり的な男が、自己を過信するあまりに欲に嵌《はま》った唯一の瞬間だった。

兼続は主君に天下を取らせるために、石田三成と組んで、上杉、毛利連合の手で家康を倒そうと考えた。この誘いに乗って、家康は会津に攻めよせる。そしてこの隙を狙って石田三成らが大坂で挙兵した。

家康はあわてて西に向かった。このときに兼続は全軍で家康方を追撃する作戦を立てた。石田三成と挟《はさ》み撃《う》ちにする戦略である。

兼続の戦術通りに進めば、可能であったことだろう。しかし――

景勝は兼続の戦略を受け入れず、追撃をさせなかった。主君が土壇場《どたんば》で弱腰《よわごし》な考えに陥《おちい》ることを、兼続は予測できなかったのである。いままで上杉家のすべてを任されていた兼続にとって、これは大きな誤算であった。

このことによって負け組となった上杉家は、名門ゆえにお取《と》り潰《つぶ》しこそ免《まぬが》れたが、領地を三十万石に削《けず》られた。

そうして上杉家は、地方大名として存続するが、国政の表面で活躍することはなくなる。

兼続は六万石取りの家老として生涯《しょうがい》を終えるが、関ヶ原合戦の後は、敗戦後の領内の経営や文化事業に力を入れて、主《おも》に文人《ぶんじん》として生きた。

六〇歳で生涯を終えた兼続だったが、その鬼才《きさい》を自己の出世《しゅっせ》のみに生かせば、天下はかれのものだったかもしれない。

だが才能にあふれた兼続は、世俗《せぞく》的な欲には淡泊《たんぱく》で、恩のある上杉家の発展だけを楽しみに生きたのであった。

第二章　江戸・幕末編

沢《さわ》村《むら》惣《そう》之《の》丞《じょう》

（一八四四―六八）土佐の攘夷派

不運で命を散らした坂本龍馬の片腕

沢村惣之丞《さわむらそうのじょう》は、土佐《とさ》藩の最下級の武士《ぶし》の家に生まれた。土佐藩士《はんし》・志賀《しが》家の家来筋の陪臣《ばいしん》で、浪人《ろうにん》身分として扱《あつか》われる地下《じげ》浪人の家である。

惣之丞が生まれた天保《てんぽう》十四年（一八四四年）には、幕府《ばくふ》の力の衰《おとろ》えが目立ち、藩政改《はんせいかい》革《かく》によって薩摩、長州の両藩が急速に勢力を伸ばしていた。このような背景の中で幼年時代を送った惣之丞は、

――いずれこの国に大変動が起きる。そのときこそ、一働きして下級武士を抜け出し、名を上げてやろう――

と、考えるようになった。そのために、惣之丞は日根野《ひねの》道場で剣術を学び、間崎哲馬《かんざきてつま》に儒学《じゅがく》を教わった。惣之丞は文武ともに、抜群《ばつぐん》の進歩を見せて、師を驚《おどろ》かせたという。

惣之丞が一五歳のとき（一八五八年）に、日本と欧米との通商が始まり、藩内で尊皇《そんのう》論や攘夷《じょうい》論を唱える者が目立つようになった。学問の師である間崎哲馬も熱烈《ねつれつ》な尊皇論者

であり、惣之丞は急速に尊皇論に惹《ひ》かれていった。文久《ぶんきゅう》元年（一八六一年）に土佐勤王《きんのう》党《とう》が結成されると、惣之丞は師の間崎とともに加わった。

そして翌文久二年に、惣之丞は長州藩士の尊皇派の義挙《ぎきょ》に加わろうと、土佐藩を脱藩《だっぱん》して京都に向かう。このとき、惣之丞は一九歳。家族も武士身分も捨て、故郷《こきょう》を捨て、この日本という国のために己《おのれ》の命を投げだそうと考えた。この京都行きには坂本龍馬が同行しており、惣之丞は龍馬の明るい人柄に惹かれていった。

この長州藩士の挙兵《きょへい》は不発に終わり、惣之丞は龍馬が指導する海援隊《かいえんたい》（亀山社中《かめやましゃちゅう》）に加わった。

惣之丞は英語に通じており、海援隊では外国人応接係を務《つと》め、龍馬の信頼を得た。やがて惣之丞は、龍馬の片腕《かたうで》として働くようになったが、それも長くは続かなかった。

龍馬は暗殺され、さらに鳥羽伏見《とばふしみ》の合戦における幕府軍の惨敗《ざんぱい》（一八六八年）と目まぐるしく歴史は動き続ける。

幕府の敗報《はいほう》を聞いた惣之丞ら海援隊は、長崎奉行所《ぶぎょうしょ》の占拠《せんきょ》をはかった。長崎奉行はすでに逃亡していた。惣之丞らはライフル銃を持ち、無人となっていた奉行所を警備することになった。それから間もなくのことである。惣之丞が警固する奉行所に、酒に酔った一人の男が玄関から押し入り、刀を抜いて暴れ始めた。この場の責任者である惣之丞が静めようとしても収《おさ》まらない。

仲間の身を案《あん》じた惣之丞はやむなく、その酔漢《すいかん》めがけて発砲した。手だれの惣之丞は一発で相手を仕留《しと》めた。

惣之丞が殺した酔漢は、薩摩藩士・川畑平助《かわばたへいすけ》であることがその後に判明した。

薩摩藩は、川畑平助の無礼を棚上げし、下手人《げしゅにん》である惣之丞を責め立ててきた。

言いがかりに近い状況で、不運としか思えぬこの事態。対して惣之丞は、この紛争《ふんそう》を収めねば、海援隊の仲間に迷惑《めいわく》がかかると、考えた。

訪ねて来た薩摩藩の使者に、惣之丞は言い放った。

「男子たるもの、布団《ふとん》の上で呻吟《しんぎん》し薬鍋と組み打ちするより、このほうが往生際《おうじょうぎわ》が良いぞ」

この言葉を最後に、惣之丞は使者の目前で、恨《うら》み言《ごと》一つ溢《こぼ》さず見事に切腹《せっぷく》して見せた。

早咲きの桜のように、若くして才気《さいき》を発揮しながら、潔《いさぎよ》く散った沢村惣之丞。不運な思い違いのために、二五歳で生涯《しょうがい》を閉じた。

この酔漢事件さえなければ、惣之丞は日本に欠かせない人材になっていたであろう。

有馬新七《ありましんしち》

（一八二五—六二）薩摩の攘夷派
尊皇攘夷の志半ばで寺田屋に散った

有馬新七《ありましんしち》は、当時公武合体《こうぶがったい》を推進していた薩摩藩の武士《ぶし》だ。新七は純粋な気持ちで尊皇攘夷《そんのうじょうい》運動にすべてを捧げた人物である。「有馬新七」の名は、政治運動で使った仮の名前であり、かれの本名を坂木正義《さかぎまさよし》といった。

新七は若い頃から文武に秀《ひい》で、剣は新陰流、学問は山崎闇斎《やまざきあんさい》の流れを引く朱子学を身につけた。安政《あんせい》二年（一八五五年）に新七は江戸に遊学《ゆうがく》して、山崎派朱子学の大家《たいか》・山口菅山《やまぐちかんざん》の弟子になった。このとき、新七はすでに三一歳の分別《ふんべつ》のある年齢になっていた。

開国間《ま》もない当時の江戸には、欧米人に反発する声が満ちていた。師の菅山は、尊皇論をとっている。そのために、新七は極《きわ》めつきの尊皇攘夷論者になっていった。

——日本人が一体となって異国と対抗するには欧米人に媚《こ》びる幕府《ばくふ》では駄目だ。天皇自《みかどみずか》ら政治に当たられて、異国を追い払うのが望ましいのだ。天皇の 志《こころざし》 を助けるためならこの命も惜しくはない――

この頃の学友が、新七についてこう語っている。

「新七は駕籠《かご》に乗ったときから、駕籠賃をいつでも手渡せるように手の中に握りしめているような、律義《りちぎ》な人間である」

剣技に長《ちょう》じ知恵もある新七は、おのずと尊皇攘夷運動の指導者の一人にまつり上げられていった。そのような事情を知らない薩摩藩から、新七のもとに、

「薩摩藩の国父の島津久光《ひさみつ》が、江戸に向かい、将軍《しょうぐん》を威圧して幕政《ばくせい》改革を実現させることになった」

という報《しら》せが入ってきた。

幕府を好きに動かし、薩摩藩の利権を拡大するというのだ。その頃の島津久光はまだ、かれの兄で前藩主の島津斉彬《なりあきら》のとった公武合体の政策に則《のっと》っていた。

江戸への供《とも》を命じられた新七は、途中で行列を脱《ぬ》けて伏見の旅籠《はたご》・寺田屋《てらだや》で攘夷派の同志と落ち合った。このときに三百人の仲間が、あちこちに分かれて待機していた。

新七たちは、久光が入京する前に尊皇攘夷運動の障害となる京都所司代《きょうとしょしだい》を斬《き》っておくつもりだった。ところが新七が寺田屋で落ちついたところに、武装した薩摩藩士《はんし》の一団が

侵入してきた。

かれらは、「上意《じょうい》で暴動を企《たくら》む者を討《う》つ！」と叫《さけ》ぶや、有無《うむ》を言わせず斬りかかってきた。尊皇攘夷の必要性は、話せばわかると新七は思っていたが、その暇《いとま》はない。仕方なく新七らも刀をとった。同じ藩士であっても、峰《みね》打ちにしている余裕《よゆう》はない。

新七は剣を振るい、二人、三人と斬り倒した。致命傷にはなってない。だが、第二撃を下《くだ》す前に次の藩士がかかってくる。一人の巨漢《きょかん》が新七に刀を振り下ろしてきた。それを受けた新七の刀が、二つに折れた。

相手はすかさず、新七の胸元に組みついてきた。巨漢の体重に押された新七は、倒れこんで尻をつく。その最中に同志の橋口吉之丞《はしぐちよしのじょう》の顔が見えた。新七は思わず「おいごと刺《さ》せ！」と吉之丞に叫んだ。

巨漢はまさか吉之丞が本当に味方ともども自分を刺すとは思わなかったのだろう。

新七の思い切った最期《さいご》だった。このとき、かれは三八歳。世《よ》に打って出るなら、これからの歳《とし》だった。

新七にとって島津家の利権拡大は、どうでも良いことであった。かれはひたすら尊皇攘夷を実現させて、日本を守ることを願っていた。それが、久光の怒りを買ったのである。

池《いけ》内《く》蔵《ら》太《た》

（一八四一—六六）土佐の攘夷派

将来を期待されながらも水没死した坂本龍馬の同志

池内蔵太《いけくらた》は天保十二年（一八四一年）、土佐藩の下級武士の子に生まれた。

当時は天保の大飢饉《だいききん》からくる不況の真《ま》っ只中《ただなか》であった。その頃の土佐藩では、一部の上流武士が多くの下級武士を踏みつけにして、思いのままの支配を行《おこな》っていた。

負けん気の強い内蔵太は、幼《おさな》い頃から、

「今に誰にもできない壮大なことをやり抜いて、上級武士を見返してやる！」

と考えながら育った。

学問の場でも武芸の練習の場でも、内蔵太は常《つね》に上位をいった。さらにかれは人を惹《ひ》きつける明るい性格を持っており、成績が下位の学友たちに慕《した》われた。

しかし内蔵太がいくら武芸に優《すぐ》れようとも、先祖から受け継いだ身分にあぐらをかく上級武士の子弟《してい》と、対等の地位に昇《のぼ》れない。そのために内蔵太は、

「何《いず》れ狭《せま》い土佐を出て、広い世間で、名のある人物になってやる」

と望むようになっていった。

内蔵太に転機が訪《おとず》れたのは文久元年（一八六一年）、二一歳の時であった。藩命《はんめい》で江戸遊学《ゆうがく》の機会が与えられたのである。欧米との通商開始の混乱の中で、国内には「攘夷《じょうい》」の声が満ち満ちていた。

江戸遊学中の内蔵太は、海防《かいぼう》を重んじる尊皇攘夷《そんのう》主義者として知られた安井息軒《やすいそっけん》の弟子となり、多くの勤皇《きんのう》の志士と交流を持つようになった。この時期に内蔵太は「武力で外国人を排除せよ」とする、過激な尊皇攘夷論を持つようになった。

帰郷《ききょう》した内蔵太は、武市半平太《たけちはんぺいた》の誘《さそ》いで土佐勤皇党に加わった。武市半平太が束ねる土佐勤皇党は坂本龍馬などの豪快な若者が集まる楽しい団体であった。しかし内蔵太が藩論《はんろん》を尊皇論に持っていくべく奔走《ほんそう》しても、土佐藩では、佐幕《さばく》を唱《とな》える保守派の上級武士が力を持っていた。内蔵太の奔走は徒労であった。

このことに嫌気《いやけ》がさした内蔵太は、文久三年（一八六三年）に脱藩《だっぱん》する。かれは尊皇攘夷のために命を捨てる覚悟で土佐を離れた。

脱藩後の内蔵太は、尊皇攘夷の争《あらそ》いの最前線で戦い続けた。長州藩の外国船砲撃《ほうげき》では、遊撃隊参謀《ゆうげきたいさんぼう》として長州人とともに戦った。過激派・攘夷派武士の地域混合《こんごう》による天誅組《てんちゅうぐみ》が大和で挙兵《きょへい》すると、洋式銃隊長《ようしきじゅうたいちょう》として参戦する。禁門《きんもん》の変《へん》（一八六四年）では長州の忠勇隊《ちゅうゆうたい》に所属した。四カ国連合艦隊《れんごうかんたい》の下関《しものせき》砲撃のときには、長州方の参謀として外国人と戦った。

数々の尊皇攘夷の組織で、参謀や隊長を務《つと》めたが、何も変わらない——

内蔵太は無意味と感じ、争いに嫌気がさした。その内蔵太が、たまたま坂本龍馬と腹を割って話す機会を得た。共に明るく積極的な性格であった内蔵太と龍馬は、たちまち意気《いき》投合《とうごう》する。この頃の龍馬は、勝海舟《かつかいしゅう》とも交流を持ち、尊皇攘夷の政治運動よりも、経済からの富国《ふこく》に関心を持っていた。

「貿易によって国を富《と》まして、日本を欧米の大国に劣《おと》らぬ強国に育てよう」

という龍馬の言葉に惹かれ、内蔵太は龍馬が興《おこ》した貿易会社である、亀山社中に加わった。亀山社中は海運業《かいうんぎょう》で大きな利益を上げていて、明るく知恵《ちえ》のある内蔵太は、たちまち亀山社中の中心の一人となった。社中の若者は、内蔵太をあれこれ頼りにした。内蔵太はしだいに、操船や商売の手腕を上げていった。

慶応《けいおう》二年（一八六六年）、内蔵太は長崎から薩摩に回航《かいこう》する、ワイルウェフ号の指揮をとっていた。ところがその船は、塩屋崎沖《しおやざきおき》で暴風《ぼうふう》にあって沈没《ちんぼつ》した。

数々の戦線を駆け抜け無事だった内蔵太は、不運にも自然災害のために、二六歳の若い命を散らせた。

内蔵太の死を知って龍馬は嘆《なげ》いた。

「わしより長く生きてくれれば、やがて亀山社中をお主に嗣《つ》がせるつもりだったのじゃ。わしより先に死ぬ奴がおるか！」

龍馬の声は内蔵太に届いただろうか。

無意味な幾度《いくど》もの戦いの後、龍馬のおかげで生きる目標を得た内蔵太であった。しかし、かれが龍馬の片腕《かたうで》となれたときに、不幸な事故で命を奪われた。内蔵太は、何を思い残して海に呑《の》まれたのだろうか――

赤根武人《あかねたけと》

（一八三八―一八六六）長州の討幕派
長州志士の内紛で歴史から葬られた

赤根武人《あかねたけと》は、岩国《いわくに》の医者の息子で、長州藩士《はんし》赤根家に養子として迎えられた人物である。天保九年（一八三八年）生まれのかれは、一五歳のときから学問に志《こころざし》を向け、当時流行《はや》りの尊皇論《そんのう》に惹《ひ》かれていった。

安政二年（一八五五年）に吉田松陰《よしだしょういん》が萩の松下村塾《しょうかそんじゆく》で講義を始めると、赤根は自《みずか》ら進んで松陰の門人《もんじん》になった。赤根が一八歳のときのことであった。

当時の長州藩では、幕府の不興《ふきょう》を買った松陰を、注意人物とみる風潮《ふうちょう》が強かった。そのために藩の利害より日本国全体の将来を考えようとする下級武士《ぶし》の若者だけが、松下村塾に集《つど》うことになっていった。

赤根にとって自分と同じ尊皇の考えを持つ仲間と、学問に勤《いそ》しむ日々は楽しかった。

赤根は元々物覚《ものおぼ》えがよく、松下村塾の人々から、「久坂玄瑞《くさかげんずい》に次ぐ、松陰第二の弟子」

と呼ばれるまでの人物となった。

しかし赤根は次第に、松陰門下の若者に違和感を持ち始めた。かれらが事あるごとに、「武力による攘夷《じょうい》」を唱《とな》える戦《いくさ》好きに思えてきたのだ。

そのために赤根は松陰のもとを離れて、京都の梅田雲浜《うめだうんぴん》に弟子入りした。雲浜は産業を発展させて、経済から日本の国力を高めようとする考えを持っていた。

松陰とその門弟《もんてい》は、そのような雲浜を「志士《しし》にあらず、商人なり」と非難したが、赤根は自分の信じる道を進んだ。

そんな雲浜のもとで学ぶ赤根の身の上にも、幕府《ばくふ》の動乱の嵐が容赦《ようしゃ》なく襲いかかってきた。

井伊直弼《いいなおすけ》の起こした安政の大獄《たいごく》によって、梅田雲浜と吉田松陰は、安政六年（一八五九年）に命を落とした。

この期《ご》に及《およ》んでは、争い事が嫌いな赤根も、二人の師匠の無念を晴らすために、王政復古《おうせいふっこ》を実現せねばならないと考えるようになった。

元治《げんじ》元年（一八六四年）、七月の禁門の変で、長州藩は正面から幕府を敵に回して戦闘を行《おこな》った。この事件では、松下村塾で一番優秀な門人で、赤根の学友であった久坂玄瑞が命を落とした。

この情勢をみた赤根は、

「もはや、長州藩と幕府とを和解させる道はない。それならば恩義のある長州藩を守るために命をかけて戦う他ない」

と、決心した。

赤根は、長州の討幕《とうばく》派の指導者である高杉晋作《たかすぎしんさく》に接近し、長州藩の保守《ほしゅ》派と戦うことになった。高杉の一派は慶応元年（一八六五年）一月に武力で馬関《ばかん》（下関）を占領《せんりょう》して、藩の実権を握る。これによって、赤根や尊皇派の長年の夢である、討幕の道が開けた。

しかし――

翌慶応二年一月二十五日、赤根は命を落とした。

赤根は、藩の討幕派の人々によって突然、処刑《しょけい》されたのだ。罪名《ざいめい》は、元治元年の八月のイギリス、フランス、アメリカ、オランダの連合軍との戦争での「敵前逃亡」であった。

しかし敵前逃亡したとされたこの戦闘で、赤根は数十の兵とともに最後まで馬関の前田《まえだ》の砲台《ほうだい》に踏み止《とど》まっていたのである。

赤根らを見捨てて逃げたのは、後《のち》に明治政府の下で、日本陸軍《りくぐん》の要職《ようしょく》についた、山県《やまがた》有朋《ありとも》であった。

事の真相《しんそう》は、山県が将来自分の出世《しゅっせ》の妨《さまた》げになりそうな赤根を、策を用《もち》いて除いたのだとされる。

日本の将来に役立つ知識を多く身につけた赤根武人であった。本来は好まない戦闘の場に加わらざるを得なくなり、二九歳の将来ある命を冤罪《えんざい》にて散らしてしまったのである。

近藤長次郎《こんどうちょうじろう》

（一八三八―六六）土佐の学者
学問で出世し学問で身を滅ぼした

近藤長次郎《こんどうちょうじろう》は天保九年（一八三八年）に、高知《こうち》城下の和菓子《わがし》職人の家に生まれた。

長次郎の父は、腕《うで》がよく商売上手であった。しかし長次郎は、比較的《ひかくてき》豊かな家で育ちながら、家業《かぎょう》に魅力を感じなかった。幼《おさな》いときから学問が大好きで、まわりの者の知らないことを習《なら》い覚《おぼ》えるのに喜《よろこ》びを感じていたからだ。

長次郎が「学問で身《み》を立てたい」と言うと、両親は快《こころよ》く学費を出してくれた。かれが十代半《なか》ばを迎えた頃には、世間では攘夷論《じょうい》がもてはやされた。それを横目に長次郎は「政治はお偉方《えらがた》の仕事」と割り切って、勉強に打ち込んでいた。

安政元年（一八五四年）には、長次郎は高名《こうめい》な洋学者《ようがくしゃ》・河田小龍《かわたしょうりょう》について洋学を学んでいた。その年の十一月、長次郎が学ぶ塾《じゅく》に面白い人物が入門してきた。坂本龍馬と名乗ったその男は、洋学の学問所に通《かよ》いながらも、オランダ語の単語を覚えようとしない。その代わり、小龍が翻訳《ほんやく》したオランダの法律の解説書の内容を聞いて、熱心に覚え書きを記《しる》している。「奇妙な人だ」と、長次郎は思った。

龍馬と名乗った侍は、たちまち塾生の人気者になった。長次郎は思う。

――龍馬は明るくて面倒見《めんどうみ》がよいから、学問は適当でも好かれるのだ。だがオランダ語の力量では、おれのほうが遥《はる》かに上だ――

龍馬と幾度《いくど》か話すうちに、そう考えていた長次郎も龍馬の人柄《ひとがら》に惹《ひ》かれていった。このとき長次郎は、二〇歳の龍馬よりも三歳年下の一七歳だった。

これから八年後の文久二年（一八六二年）に、長次郎は「海軍操練所《そうれんじょ》の勝海舟に弟子入りするように」と龍馬に勧《すす》められた。その言葉に従《したが》って勝に入門した長次郎は、勝から多くの有益《ゆうえき》な知識を授《さず》けられた。

やがてその話が高知の藩庁《はんちょう》に伝わり、長次郎は、文久三年に士分《しぶん》に取り立てられることになった。「主家《しゅけ》のために洋学の知識を生かせ」という励《はげ》ましの意味を込めた、特例であった。町人身分《みぶん》の息子が、学問で武士に出世《しゅっせ》したのである。学費を出してきた両親は、大いに喜んでおり、長次郎も心の底から「学問をしてよかった」と思った。

長次郎はこの後、海援隊の前身《ぜんしん》である亀山社中に参加し、主《おも》に諸藩との商取引の交渉役を務《つと》めた。イギリス商人グラバーが扱《あつか》う武器を長州藩に売り込む手はずは、長次郎が整《ととの》えてきたものである。しかし龍馬のもとで商売に従事《じゅうじ》しながらも、長次郎の関心は学問にあった。

長次郎はいずれ、海外に留学したいという夢を持っていた。そのかれに、慶応二年（一八六六年）、イギリス行きの話が持ち込まれたが、渡航《とこう》費用が足《た》りない。

――偉くなったら必ずお返し致します。留学で学んだことは、お役に立てに戻ります。どうか、どうか、お許《ゆる》しください――

長次郎は悪いこととは知りながら、心の中で詫《わ》びを唱《とな》えると、長州藩から海援隊に払われる謝礼金を拝借《はいしゃく》した。

どう言い訳しようが横領《おうりょう》である。この不正は明らかになり、長次郎は出航《しゅっこう》の前日に捕《と》らえられ切腹《せっぷく》を命《めい》じられた。享年《きょうねん》二九歳だった。ただひたすらに、学びたい。その気持ちだけで、魔《ま》が差したと言えよう。その代償《だいしょう》は命で償《つぐな》う、取り返しのつかないものとなった。

長次郎は職人の家から学問で身を立て、武士身分となったが、最後の仕事は商売であった。かれは、武士身分に出世せず、好きな学問のみに専従《せんじゅう》し、学者を目指すべきだったのだ。

岡田以蔵《おかだいぞう》

（一八三八―一八六五）土佐の攘夷派

仲間にまで裏切られた悲運の暗殺者

岡田以蔵《おかだいぞう》は、天保九年（一八三八年）、土佐藩の足軽《あしがる》の子に生まれた。以蔵の家は、足軽という最下級の武士《ぶし》で、大そう貧しかった。そこでかれは、何とか出世《しゅっせ》の糸口《いとぐち》をつかみたいと考えて、剣術を身につけることにした。

しかし以蔵の家に、道場の授業料を払うゆとりはない。そこで以蔵は、一人で木刀《ぼくとう》を振る毎日を送った。

このような以蔵に、救いの手を差し伸べた者がいた。九歳年上の武市半平太である。土佐藩は狭《せま》い地域社会であったため、一人で独学の稽古《けいこ》に励《はげ》む以蔵の話を、半平太は耳にしたのである。半平太は自分の道場で、以蔵に無償《むしょう》で剣術を教えた。さらに半平太が藩費《はんぴ》留学《りゅうがく》で江戸に行くときに以蔵も連れて行った。江戸滞在中に、以蔵に士学館《しがくかん》で剣術を学ばせ、明智流《あけちりゅう》の目録《もくろく》を取る手助けをした。

――こんなおれでも、努力して剣術に励めば、そのうち道場主になれるやもしれぬ――

と以蔵は、夢を持つようになった。

以蔵が一六歳のとき（一八五三年）に、ペリーの来航があった。その後、国内は、攘《じょう》夷《い》か開国《かいこく》かで大騒ぎになっていた。しかし学問のない以蔵には、政治のことはわからない。騒ぎには傍観《ぼうかん》するしかなかった。

文久元年（一八六一年）、以蔵は土佐勤王党に加盟した。半平太の命令によるもので、断《ことわ》れなかった。半平太はこう言った。

「この国には、異人《いじん》に媚《こ》びて私利《しり》を謀《はか》る者がおる。日本を食い荒らす、白蟻《しろあり》のような族《やから》だ。以蔵よ。俺が斬《き》れと言ったら、白蟻を斬れるか」

以蔵は頷《うなず》いた。難《むずか》しいことを考える必要はない。師匠である半平太に、恩返しするためだと思った。それに貿易で、儲《もう》けて贅沢《ぜいたく》をしている人々が、気に入らなかった。

土佐勤王党は、文久二年（一八六二年）に藩政《はんせい》の主導権を握《にぎ》る。この時期の京都では、長州、土佐などの攘夷派が公家《くげ》と結びついて、朝廷《ちょうてい》を動かしていた。

「孝明天皇《こうめいてんのう》の、攘夷のお考えは固い。それならば少数派である開国派は、天皇の御意思に叛《そむ》く者だ」

こういった考えから、攘夷派は「天誅《てんちゅう》」の名目で開国派を何人も暗殺《あんさつ》した。

岡田以蔵は天誅に加わり、「人斬り」と恐れられた。以蔵の名を高めたのが、本間精一《ほんませいいち》郎《ろう》暗殺の一件である。

本間精一郎は、幕府の要人の一人であった川路聖謨《かわじとしあきら》に仕えた下級武士であった。尊皇の志を持つかれは京都入りして、尊皇派、攘夷派の人びとと交流をもったが、頑固な攘夷派に嫌われた。開明的な要素もあるかれの意見が、反感をかったのだ。

そのため武市の意向を受けた以蔵が、薩摩の人斬り田中新兵衛《たなかしんべえ》（188ページ）と組んで本間を斬ったのだ。ところが文久三年（一八六三年）の八月十八日の政変《せいへん》で、長州や土佐の攘夷派は朝廷を追われた。

それまで正しいこととされた天誅が、ただの殺人と評価されたのだ。以蔵は、行き場をなくした。

――いったい、今まで正義と信じていたものは何だったのじゃ……武市先生の申さるるがまま、多くの命を殺《あや》めてしもうた……――

困《こま》っていた以蔵に、次に手を差し伸べたのが三歳年上の坂本龍馬であった。神戸海軍操練所《かいぐんそうれんじょ》に来るように誘《さそ》いをかけてきた。航海術や西洋《せいよう》の学問で、身を立てればよいというのだ。龍馬は土佐勤王党からの友人だった。

しかし、以蔵には操練所の勉強が身につかなかった。剣術のようには、いかなかったのである。不向きな学問に苦心《くしん》した以蔵は、ある日、黙《だま》って操練所から姿《すがた》を消した。

これからまもなく以蔵は、つまらぬ喧嘩沙汰《けんかざた》で京都の町奉行《まちぶぎょう》に逮捕《たいほ》された。そして攘夷派の人斬りとわかり、土佐藩に引き渡された。土佐に着いた以蔵は、暗殺されかける。以蔵は驚愕《きょうがく》した。暗殺者は勤王党の人々だったのだ。暗殺は武市半平太の指令であった。かれらは以蔵の口から、自分たちの旧悪《きゅうあく》がばれるのを恐れたのである。

以蔵は、師匠であった半平太の裏切りに生きる意欲をなくした。しばし、絶望の闇《やみ》に浸《ひた》る。意思を固めた以蔵は、土佐藩に土佐勤王党のすべてを洗いざらい白状《はくじょう》すると、喜《よろこ》んで刑場《けいじょう》に向かった——

以蔵に最初の人斬りを断る勇気があれば、かれの人生は違ったものになっただろう。

山本帯刀《やまもとたてわき》

（一八四五―六八）長岡藩家老として戊申戦争で官軍と戦う
自家の誇りのために
最後まで新政府に抵抗した

山本帯刀《やまもとたてわき》は、長岡《ながおか》（新潟県《にいがた》）藩士《はんし》の渡辺渡《わたなべわたる》の子であった。かれは優秀であったために、嘉永《かえい》五年（一八五二年）に、長岡家老《かろう》の山本家の養子《ようし》に迎えられた。ペリー来航《らいこう》（一八五三年）の前年であった。

このとき、まだ八歳の帯刀には、まもなく開国《かいこく》・攘夷《じょうい》を巡《めぐ》る国をあげての政争《せいそう》が始まるとは、予想もできなかったであろう。ましてや長岡藩が、攘夷派の流れをひく新政府と戦って痛い目にあうことなど、考えも及《およ》ばなかったはずだ。

帯刀は名家の養子になったことを、単純に喜んでいた。しかし浮かれる暇《いとま》もなく、養《よう》父《ふ》である山本勘右衛門《かんえもん》から、厳しい躾《しつけ》を受けることになった。

帯刀は儒学書《じゅがくしょ》を一日に二行ずつ読んで、それをきっちり記憶したという。また剣術、槍術、弓術、馬術もひと通り身《み》につけたが、どちらかといえば、学問が得意だった。若いうちから儒学書に通じていた帯刀は、藩の人々に神童《しんどう》と称《たた》えられた。

帯刀は成長するにつれて、一八歳年上の長岡藩士・河井継之助《かわいつぐのすけ》の志《こころざし》に、ひかれるようになっていった。継之助が最新の学問に通じ、長岡藩の発展のために何をすればよいかを真剣に考えたからだ。

長岡藩主は、継之助を高く買っていた。しかし家老の中には、大した家柄《いえがら》ではない継之助に反発する者も多かった。すでに天下泰平《たいへい》の終焉《しゅうえん》が見えている中、帯刀は藩存続のためにも、継之助が必要だと考えた。

「河井様。長岡藩の民《たみ》が安心して暮らせるように務《つと》めることが、家老の家に属《ぞく》する者の責《せき》務《む》と考える所存にございます。河井様のお考えに沿えば、長岡藩は必ずや、よくなりましょう。藩の名家の一人として、私《わたくし》は河井様をお助けしたく存じます」

この継之助への帯刀の申し出が、二人の繋《つな》がりを強くしていった。

慶応三年（一八六七年）に、養父の勘右衛門が没《ぼっ》した。僅《わず》か二三歳の若さで帯刀は、家老としての重責《じゅうせき》を担《にな》うことになった。

この年は、大政奉還の年である。幕府《ばくふ》が役割を終え、長岡藩もまさに最期《さいご》のときを迎えようとしていた。

帯刀は早々に家老の一人として、財政や軍制の改革に力を入れている河井継之助に、できうる限りの協力をした。

徳川幕府は終わりを迎えようとしていたが、幸いに藩政はよい方に向かっていた。そんな中、戊申《ぼしん》戦争が始まり、官軍が長岡に迫《せま》ってきた。大政奉還した今も、幕府に強い愛着を持っていたかれらは、

「今度の戦争は、薩長の指導者が徳川家を滅ぼすために仕掛けたものだ」

と考えた。そのため二人は、官軍とひと戦《いくさ》をする決心をした。

これは勝てる戦ではない。わかっていた。しかし負ける気も持ち合わせてはいない。

帯刀は大隊長を務め、長岡領内で官軍に夜襲《やしゅう》をかけて勝利した。

その勝利を蹴散《けち》らすように、長岡城は無残《むざん》にも落城《らくじょう》する。城内で戦った継之助は激しい怪我《けが》を負《お》った。

大軍を相手に善戦した長岡藩は、このあと人びとに称えられることになる。しかし、負けは負けである。

守るべき城はすでにない。だがこのままで終わることもできなかった。このとき帯刀は、会津に逃《のが》れて官軍に抵抗《ていこう》することを決心した。

「帯刀様、拙者《せっしゃ》も会津に参じます！」

会津行きを強く望んだ継之助の決意は、人伝《ひとづて》に帯刀にも伝わった。

――継之助様。手をお貸しくださるか――

頼もしく思った帯刀だが、二人は二度と会えなかった。継之助は長岡城落城の戦傷《せんしょう》がもとで、まもなく亡《な》くなったのである。

報《しら》せを聞いた帯刀は、まるで継之助の弔《とむら》い合戦のように、会津戦争の前線に立った。

しかしそれも、長く続くはずはない。九月四日、飯寺村《いいでら》ではるかに優勢な敵軍に包囲された。すぐに捕《と》らえられ処刑《しょけい》された帯刀は二四歳だった。官軍は降伏《こうふく》を勧《すす》めてきたが、かれはそれを拒否《きょひ》して戦ったのだ。

長岡藩を潰《つぶ》した官軍に最後まで抵抗することが、かれの家老としての誇《ほこ》りだったのだろうか。帯刀は薩長が牛耳《ぎゅうじ》る時代に生き長らえるより、死を選んだのだろうか。

関《せき》鉄《てつ》之《の》介《すけ》

（一八二四―一八六二）水戸の攘夷派
逃亡した井伊直弼暗殺の首謀者

関鉄之介《せきてつのすけ》は文政《ぶんせい》七年（一八二四年）に、水戸藩士《みとはんし》である中流の武士《ぶし》の家に生まれた。

ペリー来航《らいこう》（一八五三年）以来、日本では幕府《ばくふ》の外交策の混迷が続いた。こういった中で水戸藩主の徳川斉昭《なりあき》は、強硬《きょうこう》な攘夷《じょうい》論を唱《とな》えていた。

鉄之介は、文武に優《すぐ》れた秀才《しゅうさい》であった。水戸学《みとがく》を身《み》につけたかれは、主君《しゅくん》に対して強い忠誠心を持つとともに、尊皇《そんのう》論に惹《ひ》かれていった。

そのため、鉄之介は三〇歳を迎える頃には、尊皇攘夷主義を取り、考えを同じくする仲間との交流を深めていくことになった。

鉄之介は三二歳で父の跡を嗣《つ》いで、与力《よりき》の地位についた。そして、翌安政三年（一八五六年）に郡方《ぐんがた》与力を命じられると、鉄之介は農政に励《はげ》み、農民への教育の振興《しんこう》などに努《つと》めていく。

ところがこの後、江戸で井伊直弼が大老《たいろう》となり、攘夷主義の水戸藩にあれこれ圧力を掛けてきたのである。井伊は朝廷の勅許《ちょっきょ》を受けずに、アメリカなどの五カ国と通商条約を締結した。このことを強硬に非難したのが、徳川斉昭であった。

安政六年（一八五九年）、徳川斉昭が井伊に蟄居《ちっきょ》を命じられたという報《しら》せが鉄之介の任《にん》地《ち》に届いた。

このとき鉄之介は、大いに怒った。

――主君・斉昭様は、徳川の血筋でありながら、井伊によって面目《めんぼく》を潰された！　俺は家《か》臣《しん》の一人として、斉昭様の恥を雪《そそ》がねば。そのためには、井伊に天誅《てんちゅう》を加えねばならぬ……――

鉄之介は忠義のために職を放棄《ほうき》した。脱藩士《だっぱんし》となり水戸を抜け出すと、江戸に向かう。

江戸には、鉄之介と攘夷の考えを同じくする者が、集まっていた。

鉄之介らは混迷の日本を救《すく》うためには、井伊の暗殺《あんさつ》の後、諸藩を説《と》いて、攘夷連合を作ることが必要だという結論に達した。

集まった攘夷主義の脱藩士の相談で、井伊を討《う》つ刺客《しかく》を鉄之介が指揮することになった。そして一部の脱藩士たちは、暗殺に加わらずに攘夷運動を進める。こういう段取りが、攘夷主義者の間《あいだ》で話し合われた。

暗殺決行の、万延元年《まんえい》（一八六〇年）三月三日がやってきた。その日の朝に鉄之介をはじめとする十八人の同志は、芝《しば》の愛宕権現社《あたごごんげんしゃ》に集合した。水戸脱藩士十七名と薩摩脱藩士・有村次左衛門《ありむらじざえもん》である。鉄之介は見張り役などを除《のぞ》いた実行部隊を二隊に分ける。この日は春には珍しい大雪が降り続いていた。暗殺者たちは雪道を踏み分けて、江戸城外に向かった。

桜田門の外で、井伊の行列《ぎょうれつ》を左右から襲う計画であった。鉄之介は右側の隊の先頭に立った。しかし暗殺現場で先に仕掛けたのは、左側の隊であった。かれらの先頭にいた森《もり》五六郎《ごろくろう》という者が、井伊の供回《ともまわ》りの二人を斬《き》った。それが合図のように乱戦になり、敵味方ともに、何人もの犠牲者を出す。

混乱の末に、井伊の止《とど》めを刺したのは、薩摩脱藩士の有村次左衛門だった。かれの「よか。よか」という大声を聞いて、鉄之介は天誅が遂行《すいこう》されたことを知った。

幕府の追《お》っ手《て》はすぐに来るだろう。鉄之介は急いで暗殺現場を離《はな》れた。

――逃げ延《の》びてやる。生き延びてやる。攘夷実現のためには、まだこれからやらねばならぬ仕事が山ほどあるのだ――

しかし鉄之介の意思と反し、幕府の追っ手に観念《かんねん》した同志が次々と、自尽《じじん》したり役所に出頭《しゅっとう》したという。

　無事に逃げ延びたのは五人だ。幕府は血眼《ちまなこ》で暗殺犯を探索《たんさく》している。水戸藩も幕府の圧力で、暗殺犯の追及《ついきゅう》に加わった。

　鉄之介は必死で逃げた。奈良から大坂、四国へと各地を逃げ回った。逃げ場に困《こま》った鉄之介は、薩摩藩の保護《ほご》を求めたが、断《ことわ》られ、いったんは水戸に戻り攘夷運動の後援者の保護を受けた。だが、そこにもいられず、陸奥から越後へと逃亡《とうぼう》を続けた――

　そしてとうとう、鉄之介は越後の湯沢《ゆざわ》で捕《と》らわれ、江戸へ送られて文久二年（一八六二）に死罪《しざい》となった。

　強い忠誠心で、有能な役人として活躍《かつやく》できる才能《さいのう》があった鉄之助。しかし国内の混乱によって、鉄之介は過激な考えに惹かれ、命を散らした。

清河八郎《きよかわはちろう》

（一八三〇―一八六三）庄内藩出身の政客

討幕派、最初の暗躍者

清河八郎《きよかわはちろう》は天保元年（一八三〇年）、出羽国庄内藩領《しょうないはんりょう》・清川《きよかわ》村に生まれた。家は裕福《ゆうふく》な郷士《ごうし》で、幼名を斉藤元司という。天保三年（一八三二年）、天保の大飢饉《だいききん》が東北地方を襲った。七年の長期にわたって続いた大飢饉は、かなり深刻なものであった。なす術《すべ》もなく餓死《がし》する貧しい人々を、幼年期から少年期の間《あいだ》に清河は、大勢見てきた。

――人々を救いたい。そのためには学問を学ばなければ――

清河の心中に、このような思いが広がった。清河は一四歳で、清川の関所役人《せきしょやくにん》を務《つと》める畑田安右衛門の弟子になった。手近な学者が、畑田だけだったからだ。まもなく頭のよい八郎は、畑田の手に余《あま》るようになる。そのため畑田は師の勧《すす》めとして、清河に江戸への遊《ゆう》学《がく》を提案した。弘化《こうか》四年（一八四七年）、清河が一八歳のときのことであった。

江戸に出た清河は、まず古学《こがく》派の東条一堂《とうじょういちどう》についた。勉学に貪欲《どんよく》な清河は、東条塾《じゅく》の師匠の補佐役である塾頭《じゅくとう》を務めるように勧められたが飽《あ》き足《た》らず、東条のもとを離《はな》れた。

次に清河が選んだのは、江戸一の学者ともいわれる安積艮斎《あさかごんさい》である。安積の門下となると同時に、清河は剣術も学んだ。有能な者は、文武ともに優《すぐ》れていると考えたからだ。

安政元年（一八五四年）、清河は千葉周作《ちばしゅうさく》の玄武館《げんぶかん》で免許皆伝《めんきよかいでん》を得《え》るまでになった。

――学ぶべきことは、十分に学んだ――

こう考えるに至《いた》り、清河は清河塾を興《おこ》した。そのとき名前を、清河八郎と改《あらた》めた。当時の江戸には多くの私塾《しじゅく》があったが、学問、剣術ともに第一級の腕《うで》を持つ師範は清河一人であったという。このまま一介《いっかい》の私塾塾長で終われれば、安泰《あんたい》だったであろう。

しかし二五歳で私塾を興すことができた天才肌《てんさいはだ》の清河は、日頃から権力者を手厳《てきび》しく批判していた。

清河塾開塾は、ペリー来航の翌年である。平素《へいそ》の清河の、権力者への辛辣《しんらつ》な言動は、攘夷《じょうい》主義者を惹《ひ》きつけた。若い攘夷主義者たちはやがて清河塾に集まるようになった。

そのため清河の名前は、方々《ほうぼう》の攘夷派の人々にも広く知られるようになっていく。その環境は、清河の野心《やしん》に火をつけるのに十分だった。

清河は、幕府政事総裁《ばくふせいじそうさい》の松平慶永《よしなが》に上手《うま》く取り入った。文久三年（一八六三年）、浪士《ろうし》隊《たい》の結成にこぎつけたのである。幕府が給金を出して、腕の立つ浪人《ろうにん》を集めて浪士隊をつくったのだ。だがこれは、野心に燃える清河の、一世一代の大博奕《おおばくち》だった――

この浪士隊は、将軍《しょうぐん》・徳川家茂《いえもち》を警備して京都に向かうという計画であった。清河は二百三十四名の浪士隊を連れて京都に着くと、天皇《てんのう》の勅命《ちょくめい》を賜《たまわ》ろうと画策《かくさく》していた。将軍警備の浪士隊を使い、攘夷討幕《とうばく》の尖兵《せんぺい》にしようと目論《もくろ》んだのである。清河は朝廷《ちょうてい》に工作して、まんまと攘夷の勅《ちょく》を得るのに成功した。

だが清河の不穏《ふおん》な動きに気がついた幕府はいち早く、清河ら浪士隊に江戸帰還《きかん》を命じてきた。清河の大それた企《くわだ》てを知らない近藤勇《こんどういさみ》、芹沢鴨《せりざわかも》らは「京都で幕府のために働《はたら》きたい」と主張して清河から離反《りはん》した。かれらがその後の新撰組《しんせんぐみ》である。清河には、目前まで達成されかけた謀略《ぼうりゃく》の中断だったが、思い通り動かない近藤一派を放置し、考えた。

――朝廷の勅命は、おれにある。幕府の懐《ふところ》の江戸で、おれの率《ひき》いる浪士隊が幕府を討つのだ！――

しかしその企《たくら》みは、幕府の知るところとなる。清河が江戸に戻ってまもない文久三年四月十三日、幕命《ばくめい》を受けた浪士隊士六名に囲《かこ》まれ、暗殺《あんさつ》された。そのとき、清河八郎は三四歳だった。頭の良い策士のあっけない最期《さいご》であった。学と剣に長じた稀代《きだい》の策士《さくし》も、多人数の不意討ちには勝てなかったのだ。

坂本龍馬《さかもとりようま》

（一八三六—六七）土佐の倒幕派
夢を果たせなかったが後世に名を残した

坂本龍馬は天保六年（一八三六年）、土佐の裕福《ゆうふく》な郷士《ごうし》の家に生まれた。幼《おさな》いときに母を亡《な》くした龍馬は、弱虫で甘えん坊であった。そんな龍馬は、しばしば男勝《まさ》りの姉・乙女《おとめ》に「頼りない弟じゃ」と叱《しか》られた。

——姉とはいえ、女に侮《あなど》られて恥《は》ずかしい。姉を越える武芸と知恵《ちえ》を身《み》につけねば——

龍馬は考え、剣術の道場に通《かよ》い、独学で書を読んだ。その甲斐《かい》あって、龍馬は二〇歳前には、土佐藩の若い下級武士《ぶし》のまとめ役となり、慕《した》われるようになった。

腕《うで》が立ち、頭が切れて話が面白い龍馬は天真爛漫《てんしんらんまん》で、常《つね》に弱い者の味方をし、面倒見《めんどうみ》がよかった。この時期の龍馬は、同年代の若者の数倍も動きまわって、忙《いそが》しく過ごしていた。

そのような龍馬にも、頭が上がらぬ男がいた。六歳年上の武市半平太である。半平太は、龍馬の従兄《いとこ》の妻の親戚《しんせき》だ。龍馬をはるかに凌《しの》ぐ剣術を持ち、高知の町で道場主をしている半平太を、龍馬は兄のように慕っていた。

文久元年（一八六一年）九月、龍馬は土佐勤皇党に加盟した。これは半平太の呼びかけによる。日本と海外との通商の開始（一八五九年）以来、欧米の商人の横暴《おうぼう》は目に余るものがあった。だから龍馬は、半平太の尊皇攘夷《そんのうじょうい》思想に共鳴《きょうめい》したのだ。

土佐勤皇党の党員は、瞬《また》く間《ま》に百九十二名に増えた。ところが勤皇党に加わる上級武士はほとんどいない。土佐藩内では前々から、上級武士と下級武士との反目《はんもく》が続いていたからだ。そのために、下級武士を主力とする勤皇党が、藩内の勢力争《あらそ》いを激化させる火《ひ》種《だね》になりそうな様相《ようそう》になってきた。この情勢を見て、龍馬は土佐からの脱藩《だっぱん》に踏み切った。

――尊皇攘夷の思想が、これでは土佐藩内での小さな争いにしかならぬ。このままでは日本は変わらん――

龍馬は一八六二年、土佐藩を脱藩し、各地の尊皇攘夷の考えの人々とともに、日本全土の規模で攘夷の実現に努《つと》めようと考えた。そしてこの勇断《ゆうだん》が、龍馬の人生を大きく変えた。

全国を巡《めぐ》り、幾人《いくにん》かの名士《めいし》と交流を持つ中で、龍馬は「攘夷派」と名乗る者たちは私欲《しよく》にとらわれている集団であると感じた。

龍馬は攘夷運動に見切りをつけると「広く貿易を展開して、海外の文明を取り入れて国民を富《と》ますことが肝要《かんよう》」とする考えに至《いた》った。それにより一八六三年、勝海舟の海軍操練所《じょ》の設立に協力した。そして慶応元年（一八六五年）、龍馬は日本初の貿易商社、亀山社中（後《のち》の海援隊）を創立する。さらに勝海舟と語り合う中で「古い利権にこだわる幕府の高官《こうかん》を除《のぞ》かねば、日本の将来はない」と決断した。

龍馬は大胆《だいたん》にも、第一次長州征伐《せいばつ》以降反目していた、薩摩と長州を取り持ち、慶応二年（一八六六年）に薩長同盟《さっちょうどうめい》を結ばせた。さらに翌年、龍馬の公議政体論《こうぎせいたいろん》が、幕閣《ばっかく》に受け入れられ、徳川慶喜《よしのぶ》は大政奉還をした。

日本の未来を見つめ、行動を続けた龍馬は、江戸幕末を激しく変換させていった。龍馬は新たな時代が訪《おとず》れた後《のち》、貿易を営《いとな》む実業家として、世界を又《また》に掛ける夢を抱《いだ》いていた。

海の果てを見たい――

龍馬の夢は目前だった。しかしその夢を本格化させる直前の慶応三年十一月、大政奉還の直後のことである。京都市中の隠れ家《かくれが》で、中岡慎太郎《なかおかしんたろう》とともに未来の日本を語り合っていた龍馬は、突然襲《おそ》われた。武にも励《はげ》んだ龍馬だが、刀を抜くこともできなかった。

坂本龍馬は暗殺《あんさつ》された。暗殺した下手人《げしゅにん》の真相《しんそう》は、今をもって明らかではない。

大きな夢を抱き、誰よりも大胆にしなやかに生きた龍馬。享年《きょうねん》三二歳。今でも多くの者が、かれの生き方に憧《あこが》れている。

田中新兵衛《たなかしんべえ》

（一八四一—一八六三）薩摩の攘夷派
暗殺の真相を語らず切腹して果てた

「人斬《ひとき》り」で知られる田中新兵衛は天保十二年（一八四一年）に薩摩の商家《しょうか》の家に生まれた。しかしかれの生涯《しょうがい》には、不明な部分が多い。だが商家を嗣《つ》いでいれば、平穏《へいおん》な生涯を送れたであろう。

新兵衛は若いときから、剣に特別の関心を持っていた。そして独学《どくがく》で、示現流の剣術を極《きわ》めたという。

新兵衛の運命を大きく変えたのは、森山新蔵《もりやましんぞう》（194ページ）であった。森山新蔵は豪商《ごうしょう》出身で、藩への献金《けんきん》で武士《ぶし》身分を買った男であり、国学《こくがく》を究めていた。無学《むがく》であった新兵衛は、森山と知り合うと、博学《はくがく》な森山に惹《ひ》かれていく。同じ商家の出身の森山を師と慕《した》い、森山が説《と》く「国学に立つ尊皇論《そんのう》」に急速に染まっていった。

折《おり》しも日本は、ペリー来航以来の混乱に陥《おちい》っていた。安政五年（一八五八年）には、「井伊大老《たいろう》が天皇《てんのう》の御意志に背《そむ》いて強引に通商条約を結んだ」という話が、鹿児島にも伝わってきた。

尊皇論に染まっていった新兵衛は、それを聞いて大いに怒った。そんな新兵衛に、安政六年の秋、森山からの誘《さそ》いが来た。

「わしは脱藩《だっぱん》して京都へ参り、水戸藩の志士《しし》に呼応《こおう》する。お前も来ぬか」

と言うのである。新兵衛はその誘いに応じた。これは、尊皇運動家として、井伊の一派と正面から遣《や》り合うことを意味する。

しかしその後、薩摩藩内でのさまざまな政争《せいそう》によって、新兵衛の京都入りは、文久二年（一八六二年）四月になっていた。

だが、森山はこの直前に危険人物として、薩摩藩に捕《と》らえられた。森山捕縛《ほばく》に、新兵衛は何もできず、尊攘《そんじょう》運動の志《こころざし》を立ててからの二年半を無為《むい》に過ごしてしまう。

新兵衛は、薩摩藩士《はんし》・海江田武次《かいえだたけじ》の家来《けらい》という形で、京都の薩摩藩邸《はんてい》に置いてもらうことになった。当時の藩邸では血の気の多い者が目立っていた。新兵衛は周りの者に唆《そそのか》されて、島田左近《しまださこん》の暗殺《あんさつ》に踏み切る。それは新兵衛が京都入りしてまだ三ヵ月の、七月二十日のことであった。森山が六月に自刃《じじん》したという報《しら》せの後である。島田左近は公家《くげ》の九条《じょう》家の家臣《かしん》で、幕府《ばくふ》側でさまざまな策略《さくりゃく》を行《おこな》った人物であった。

次いで新兵衛は、土佐の岡田以蔵（169ページ）とともに、本間精一郎を斬った。本間はかつて尊攘派の一員だったが、この頃は仲間から裏切り者として嫌われていた人物だ。これは尊皇攘夷《じょうい》運動の天誅《てんちゅう》ではなく、血の粛清《しゅくせい》である。

この事件で、新兵衛の武名は高まった。その名は、悪名の「人斬り」だ。師と慕う森山を亡《な》くし、京都入りまでの無意味な二年半の年月が、新兵衛を焦《あせ》らせたのだろうか。

そして「人斬り」の男が、波乱なく過ごせるわけがない。新兵衛の波乱は、翌文久三年五月に起こった。姉小路公義《あねがこうじきんとも》暗殺事件である。姉小路は、有力な尊攘派の公家である。暗殺の現場には、新兵衛の刀が残されていた。そのため新兵衛は、暗殺犯として町奉行《まちぶぎょう》に捕らえられた。普通に考えれば、尊皇を唱《とな》える新兵衛が姉小路を斬るはずはない。

「姉小路は敵だ」と偽《いつわ》って、新兵衛を焚《た》きつけた黒幕《くろまく》がいたのだろうか。それとも新兵衛は、姉小路を国に害をなす者と自《みずか》ら判断して斬ったのだろうか。証拠《しょうこ》は、現場に残された新兵衛の刀だけだ。何者かが、新兵衛を陥《おとしい》れた可能性もある。

しかし新兵衛は、奉行所では一言《ひとこと》も釈明《しゃくめい》をしなかった。

新兵衛は何も語らずに、切腹《せっぷく》して果てた。これにより、姉小路公義暗殺事件の真相が明らかにされることはなくなったのである。

会沢正志斎《あいざわせいしさい》

（一七八二―一八六三）水戸の学者
歴史に埋もれた尊皇攘夷の火つけ役

会沢正志斎《あいざわせいしさい》は本名を安《やすし》といい、天明《てんめい》元年（一七八一年）に、水戸藩の下士《かし》の家に生まれた。会沢家は常陸国の農民で、江戸時代に常陸国を水戸藩が治めることになると、水戸徳川家に仕《つか》えるようになった。何世代もかけて、農民から下士に地位を上げた家だ。

正志斎は一〇歳のときに、藩内で高名《こうめい》な藤田幽谷《ふじたゆうこく》の弟子となった。儒学《じゅがく》を修《おさ》めて、出世《しゅっせ》の手がかりをつかもうとしたのだ。水戸徳川家には、儒学を重んじる伝統があった。

正志斎は、幽谷門下で秀才《しゅうさい》と評価される。そのため寛政《かんせい》十一年（一七九九年）、一八歳の正志斎は、彰考館《しょうこうかん》に迎えられ『大日本史《だいにほんし》』編纂《へんさん》の仕事を与えられた。この時期の幕府《ばくふ》は、寛政の改革《かいかく》のおかげで安定期であった。正志斎の働《はたら》きは、上司《じょうし》に認められた。

やがて正志斎は文才《ぶんさい》が認められ、徳川斉昭の侍読《じどく》（家庭教師役）を務《つと》めるまでに至《いた》った。斉昭は、若いが聡明《そうめい》で勉強家であり、大胆《だいたん》な発想をする。徳川の末端《まったん》にいる以上、幕府の利を考えるべきなのだが、それ以上に強固《きょうこ》な尊皇《そんのう》の考えを持っていた。

「正志斎よ。今は幕府が鎖国《さこく》政策をとっているが、日本の外では大国により、属国《ぞっこく》にされた国々がある。日本もいつまで、安穏《あんのん》としていられるかわからぬ。武力を固め、天皇《てんのう》を中心とした国策を取らねばならぬ」

その斉昭の考えが正志斎に理解できたのは、文政《ぶんせい》七年（一八二四年）になってからである。領内にイギリス船が漂着《ひょうちゃく》したのだ。正志斎は四三歳になっていた。

家柄《いえがら》のある水戸藩の儒学者たちは、面倒事《めんどうごと》を正志斎に押しつけようとしたのだろう。正志斎は、漂着船のイギリス人との筆談役《ひつだん》を命じられた。当時の日本で英語《えいご》のできる人間はほとんどいない。蘭学《らんがく》は学んだが、発音は困難《こんなん》で、オランダ語の筆談でやりとりした。そしてかれらと接して、正志斎は西欧《せいおう》諸国の脅威《きょうい》を肌《はだ》で感じたのである。

――斉昭様が、諸外国に警戒《けいかい》していたことは正しかったのだ！――

正志斎は夢中になって、『新論《しんろん》』をまとめた。そこには諸外国に打ち勝つための、富国《ふこく》強兵《きょうへい》の必要説が記《しる》された。さらに正志斎は日本人の心を一つにするため、天皇指導《しどう》のもとの神道《しんとう》の興隆《こうりゅう》が欠かせないと主張した。

斉昭から伺《うかが》っていた話は、イギリス人と接して、確固《かっこ》たる確信となった。正志斎の文《ぶん》士《し》としての才能《さいのう》が溢《あふ》れた論文だった。だがこの『新論』を水戸藩主《はんしゅ》・斉脩《なりのぶ》（斉昭の養父《ようふ》で実兄《じっけい》）は、危険《きけん》な書物とし、発禁《はっきん》にした。

「この書物は世《よ》の中に騒動《そうどう》を起こす原因《げんいん》になるであろう。認めることはできぬ」

正志斎は藩主の命令を受け入れた。その後、正志斎は斉昭の信頼《しんらい》も篤《あつ》く、順調《じゅんちょう》に出世していく。斉昭が藩主になった後も、斉昭の改革を助け、藩校《はんこう》・弘道館《こうどうかん》の総教《そうきょう》（学長）にまで上《のぼ》りつめた。だが学者として、『新論』を世に知らしめたいという欲求《よっきゅう》は消せない。『新論』は書写《しょしゃ》の形で多くの学者に広められた。真木和泉《まきいずみ》や吉田松陰が、遠く水戸の正志斎を訪《おとず》れる。そして写本《しゃほん》を読んだ者の間《あいだ》で、尊皇攘夷《じょうい》の主張が高まっていった。

ペリー来航の年（一八五三年）に七三歳になっていた正志斎は、尊皇攘夷運動が起こって動揺《どうよう》した。斉脩の言う通り、『新論』は動乱《どうらん》に発展したのだ。

一八五八年、安政の大獄で幕府と水戸藩が不穏《ふおん》な関係になった。正志斎は過激派の鎮圧《ちんあつ》を主張する側についた。尊皇攘夷運動家は、正志斎を避《さ》けるようになる。

そして世の中は激動の幕末を突き進むが、正志斎は何もできなかった……尊皇攘夷の動きに大きな影響《えいきょう》を与えた会沢正志斎だが、その名は表に出ることはなかった。文久三年（一八六三年）、学者・教育者として、動乱を生んだ苦悩《くのう》の心を抱《かか》えて、自邸《じてい》で静かな死を迎えた。

森《もり》山《やま》新《しん》蔵《ぞう》

（一八二一―六二）薩摩の攘夷派

西郷との出会いで不幸に落ちた

森山新蔵は、文政四年（一八二一年）、薩摩藩の豊かな商家に生まれた。かれの家は商業を手広く営《いとな》んでいた上に、地主《じぬし》や網元《あみもと》として農民や漁民をも傘下《さんか》に収めていた。森山家は薩摩藩に多額の貸付《かしつけ》もしていた。

新蔵は、商売の傍《かたわ》ら学問を学び、会沢正志斎らの尊皇《そんのう》思想に次第に惹《ひ》かれていった。そうして、新蔵は国学《こくがく》を究《きわ》めると、田中新兵衛ら若者たちにも尊皇論を指導していった。しかし、この時点の新蔵にとっての尊皇論は学問で、ただの知識にすぎなかった。

転機は突然訪《おとず》れた。新蔵は藩命《はんめい》で、武士身分《ぶしみぶん》に取り立てられた。わずか五十石取りだが、抜擢《ばってき》といえる。位《くらい》は中級の下の武士だ。それは領内の商人に債権《さいけん》を放棄《ほうき》させる代わりに、商人を武士に取り立てる制度のおかげであった。

しかし新蔵に対する藩内の妬《ねた》みは、凄《すさ》まじかった。新蔵より下位《かい》に置かれた下級武士たちは挙《こぞ》って、「商人風情《ふぜい》が！　金で武士身分を手にした成り上がりめが」と、罵《ののし》った。

そういった中で、新蔵に気さくに声をかけてくれた下級武士がいた。六歳年下の西郷隆《さいごうたか》盛《もり》である。腹を割って話してみると、西郷も自分と同じ尊皇論者であった。新しい環境で周りに敵対視《てきたいし》されていた新蔵は、同じ思想の西郷にいたく好意を持った。

安政六年（一八五九年）、世間では井伊大老《たいろう》に対する非難《ひなん》の声が渦巻《うずま》いていた。西郷は新蔵に、尊皇攘夷《じょうい》の実現を勧《すす》めてきた。

「攘夷が達成したあかつきには、功労者《こうろうしゃ》のお主《ぬし》の働きに、帝《みかど》が石高をお増やしくださるに違いない。武士として唯一《ゆいいつ》の大出世《だいしゅっせ》の好機であろう」

このとき、新蔵は三九歳。西郷の巧《たく》みな甘言《かんげん》に乗せられた新蔵は、同志《どうし》を募《つの》って京都での挙兵《きょへい》を企《くわだ》てた。新蔵の中で、尊皇思想が、学問から手段へ変化した瞬間《しゅんかん》だった。息子の新五左衛門《しんござえもん》はすでに一人前の年齢で、跡嗣《あとつ》ぎとして進んで父に同行しようとしていた。しかしこの目論見《もくろみ》は、公武合体派の島津久光の知るところとなり、不発に終わった。この後、新蔵は大人《おとな》しくしていた。

三年ほど後の文久二年（一八六二年）三月、新蔵は島津久光から一つの指示を受けた。幕府《ばくふ》に幕政改革《ばくせいかいかく》を迫《せま》るために、江戸へ向かう島津久光一行の、兵糧《ひょうろう》の調達であった。新蔵は下関で、着々と仕事をこなしていた。そこへ、下関の宿に西郷と西郷の腹心《ふくしん》の村《むら》田新八《たしんぱち》が訪《たず》ねて来る。西郷は、上方《かみがた》で起こした尊皇攘夷運動の挙兵に加《くわ》わるようにと、説《と》きつけに来たのである。すでに、有馬新七（155ページ）ら多くの同志が、京都近辺《きんぺん》に集まっていた。西郷は新蔵にも、武力で攘夷を一挙《いっきょ》に実現するために共《とも》に来い、と誘《さそ》いに来たのだ。新蔵は、またも西郷に従《したが》った。しかし新蔵は大坂で、西郷、村田とともに捕《と》らえられた。藩船《はんせん》で薩摩山川港《やまかわこう》に送還《そうかん》となり、船中で島津久光の処分《しょぶん》を待つ身《み》となった。直後、息子の死の報《しら》せが船内に届《とど》いた。新五左衛門は、有馬新七らと挙兵計画を実行しようとしていた伏見の寺田屋で、薩摩藩の討手《うって》に捕《つか》まり切腹《せっぷく》したとのことであった。

報せを聞いた新蔵は、船中で切腹した。遺書《いしょ》はなく、この辞世《じせい》の句《く》だけ残された。

『長らえて何にかはせん、深草《ふかくさ》の露《つゆ》と消えにし人を思うに』

――息子を死なせた！　島津の殿様は尊皇攘夷を望んでおらぬのに、俺を侮辱《ぶじょく》した奴らを見返そうと、立身《りっしん》出世を企てたばかりに。武士身分を賜《たまわ》った多くの商人と同じく、商売に励《はげ》み商人として要領《ようりょう》よく生きれば、息子は死なずに済んだのだ。名ばかりの武士ではなく、出世したいと欲を出したばかりに……まだ若い俺の息子の命は消えたのに、何の面目《めんもく》があって生きていられよう――

新蔵の不幸は、思想を手段にした結果だ。

相楽総三《さがらそうぞう》

（一八三九―一八六八）

薩摩藩に利用されたインテリゲンチアな不良の頭

相楽総三《さがらそうぞう》は天保十年（一八三九年）に生まれた。郷士《ごうし》・小島兵馬《こじまひょうま》の子である。本名は小島四郎《しろう》。総三の父は、下総国相馬《そうま》に本拠《ほんきよ》をおいていたが、平素《へいそ》は江戸で生活していた。『相楽総三』は、尊皇論《そんのう》を主張する際に名乗った仮《かり》の名前であった。

総三の少年期の江戸市中は、不況《ふきょう》の最中《さなか》にあった。一五歳のときには黒船《くろふね》が来航する。江戸の町は、日常に不満を抱えた若い浪人《ろうにん》が溢《あふ》れた。武士《ぶし》の身分階級《みぶんかいきゅう》は固定化し、嫡子《ちゃく》《し》以外の子息《しそく》は、コネか能力に秀《ひい》でなければ、仕官《しかん》先に恵まれない。平凡な浪人は、行き場をなくして自堕落な生活を送っていた。腕《うで》っ節《ぷし》が強く頭が切れる総三は自然と、乱暴な若い浪人集団の指導者《しどうしゃ》になっていた。『不良《ふりょう》の徒《と》』の頭《かしら》として、江戸の町人から恐れられたのだ。

やがて幕末《ばくまつ》の江戸に、幕府《ばくふ》政治を批判する声が満《み》ちていった。総三は、流行《りゅうこう》の学問として尊皇論をかじると、国学や兵学にも関心を持ち、あれこれ学ぶようになった。その成

果を生かして総三は私塾《しじゅく》を開いたが、そこは不満分子の溜《た》まり場《ば》となっていく。仲間とあれこれ語《かた》るうちに総三は、

「日本を変えねばならぬ！　おれたちが何かをなさねば日本は終《しま》いじゃ！」

と唱《とな》え始めた。

元治元年（一八六四年）、水戸藩の尊皇攘夷《じょうい》の超過激派・天狗党《てんぐとう》が世直《よなお》しを唱えて挙兵《きょへい》した。それを知った総三は、一部の塾生を引き連れて天狗党に参加した。しかし天狗党の幹部《かんぶ》らは、水戸藩知識層《ちしきそう》の精鋭《せいえい》としての自負《じふ》がある。かれらは素性のわからない総三を『弱小私塾の若造《わかぞう》』と、軽く扱《あつか》った。そのため早々に挫折《ざせつ》し、家に籠《こも》って過ごすようになった。

天狗党に崩された己《おのれ》の自尊心《じそんしん》を守るために、総三は学問に打ち込んだ。そうするうちに、京都の討幕《とうばく》派の活躍《かつやく》が伝わってきた。総三はそれを耳にすると、京都に上《のぼ》った。慶応二年（一八六六年）のことである。

「水戸のような田舎ではなく天皇のおられる京都で活動すれば、道が開けるであろう」

とかれは考えたのだ。総三は勤皇《きんのう》の志士《しし》と交流をするうちに、西郷隆盛に出会った。西郷はじっくりと総三の話を聞き、総三の気持ちをよく汲《く》み取った。

「新しい世《よ》の中を作るためには、総三殿のような、命を懸《か》ける侠気《きょうき》のあるお人が必要でごわす」

西郷は言った。

――そうだ。おれはこの国の未来のために必要な男だ。流石《さすが》、西郷殿。おれの実力《じつりょく》をお認めくださる！――

西郷に自尊心をくすぐられた総三は、西郷の命令のままに、浪士《ろうし》を集めて江戸で暴れた。豪家《ごうか》を襲い、政治的敵対者である徳川幕府を威嚇《いかく》し、富裕層《ふゆうそう》の江戸市民に暴行を働いたのである。

――これは正義だ！　世《よ》の中を変えるために必要なのだ！――

この江戸市中襲撃《しゅうげき》は、鳥羽伏見の幕府と官軍《かんぐん》との衝突《しょうとつ》の引《ひ》き金《がね》になった。鳥羽伏見の戦いの後《のち》、総三は幕府軍を追撃《ついげき》する赤報隊《せきほうたい》・隊長に命《めい》じられ、東山道《とうさんどう》の先頭を切った。

新政府は元幕府領民《りょうみん》に年貢《ねんぐ》の半減の約束《やくそく》もしたため、新政府軍の先頭で幕府軍を追う総三は、貧民層《ひんみんそう》から強い支持《しじ》を受けた。

しかし赤報隊は、不良の徒であった浪士たちを集めたために素行《そこう》が悪く、日常的に道中の金持ちから強引に軍資金を脅《おど》し取った。総三は、「討幕のために働くのだから、それぐらいのことはかまわない」と考えていた。豪家から強奪《ごうだつ》しても、貧民からは英雄《えいゆう》扱いされる。総三は「己《おのれ》は正しい」と信じていた。

間《ま》もなく軍資金のない新政府は半減令を撤回《てっかい》。赤報隊を呼び戻すが総三は戻らない。

赤報隊は、官軍の命令を聞かぬ上に数々の乱行《らんぎょう》を重ね、近代文明化を図《はか》る新政府軍幹部から大きな怒りを買った。政府軍は赤報隊に『偽官軍《にせかんぐん》』の汚名《おめい》を着せる。総三ら赤報隊の主立《おもだ》った隊士は、下諏訪宿《しもすわじゅく》で捕《と》らえられ処刑《しょけい》された。赤報隊士の多くは、泣き叫《さけ》び見苦しい態度を取った。だが、総三だけは静かに死を受け入れたという。

三〇歳を迎えてまもなく、処刑された総三は最期《さいご》のときに、何を思ったことだろう。

長井雅楽《ながいうた》

（一八一九―六三）長州藩の開明派

正論を唱えて命を落とした名家の秀才

長井雅楽《ながいうた》は文政二年（一八一九年）、長州藩の上流武士《ぶし》の家に生まれた。雅楽は通称で、本名は長井時庸《ときつね》という。

父の長井泰憲《やすのり》が亡《な》くなったため、雅楽は僅《わず》か四歳で長井家の当主《とうしゅ》となった。

長井家は、藩主《はんしゅ》の毛利家と同じ系譜《けいふ》を持つ名門である。幼《おさな》い雅楽は、朱子学、剣術、槍術、馬術、弓術、砲術を身《み》につけていった。かれは努力家で、次々に学問の成果を挙《あ》げ、上流武士の間で長井雅楽は秀才《しゅうさい》だという評判が広がっていく。

雅楽は一九歳で藩主・毛利敬親《たかちか》の小姓《こしょう》に召《め》された。知恵の回る雅楽は藩主に気に入られ、嘉永三年（一八五〇年）には、直目付《じきめつけ》として藩政《はんせい》の中枢《ちゅうすう》に参画《さんかく》する。さらに藩主の世子《せいし》の養育係を兼《か》ね、藩校《はんこう》の明倫館《めいりんかん》で教鞭《きょうべん》を執《と》るまでになった。世《よ》が世なら、雅楽は藩の能吏《のうり》として平穏《へいおん》な生涯《しょうがい》を送っただろう。

しかし時代は止まらない。ペリー来航（一八五三年）が、かれの運命を大きく歪《ゆが》ませていく。このとき、雅楽は三五歳であった。外国の脅威《きょうい》を前に、攘夷《じょうい》論が国内に急速に広まる。水戸で起きた攘夷論は、長州の下級武士の生き方を大きく変えた。とうとう、外国人殺傷事件を起こす輩《やから》まで現《あらわ》れる。

——まるで流行《はや》り病《やまい》じゃ……——

聡明《そうめい》で冷静な雅楽は、この風潮《ふうちょう》に引きずられることなく、海外情勢を学んだ。尊皇《そんのう》攘夷という実現不可能な主張を唱《とな》え、対立する者を天誅《てんちゅう》と斬《き》り殺し、町人に恐《おそ》れられる輩が蔓延《まんえん》する。このような長州藩の中でただ一人、雅楽は日本の将来を考えた。

——下級の者どもは安易《あんい》に攘夷と申すが、西洋の強国と戦えば日本は滅《ほろ》ぶ。火急、欧米に劣《おと》らぬ先進技術を身《み》につけねば——

世《よ》を憂《うれ》いた雅楽は文久元年（一八六一年）、藩の重職の一人として、〝航海遠略策《こうかいえんりゃくさく》〟という意見書を藩主に提出した。それは「朝廷《ちょうてい》と幕府《ばくふ》が違勅《いちょく》調印以来のわだかまりを捨て、日本を強国とするために協力せよ」と主張するものであった。『天皇《てんのう》は幕府に日本の軍事力、経済力を高めるための艦船《かんせん》の建造《けんぞう》を命じる。それに基《もと》づいて幕府は、軍艦《ぐんかん》を用《もち》いて武威《ぶい》を海外にふるい、貿易《ぼうえき》で国を富《と》ませよ』という考えだ。幕府はこの意見を歓迎した。

ところが松下村塾の門下生《もんかせい》ら攘夷派が、雅楽に反発したのである。そのために長州藩内で、〝反長井雅楽〟の声が燃えさかる焔《ほのお》のように広がっていく。〝航海遠略策〟は公武合体論と見なされ、反幕府で攘夷を望む公家《くげ》や、公武合体論を放棄《ほうき》して反幕府となった薩摩藩・西郷隆盛らが、雅楽を「奸物《かんぶつ》だ！」と罵《ののし》った。

――なぜ皆《みな》は、わからぬ！　これは国のための意見である。今このとき、佐幕だ、討幕《とうばく》だ、と勝手なことを申している場合ではあるまい。このままでは、この国は滅びる……

――

雅楽がどう思おうとも、かれを攻撃する流れは止まらない。この時期の長州藩には、

「幕府を倒せ」

という声が広がっていた。なかには、

「関ヶ原で徳川家に敗れた恨みを、いまここで晴らすべきだ」

という者までいる。天皇のもとで幕府を中心に置く国づくりを考える長井は、長州藩の敵とされたのである。文久二年（一八六二年）、「最早《もはや》お主《ぬし》を庇《かば》いきれぬ……」と、互《たが》いに信頼し合っていた毛利敬親から、雅楽は謹慎《きんしん》を命じられた。雅楽は失脚《しっきゃく》したのである。

それでも雅楽への非難は止まらない。長州藩庁《はんちょう》は、尊皇攘夷運動を過激化させる下級

武士を止められず、幕府と公家の間《あいだ》で何もできなかった。

——尊皇攘夷と言うが、このようなことを申すのは、下級の者どもだけじゃ。夷狄《いてき》の脅威といえども、所詮《しょせん》は不況《ふきょう》の不満と不安の捌《は》け口《ぐち》でしかあるまい！　国の大事に、私欲《しよく》と私情《しじょう》に振り回されてどうする——

だが雅楽の正論は、尊皇攘夷に過熱する世《よ》の中に通じない。翌年、文久三年（一八六三年）に、雅楽は切腹《せっぷく》を申しつけられた。長井雅楽、四五歳の生涯であった。世論はかれの失脚だけでなく、命まで奪《うば》ったのだ。

雅楽は聡明で賢《かしこ》かった。ゆえにかれの考えは早すぎたといえよう。これが大政奉還（一八六七年）後であったなら、雅楽の人生も日本の未来も変わっていたかもしれない。

名門で努力に秀《ひい》でた雅楽には、世界と日本を俯瞰《ふかん》で見ることができたが、熱病《ねつびょう》のような人心《じんしん》は把握《はあく》できなかったのである。

久《く》坂《さか》玄《げん》瑞《ずい》

（一八四〇―一八六四）長州の攘夷派

松陰の攘夷論がすべてとなった若き藩医

久坂玄瑞（義助《よしすけ》）は長州藩の藩医《はんい》の子で、天保十一年（一八四〇年）、長州藩萩《はぎ》城下に生まれた。藩医とは町医者と違い、武士身分《ぶしみぶん》の医者で、玄瑞は父と同じく藩医となる。

海外密航《みっこう》に失敗して自宅幽閉《ゆうへい》中の吉田松陰が、安政三年（一八五六年）、長州萩で松下村塾を開いた。玄瑞は、武士と医者の学問と教養《きょうよう》を身《み》につける一環《いっかん》で、一七歳で松下村塾の最初の門下生《もんかせい》となった。広い教養を求め、長州では最先端《さいせんたん》の知識を持つ江戸帰りの松陰から学ぶためだ。玄瑞は、洋学は藩校《はんこう》から、兵学は松陰から学んだ。

育ちがよく見目《みめ》もよく、広い知識があり面倒見《めんどうみ》のよい玄瑞は、やがて塾生《じゅくせい》たちのまとめ役に押し立てられた。そんな玄瑞は、師の松陰から「防長《ぼうちょう》（山口県《やまぐち》）一の俊才《しゅんさい》」と褒《ほ》め称《たた》えられた。

松陰のこの言葉には、幾分《いくぶん》かの世辞《せじ》も含《ふく》まれていた。玄瑞は高杉晋作とともに松下村塾の双璧《そうへき》といわれたが、天才《てんさい》ではないからだ。だが玄瑞は才知《さいち》に優《すぐ》れており、門下生が増えてくると、塾運営《うんえい》は玄瑞なしでは成り立たなくなっていた。

松陰の妹・文《ふみ》も美男子の玄瑞を慕《した》い、玄瑞は松陰の信頼《しんらい》のもと、師の妹婿《むこ》となった。

師であり義兄《ぎけい》の松陰の影響《えいきょう》は多大であった。玄瑞は松陰が説《と》く尊皇攘夷《そんのうじょうい》論に、心底傾倒《けいとう》した。松陰は萩で謹慎《きんしん》の身で動けない。玄瑞は松陰の目、耳となり、手足となった。

しかし——吉田松陰は『安政の大獄』で安政六年（一八五九年）に処刑《しょけい》された。僅《わず》か三年ほどの師弟《してい》関係だが、松陰の思想と攘夷論は、玄瑞に呪縛《じゅばく》の如《ごと》く絡《から》みつく。

「夷狄《いてき》は日本から排除《はいじょ》せねばならぬ！　そうしてこの国を強い国にせねば」

松陰亡《な》き後、玄瑞はまず塾生にこう説いた。さらに藩の有力者たちとも積極的《せっきょくてき》に交《まじ》わり、かれらを攘夷思想に引き込んだ。

文久二年（一八六二年）、玄瑞は脱藩《だっぱん》して京へ潜入《せんにゅう》すると、長井雅楽を貶《おとし》め、公武合体から尊皇攘夷路線《ろせん》に藩論《はんろん》を動かす画策《かくさく》を成功させた。

翌年五月、玄瑞は攘夷志士《しし》たちを集めて光明寺《こうみょうじ》党《とう》という隊を作り、長州藩による外国船砲撃《ほうげき》に参戦した。それを西洋列強《れっきょう》は黙《だま》っていない。欧米の強国は日本に厳重抗議《げんじゅうこうぎ》をしてきた。この抗議が日本国内に、

「今に西洋の大軍が長州にやって来る。武力で戦っても無意味だ」

という声を広めた。

それにより攘夷派と対立する公武合体派の勢力が急速に盛り返す。約三カ月後、尊攘《そんじょう》派の公家《くげ》と長州藩士《はんし》は、松平容保《かたもり》と薩摩藩らの手により、京都の朝廷《ちょうてい》から追われた。

『八月十八日の政変《せいへん》』である。この報《しら》せを聞いた玄瑞は、武力で勢力を奪回《だっかい》するよう藩の重臣《じゅうしん》らを説得して回《まわ》った。

さらに翌年の六月五日、池田屋事件が勃発《ぼっぱつ》した。この事件で何人もの長州藩士が殺害された。新撰組に仲間を殺害されたことをきっかけに、

「幕府を討つべし」

という声が長州に広まった。これを受けた玄瑞は、長州藩の家老《かろう》ら含めた四人で長州軍を率《ひき》いて、京に攻め入ることとなった。

高杉晋作はそれに反対したが、藩主《はんしゅ》の名誉《めいよ》回復や京都を追放《ついほう》された公家の帰洛嘆願《きらくたんがん》など諸々《もろもろ》の利害が絡み、玄瑞はもはや引き下がることができなくなっていた。

――高杉よ。わかっておる。今さら勝てるものか。これは黄泉《よみ》への旅路《たびじ》じゃ……――

翌月七月十九日、長州軍は御所《ごしょ》の門を守る会津・薩摩連合軍と衝突《しょうとつ》した。禁門の変（蛤《はまぐり》御門《ごもん》の変）だ。兵力二千の長州軍に対し、七万の数を誇《ほこ》る幕府《ばくふ》軍。長州軍は、京の

方々《ほうぼう》で戦い敗れていく。玄瑞は盟友《めいゆう》の寺島忠三郎《てらしまちゅうざぶろう》とともに、公家の鷹司《たかつかさ》家の屋敷《やしき》に逃《のが》れた。しかし敵は、屋敷を何重《なんじゅう》にも取り巻いている。京市中は燃えていた。寺島は言った。

「久坂、もうやろうか……(もう死にどきであろうか)」

玄瑞はこたえた。

「もうよかろう」

二人は自《みずか》ら腹を斬《き》り、喉《のど》を刺して自刃《じじん》した。久坂玄瑞、享年《きょうねん》二五歳。京の都《みやこ》は三日燃え続けたが、戦《いくさ》は僅か一日で終結した。

玄瑞にとって、藩校で学んだ洋学と父から嗣《つ》いだ医学よりも、松陰の攘夷思想は確かなものだったのか。松陰の死後、玄瑞の見ていた世界は、どのようなものだったのだろう。

藤田小四郎《ふじたこしろう》

（一八四二―一八六四）水戸の攘夷派

父を敬愛し若き性急さで身を誤った

藤田小四郎《こしろう》は天保十三年（一八四二年）、水戸藩の高名な学者の家に生まれた。父・東湖《とうこ》は藩政改革《はんせいかいかく》をし、祖父・幽谷は彰考館の総裁《そうさい》として『大日本史』の編纂《へんさん》に携《たずさ》わった。父、祖父ともに、水戸藩政において重要な家臣《かしん》であった。

小四郎は東湖の四男五女の子の中で唯一側室《ゆいいつそくしつ》の子である。母・さきは正妻《せいさい》の里子《さとこ》と張り合い、親戚《しんせき》や知人から非難《ひなん》され、家を追われた。このとき、小四郎は二歳だった。さきは藤田家を出た後も、小四郎に「正妻の子に負けてはならぬ」と厳《きび》しく言い続けた。小四郎は早熟《そうじゅく》で、兄弟の仲では一番秀才《しゅうさい》だった。しかし幼少《ようしょう》のこのような複雑な環境のせいなのか、小四郎は生命に関《かか》わることには無神経《むしんけい》で、奇矯《ききょう》なところがあった。

小四郎が一二歳のとき、ペリーが来航する（一八五三年）。この黒船《くろふね》来航をきっかけにも、水戸藩内の攘夷《じょうい》論が高まった。その中心にいたのが藤田東湖だった。

水戸藩の学問の中心人物である藤田幽谷の息子・東湖と、幽谷の弟子であった成り上がり学者の会沢正志斎らに擁護《ようご》されて藩主《はんしゅ》になった徳川斉昭は、幕府《ばくふ》内でもっとも極端《きょくたん》な攘夷論を主張していた。

小四郎は、ひとかどの学者となり、父の片腕《かたうで》として攘夷のために働《はたら》こうと、文武に励《はげ》む日を送る。だが、その夢は叶《かな》わなかった。

安政二年（一八五五年）、安政の大地震の折《おり》、江戸の水戸藩邸《はんてい》内で東湖は圧死《あっし》した。

東湖の心残りは、小四郎のことであった。

「息子は奇矯な秀才だから、自分が早く死んだら、周りの手に負《お》えなくなるだろう」

と心配していたのだ。

尊敬《そんけい》する父を亡《な》くし、小四郎は嘆《なげ》いた。そして父・東湖がいなくなったことで、水戸の攘夷論が後退しないかと心配した。

父を亡くした小四郎は、すでに原市之進《はらいちのしん》という良き師を得《え》ていた。市之進は東湖が創立に携わった藩校《はんこう》・弘道館の館長である。

小四郎は数年で、弘道館の若侍《わかざむらい》の中で指導者的立場となる。これは幽谷、東湖の血筋《ちすじ》だけでなく、小四郎の努力の賜物《たまもの》だ。

この頃の水戸藩内は、攘夷を実現《じつげん》させようとする過激派の天狗党と、利権を守り変化を嫌《きら》う諸生党《しょせいとう》との抗争《こうそう》が続いていた。

文久三年（一八六三年）、小四郎は水戸藩主・徳川慶篤《よしあつ》の供《とも》として上洛《じょうらく》。この京都で、小四郎は心を許《ゆる》せる同志《どうし》と出会う。長州攘夷志士《しし》の久坂玄瑞と桂小五郎《かつらこごろう》だ。小四郎は攘夷志士らに『激烈《げきれつ》な尊攘論者《そんじょうろんしゃ》・藤田東湖の遺子《いし》』として尊重《そんちょう》された。玄瑞と小五郎も「命を懸け、攘夷を実現せねば」と語る。

東湖とともに尊攘論を論じた学者・会沢正志斎は、東湖の死から三年後の『安政の大獄』の折、水戸藩・尊攘過激派を鎮圧《ちんあつ》し、当時の藩主・斉昭を蟄居《ちっきょ》させた。これは藩を存続させるために必要な策である。

しかし小四郎から見れば、正志斎が父と水戸藩を裏切ったと思えた。さらに『文久三年八月十八日の政変』を機に、藩の政権は諸生党が握《にぎ》る。小四郎は焦《あせ》った。

――最早《もはや》、水戸藩に頼れる者はおらぬ。桂殿や久坂殿らのように、某《それがし》も何かをなさねば、父の名に恥《は》じる！――

天狗党の指導者の一人となった小四郎は、元治元年（一九六四年）三月二十七日、同志をあつめて筑波山《つくばさん》で挙兵《きょへい》する。将軍《しょうぐん》のもとに参じ、攘夷実現を訴《うった》えるためだ。『天狗党の乱』である。集まった六十名は、水戸・長州・因幡・備前などの、諸藩《しょはん》の攘夷志士らの連合だ。

同年、盟友《めいゆう》・久坂玄瑞は『蛤御門の変』を起こして七月に自刃《じじん》した。『天狗党の乱』も流血に塗《まみ》れた。一時は優勢を示した天狗党だが、九月下旬には敗れ、幕府の追討《ついとう》軍に追われた。頼みの綱《つな》の将軍後見人《こうけんにん》・一橋慶喜《ひとつばしよしのぶ》は次期将軍の座を狙《ねら》い、天狗党を見放《みはな》した。八方塞《はっぽうふさ》がりで追われた小四郎らは、越前で降伏《こうふく》。元治二年二月、小四郎と挙兵に関わった多数の志士が打ち首となった。

藤田小四郎、享年《きょうねん》二三歳。その行動は、学者とは思えぬ無謀《むぼう》さだ。奇矯な男だからなのか、若さゆえの過信と過《あやま》ちの結果なのか。

だが盟友の桂小五郎のように立ち回れたら、新政府で才を生かした活躍《かつやく》ができたかもしれない。

世良《せら》修蔵《しゅうぞう》

（一八三五―六八）長州の討幕派
敵はすべて皆殺し、兵学を玩び命を軽んじた猪武者の最期

世良修蔵《せらしゅうぞう》は、周防国大島《すおうのくにおおしま》（山口県南東部の島）の庄屋《しょうや》・中司八郎右衛門《なかつかさはちろうえもん》の子だ。大島は萩藩領《はんりょう》（長州藩）の東端《とうたん》にある島だが瀬戸内海《せとないかい》航路の拠点として繁栄しており、島の長《おさ》を父に持つ修蔵は裕福な境遇にあった。子供の時分から侍身分になりたいと思っていた修蔵は、嘉永四年（一八五一年）に一七歳で、藩校《はんこう》・明倫館に入学した。さらに江戸で儒者《じゅしゃ》・安井息軒の三計塾《さんけいじゅく》に入り、師匠の評価を受けて塾長代理を務《つと》めた。

この修蔵の学才は、藩の重臣・浦靭負《うらゆきえ》に認められて、浦家の私塾である克己堂《こっきどう》の兵学講師に迎えられた。このとき、浦家の家臣の扱《あつか》いで士分に取り立てられ、「大野《おおの》」の名字を名乗った。この頃、国内では攘夷《じょうい》主義が高まっていった。だが修蔵は、攘夷運動には加わらず一介《いっかい》の学究《がっきゅう》として振る舞っていた。かれは攘夷運動を貧乏浪人の不満の捌《は》け口《ぐち》としか思っておらず、興味がなかったのである。長州藩の攘夷派の活動が京都中心のものであった間は、それでもよかった。

文久三年（一八六三年）に入ると、長州藩領は、外国と戦争を起こしそうな情勢となっていく。自藩の雲行きが怪《あや》しくなると、無関心を決め込み続けるのは難しくなった。

そんな折《おり》に同藩同門の赤根武人が、奇兵隊《きへいたい》への入隊を誘ってきた。高杉晋作が組織した、長州藩の非正規軍隊である。「能力のある者は身分に拘《かかわ》らず登用する」と、高杉は宣伝していたのだ。ここで手柄を立てたら、武士として出世する機会が得られる。修蔵は、奇兵隊で自分の力を試そうと決心した。だが長州藩はこの後、欧米列強の四国連合艦隊に敗れ、さらに幕府の第一次長州征伐《せいばつ》になす術《すべ》もなく降伏した。

――一度攘夷派についた以上、このままでは敗者で人生が終わってしまう！――

兵学に長じた修蔵は、軍監《ぐんかん》（兵隊の監視役）に就任した。しかし奇兵隊入隊を誘った赤根が、佐幕《さばく》派の内通者という疑いを受けて脱走し、修蔵も疑われ謹慎《きんしん》となった。

隊内安定のため、幸《さいわ》いにも修蔵はすぐに奇兵隊に復帰できた。主家の浦家からは「仕事に励め」と世良の名字を与えられる。

慶応二年（一八六六年）、第二次長州征伐が行《おこな》われ、奇兵隊は徹底抗戦した。六月、修蔵は長州軍の一手の指揮官として大島口《おおしまぐち》で幕府軍を敵にし、目覚《めざ》ましい勝利を上げる。故《こ》郷《きょう》に近い大島口での戦いは、地理を知る修蔵にとって圧倒的に有利だった。

明治元年（一八六八年）三月に会津遠征が始まると、修蔵は奥州総督《そうとく》の参謀《さんぼう》に任命された。この遠征に当たって修蔵は、「長州藩の敵は徹底的に討つべし」と主張した。

このとき、会津藩主《はんしゅ》・松平容保と親しい仙台《せんだい》藩や米沢藩は「事を穏便《おんびん》に収《おさ》めてほしい」と嘆願《たんがん》してきた。すでに江戸は開城し、徳川軍の敗戦は確定していた。それでも修蔵は、あくまで武力討伐せよと総督に説《と》いた。このことで仙台藩から大きな恨《うら》みを買った。

閏《うるう》四月二十日未明に福島《ふくしま》の旅籠《はたご》・金沢屋《かなざわや》に泊まっていた修蔵は、仙台藩士《はんし》・瀬上主膳《せがみしゅぜん》ら十二人の刺客《しかく》に襲われた。暗殺から逃《のが》れようと、修蔵は二階の窓から飛び降りたが、足を挫《くじ》いて捕《と》らえられる。そしてその日のうちに川原《かわら》に引き出されて斬首《ざんしゅ》された。

享年《きょうねん》三四歳。実《じつ》は、修蔵だけが会津討伐を主張していたわけではない。頑《かたく》なな気質のためか、武力をもって討伐することを主張したので、会津赦免《しゃめん》を求める者たちから狙《ねら》われたのである。生きていれば、新政府の陸軍でかなりの地位に昇《のぼ》れたであろう。しかし、修蔵一人の死によって、新政府対会津藩の全面戦争が開始され、多大な命が失われた。

かくして会津藩を武力討伐という、修蔵の主張は死しても叶《かな》えられた。だが、そこまでして修蔵は何を得たかったのだろうか。出世を望んで、攘夷派についただけの男である。机上《きじょう》の兵学を実践《じっせん》する楽しみに溺《おぼ》れて命を軽んじ、修蔵は己《おのれ》の命も失った。

武田耕雲斎《たけだこううんさい》

（一八〇三—六五）水戸の攘夷派
反対派に陥れられ不条理な死に導かれた能吏

武田耕雲斎《たけだこううんさい》は文化《ぶんか》元年（一八〇四年）、水戸藩の上級武士の家に生まれた。一四歳で家督《かとく》を嗣《つ》いだ後、徳川斉昭の側近として活躍《かつやく》した。そのため主君の影響《えいきょう》で、攘夷《じょうい》主義を唱《とな》えていたが、過激なものではなかった。

耕雲斎は天保十年（一八三九年）に、三七歳で藩の要職・執政《しっせい》に任命された。十四年後、黒船《くろふね》が来航し、幕末の混乱が始まる。水戸藩内は、徳川斉昭を信望する攘夷派（後の天狗党）と、反攘夷の保守派（後の諸生党）の反目《はんもく》が激しくなっていった。

一八六〇年、徳川斉昭が逝去《せいきょ》し、諸生党の勢力が拡大した。だが、幕府内で頭角《とうかく》を顕《あらわ》した斉昭の子・一橋慶喜の相談役であった耕雲斎は、ある程度の地位を保《たも》っていた。文久三年（一八六三年）八月十八日の政変で、政権が諸生党に移ってからもである。

ところが元治元年（一八六四年）、耕雲斎に近しい藤田小四郎（209ページ）らが筑波山で挙兵した。天狗党の乱である。江戸にいた耕雲斎は、挙兵の報《しら》せに愕然《がくぜん》とした。小四郎は水戸学を確立した藤田幽谷の孫で、斉昭の補佐をした藤田東湖の子だ。斉昭を擁護《ようご》し、藩内の重要な地位にいた藤田家の三代は、耕雲斎と近しい付き合いをしてきたのだ。

――小四郎殿、なんと早計なことを！　急ぎ取り収《おさ》め、幕府の介入だけは何卒《なにとぞ》防がねば、水戸藩内の話だけではすまなくなる――

耕雲斎は小四郎と天狗党を説得しに、火急に水戸へ向かった。しかし当時の水戸藩政は、市川三左衛門《いちかわさんざえもん》らの諸生党である。市川は、政敵の耕雲斎の水戸入城を拒否《きょひ》した。

その上に藩兵、さらに幕府の討伐軍《とうばつ》も、攘夷を唱えてきた耕雲斎を天狗党首謀者《しゅぼうしゃ》、謀反《むほん》人《にん》として扱《あつか》い、攻撃をしかけてきた。

――謀《はか》られた！　市川らはこの隙《すき》に私を完全に失脚《しっきゃく》させ、攘夷派を一掃《いっそう》する気か――

時すでに遅し。周辺にいた天狗党の志士は、藩兵と討伐軍に攻撃されている耕雲斎を盟《めい》主《しゅ》と思い込み、続々と集まった。このとき六一歳の耕雲斎は、尊攘《そんじょう》思想初期の頃からの知識人で身分ある年長者だ。若き志士が、党の主宰者《しゅさいしゃ》と納得しても無理はない。

だが耕雲斎は過激なやり方を避《さ》けてきた。だのに本人の知らぬところで、天狗党内外から、有耶無耶《うやむや》のうちに党の首謀者にされていく。そこへ、藩兵と討伐軍が続々と襲いかかる。追われた耕雲斎は、自分の下《もと》に集まる天狗党の若者と同行するしかない。

十月に入り、耕雲斎の一行は藤田小四郎が率《ひき》いる筑波勢と合流する。この直後に那珂《なか》湊《みなと》で、数で勝《まさ》っていた諸生党に天狗党は大敗した。

「水戸藩領にいれば、いずれ優勢な敵に囲《かこ》まれて捕《と》らえられ、処刑《しょけい》されるだろう。京都に参り、天皇《てんのう》の御慈悲《ごじひ》に縋《すが》るしかあるまい。攘夷をお命《めい》じになった孝明天皇なれば、我らの気持ちを理解してくださるであろう」

耕雲斎は敗兵たちに説《と》いた。集まってきた若者の命を無駄《むだ》に散らしてはならない……。

一行は北陸道《ほくりくどう》から京都を目指した。一縷《いちる》の望みをかけた旅だ。道中はすでに雪深く、足元は凍《こご》える寒さで食料もない。それでも皆、京都に行けば助かると信じて歩《あゆ》んだ。

しかし道中の彼らに届いたのは「天皇が天狗党を朝敵《ちょうてき》として討伐する」という報《しら》せであった。京都を守護していた一橋慶喜が、天狗党討伐に出陣した。信頼していた慶喜の出陣に、耕雲斎はすべて諦《あきら》めた。死を覚悟すると、潔《いさぎよ》く加賀藩に降伏したが、加賀藩は耕雲斎を武士として処遇《しょぐう》しなかった。世《よ》を騒がせた無頼漢《ぶらいかん》として扱い、耕雲斎他、天狗党をニシン倉に二カ月押し込めた。その後に耕雲斎は斬首《ざんしゅ》となった。武士として切腹《せっぷく》を許されないばかりか、翌月には耕雲斎の妻子、孫に至《いた》るまで、死罪にされた。五十年もの長きにわたり、水戸藩の重臣として活躍した耕雲斎の最期《さいご》は、極《きわ》めて不条理な死であった。

宮部鼎蔵《みやべていぞう》

（一八二〇—六四）肥後攘夷派

親友の松陰を信じきり天皇拉致を企てた男

宮部鼎蔵《みやべていぞう》は文政三年（一八二〇年）、肥後藩益城郡《ましきぐん》の医者の長男に生まれた。鼎蔵は医業に興味を示さず、武芸に才を見せたために叔父の養子となり、山鹿流兵学《やまがりゅうへいがく》と儒学《じゅがく》を叩《たた》き込まれた。

嘉永三年（一八五〇年）、鼎蔵は肥後藩の兵法師範役《ひょうほうしはんやく》に任命された。鼎蔵は出世欲《しゅっせよく》がなく、面倒見《めんどうみ》がよい。このまま師範を務《つと》めていけば、平凡《へいぼん》な人生を送れただろう。だがこの年、鼎蔵は九州を歴遊《れきゆう》していた一〇歳年下の吉田松陰と知り合った——

翌年の嘉永四年、肥後藩家老《かろう》について江戸に遊学《ゆうがく》した鼎蔵は、江戸で松陰と再会し親交を深めた。鼎蔵は年末に松陰の東北歴遊に随行《ずいこう》し、東北の尊攘志士《そんじょうしし》たちと交流する。二人は親友となっていた。

松陰の強い影響《えいきょう》を受けた鼎蔵は、尊皇攘夷《そんのうじょうい》思想に染まり、肥後に戻ると地元の国学者《こくがくしゃ》から日本の古典を学んだ。

安政元年（一八五四年）、松陰は黒船《くろふね》で密航・渡米《とべい》を計画。それを聞いた鼎蔵は、松陰を励《はげ》まし、互《たが》いの帯刀《たいとう》を交換し合った。

しかし密航計画は失敗、鼎蔵も幕府《ばくふ》から尋問《じんもん》を受けた。幕府に目をつけられた鼎蔵を藩は疎《うと》んじ、鼎蔵の建言《けんげん》した攻守和戦《こうしゅわせん》の策《さく》は無視され、実弟《じってい》と弟子《でし》の起こした乱闘《らんとう》事件を理由に責任を取らされた。

鼎蔵が失意のうちに閉居《へいきょ》する間《ま》に、安政の大獄で吉田松陰は投獄《とうごく》・処刑《しょけい》。桜田門外の変で大老《たいろう》・井伊直弼の暗殺。世《よ》の中は激動していた。

文久二年（一八六二年）、鼎蔵のもとに清河八郎（181ページ）から連絡が来た。清河は鼎蔵の10歳下で、桜田門外の変から尊攘活動を始めた男だ。

「松陰先生の御親友が田舎《いなか》で朽《く》ち果ててどうなさる！　どうか亡《な》き先生のために、京で尊攘運動を御指導くださりませぬか」

清河の誘いを受け入れ、鼎蔵は肥後で勤皇《きんのう》運動を起こし、上京した。松陰の弟子の桂小五郎や、松陰の開いた松下村塾の双璧《そうへき》、高杉晋作・久坂玄瑞らと親交を深める。彼らは師《し》匠《しょう》の親友である鼎蔵に敬意《けいい》を払い、慕《した》った。松陰は鼎蔵を「私欲《しよく》に動かぬ毅然《きぜん》とした武《ぶ》士《し》」と賞賛《しょうさん》していた。鼎蔵も、親友の弟子たちに対し、若くして学識溢《あふ》れる非凡《ひぼん》な親友の面影《おもかげ》を見ていた。

鼎蔵は摂津の海岸（大阪湾《おおさかわん》）の防衛策《ぼうえいさく》を練《ね》り、文久三年に親兵《しんぺい》設置の命《めい》を受けると早々に肥後藩士五十余名をまとめ、討幕《とうばく》運動に赴《おもむ》いた。このあとしばらく、攘夷派が京都の朝廷で重用された。

しかし八月十八日の政変が起こり、攘夷派の武士は京都から一掃された。京都を追放《ついほう》された攘夷派の公家《くげ》・三条実美《さんじょうさねとみ》らとともに、鼎蔵や多くの志士は長州へ逃《のが》れるしかなかったのである。

――このまま引き下がっては、志半《こころざしなか》ばで絶《た》えた寅次郎《とらじろう》（松陰）に顔向けできぬ！――

翌元治元年（一八六四年）、久坂玄瑞らが長州藩主《はんしゅ》の赦免周旋《しゃめんしゅうせん》に上京。鼎蔵も上京し、京に潜入《せんにゅう》し続けていた桂のもとで、志士らの重鎮《じゅうちん》として活動した。しかし京は新撰組に制圧され、見つかれば即斬《そくき》り殺される。

追いつめられた鼎蔵らは禁断の策を立てる。祇園祭《ぎおんまつり》に乗じ、京都放火《ほうか》、京都守護職《しゅごしょく》暗殺、天皇拉致《てんのうらち》。冷静な判断ではない。

だが新撰組はこの計画を嗅《か》ぎつけた。そして京都四条《しじょう》で、古道具屋に扮《ふん》した尊攘派の情報屋・古高俊太郎《ふるたかしゅんたろう》を捕縛《ほばく》した。鼎蔵が討幕を説《と》きに加賀藩に出向いた帰り、供《とも》をした男を新撰組は尾行《びこう》し、古高の存在を知ったのだ。

同年六月五日、祇園祭の宵山《よいやま》の賑《にぎ》わいに隠れ、鼎蔵と数十人の攘夷志士らは池田屋《いけだや》の二階にいた。今後の話し合いだ。古高奪還《だっかん》に新撰組を襲撃《しゅうげき》しろ、と議論が白熱する。

——それは無謀《むぼう》だ！　桂殿を呼ばねば——

鼎蔵は激高《げっこう》する志士たちを抑えることに躊躇《ちゅうちょ》した。そのとき、近藤勇と沖田総司《おきたそうじ》ら五名の新撰組隊士が池田屋に乗り込んだ。数十対五。狭《せま》い屋内《おくない》の斬り合いでは、数は有利にならない。さらに土方歳三《ひじかたとしぞう》が率《ひき》いる別働隊《べつどうたい》が合流。二階の志士たちに逃げ場はない。

鼎蔵は腹を括《くく》ると、若き志士たちを逃がすために階下《かいか》の新撰組に突進、逃げ切れぬと悟《さと》ると切腹《せっぷく》した。

有能と信じた友の言うことを信じ続けた情に厚《あつ》い男だが、己《おのれ》の考えは浅はかだった。

高《たか》島《しま》秋《しゅう》帆《はん》

（一七九八―一八六六）幕府の洋学者
幕府の近代化を陰で支えた無欲の才人

高島秋帆《たかしましゅうはん》は寛政十年（一七九八年）、長崎町年寄《ながさきまちどしより》の高島四郎兵衛《しろべえ》の三男に生まれた。士分扱いで、上流町人といった家柄《いえがら》だ。長崎は日本で唯一《ゆいいつ》の貿易港《ぼうえきこう》で、秋帆は少年時代からさまざまな形で海外事情に触《ふ》れて育った、

文化五年（一八〇八年）八月、フェートン号事件が起こった。イギリス船フェートン号が、長崎港に侵入してオランダ船を攻撃したのだ。長崎奉行所《ぶぎょうしょ》はなす術《すべ》もなく、友好国の船が痛めつけられる様を見守るしかない。この事件を目《ま》の当たりにした一一歳の秋帆は、日本に進んだ軍備が必要だと感じた。

秋帆は、日本の荻野流砲術《おぎのりゅうほうじゅつ》を身につけるが、それだけでは満足できなかった。そこで、特別に出島《でじま》のオランダ人・ストゥルレルに頼み込み、オランダ流砲術を学んだ。

秋帆は天保六年（一八三五年）に、臼砲《きゅうほう》という西洋風の大砲の鋳造《ちゅうぞう》に成功した。この成功に気をよくした秋帆は、自分の砲術の流派として、高島流砲術を起こす。秋帆はオラ

ンダの砲術入門書を翻訳《ほんやく》した。『高島流砲術秘伝書《ひでんしょ》』を、自流の手引書《てびきしょ》とした。秋帆は三八歳になっていた。この五年後、阿片《あへん》戦争の情報が長崎にもたらされた。清《しん》国の大軍が、近代装備を持つイギリス軍に敗《やぶ》れたのだ。

この事件を知った秋帆はいたたまれずに、幕府《ばくふ》へ西洋砲術の採用を進言《しんげん》した。身分の低い秋帆が幕府に意見することは、一つ間違えば幕府の有力者の怒りを買う。だが、秋帆は運がよかった。当時の老中《ろうじゅう》・水野忠邦《みずのただくに》は話のわかる人物だったのだ。秋帆は江戸に召《め》し出され、韮山代官《にらやまだいかん》・江川英龍《えがわひでたつ》に砲術を伝授《でんじゅ》するように命じられた。この後、英龍は秋帆の弟子として、多くの幕臣《ばくしん》や諸藩《しょはん》の家臣《かしん》に高島流砲術を教えた。

しかしこの高島流砲術の広がりが、秋帆を不幸に突き落とす。

西洋嫌《ぎら》いの江戸町奉行《まちぶぎょう》・鳥居耀蔵《とりいようぞう》から目をつけられた秋帆は、不条理《ふじょうり》な怒りを買ったのだ。弘化三年（一八四六年）、秋帆は四八歳であった。鳥居の策略《さくりやく》に嵌《は》められた秋帆は、「怪《あや》しい伴天連《バテレン》の手先」として町奉行所に裁かれたのだ。老中・水野の手前、秋帆は入牢《にゅうろう》こそしなかったが、武蔵国・岡部《おかべ》藩預かりで蟄居謹慎《ちっきょきんしん》の身となった。

ペリーが来航した嘉永六年（一八五三年）、秋帆は砲術の弟子・江川英龍の口利きで、ようやく赦免《しゃめん》された。外国の脅威《きょうい》が迫《せま》る今こそ、秋帆の砲術が幕府に必要だったからだ。

秋帆は囚人《しゅうじん》に近い立場から、一気に海防掛《かいぼうかかり》御用扱《ごようあつかい》に出世《しゅっせ》した。このときかれは、幕府に『嘉永上書《じょうしょ》』と呼ばれる二度目の意見書を提出した。それは、武備《ぶび》を調《ととの》えて開国《かいこく》せよと説《と》くものである。その中には、

「刀槍《とうそう》に長《ちょう》じて勇気があっても、優秀《ゆうしゅう》な火器を備《そな》えていなければ利《り》はない」

といった過激な文言《もんごん》もあった。剣に生きる侍が知れば、激怒するだろう。

それを見た英龍は保釈《ほしゃく》されたばかりの秋帆の身を案《あん》じた。「時機を見て提出しては……」と忠言《ちゅうげん》したが、秋帆は聞き入れない。

「時機を待つのは出世を求める策士の振《ふ》る舞《ま》いぞ。国を思う侍《さむらい》のすることではない！」

命懸けの上書だった。この意見書は幕閣《ばっかく》の高い評価を受けた。秀逸《しゅういつ》な中身と、我が身の保身を顧《かえり》みぬ真摯《しんし》さが伝わったのだ。そして江川英龍、川路聖謨ら秋帆門下《もんか》の秀才《しゅうさい》たちも幕府に登用され、幕府近代化に尽《つ》くした。低い身分の出である秋帆には、権力欲はない。かれはあくまでも一介《いっかい》の砲術家に徹《てっ》し、国を守るために幕府に仕《つか》えた。

秋帆は慶応二年（一八六六年）、六九歳で病死した。病《やまい》の直前まで、講武所《こうぶしょ》で師範《しはん》として働き続けて、弱り行く幕府を見ながら、ただ国のためだけに生きたのである。

有村次左衛門《ありむらじざえもん》

（一八三九—六〇）薩摩の攘夷派

井伊大老の首を斬り落とした男

有村次左衛門は天保十年（一八三九年）、薩摩藩の下級武士の家に生まれた。父・仁右衛門は曲がったことが大嫌いな硬骨漢《こうこつかん》。母は連寿尼《れんじゅに》の号を持つ歌人で、尊皇《そんのう》思想を学んでいた。次左衛門は、この父母による厳しい躾《しつけ》を受けて、立派な若者に育った。

次左衛門には、海江田信義《のぶよし》という海江田家に養子《ようし》として迎えられた剣の使い手の兄がいた。次左衛門も剣術で才能を示し、薩摩の示現流の達人となった。

次左衛門の若いときに父・仁右衛門が、藩の裁許方《さいきよがた》の上役に対し、依怙贔屓《えこひいき》による公私混同を非難する事件が起こった。上役の策謀《さくぼう》によって、仁右衛門は裁許方の職務から外《はず》された。身分は薩摩藩士のままではあったが、有村家の収入は大幅に減少した。次左衛門の将来の出世の道も閉ざされた。

ペリー来航に始まる混乱の中、大老《たいろう》・井伊直弼は幕府で独裁《どくさい》体制を作り上げた。次左衛門は、幕府の政治や国際情勢、薩摩藩政すらも蚊帳《かや》の外である。

——この国は、井伊のために異人に売り渡されようとしている！　藩政から外された有村家では……おれには何もできぬのか……——

どうにもならない不満の中で、兄の海江田信義が次左衛門に声をかけた。

「我らの手で、帝《みかど》と日本のために、売国《ばいこく》・井伊を斬るのじゃ！　さすれば攘夷《じょうい》思想を持たれる島津の殿様は、我らをお認めくださるであろう。そして、お前の才能を高く買ってくださるに違いない」このとき信義は、尊攘《そんじょう》思想の精忠組《せいちゅうぐみ》に属していた。信義は次左衛門を、同志の大久保利通《おおくぼとしみち》に紹介した。

次左衛門は精忠組に共感した。信義も次左衛門も、若い侍でありながら、武士としての未来を閉ざされた。それゆえに、自棄《じき》の心持ちがないとは言えまい。

次左衛門は、安政六年（一八五九年）秋、大久保や兄らの精忠組に従《したが》って、江戸に出た。このとき次左衛門は、二一歳だった。

精忠組は、脱藩《だっぱん》した水戸攘夷志士らと緊密に連絡をとり、井伊暗殺の計画を進めた。

だがこの計画は、思いがけないところから破綻《はたん》する。精忠組の中心であった大久保らが、薩摩藩主（島津忠義《ただよし》）の父・久光から国許《くにもと》に呼び戻されたのだ。大久保と兄・信義は、久光の「薩摩に帰れば、よい地位につけてやる」という話に釣られた。次左衛門にはお声がかからなかったが、兄の信義とともに帰郷すれば、兄による引き立てを期待できた。しかし次左衛門は、自《みずか》らの信念を貫《つらぬ》く道をとった。

——出世の道がないから井伊暗殺を謀《はか》ったのではない！　すべては正義のためだ——

次左衛門は兄らと離れ、水戸攘夷派に頭を下げ、井伊暗殺の一員に加えてもらった。

万延《まんえん》元年（一八六〇年）三月三日、雪降る朝。水戸人十七名、薩摩人一名からなる暗殺者は、井伊の登城《とじょう》行列に斬り込んだ。

大胆にも、江戸城桜田門の目前だ。素早く遂行《すいこう》せねば、城の警備が駆けつける。次左衛門は井伊の行列の最前に躍《おど》りでた。愛刀で大老の駕籠《かご》を串刺しにし、井伊を引きずり出すと斬首した。鬼神《きじん》のような戦いぶりだが、井伊側もやられるままではない。

次左衛門は複数の傷を負《お》うが、かまわず井伊の首を抱えて走り去る。その後ろを井伊の家臣、彦根《ひこね》藩士・小河原秀之丞《おがわらひでのじょう》が追いつき、次左衛門を背後から斬った。深い傷だが次左衛門は必死に逃亡。小河原をふりきり逃げきったが、助かる傷ではない。終焉《しゅうえん》を悟《さと》った次左衛門は、心静かに切腹した。

二二歳の若さで、大輪《たいりん》の花火の如《ごと》く燃えて消えた次左衛門。かれはこの国に、どのような未来を思い逝《い》ったのか。兄・信義はその後、新政府で貴族院《きぞくいん》議員に出世した。

梁川星巌《やながわせいがん》

（一七八九―一八五八）民間の攘夷派

天才詩家の顔の陰で暗躍した攘夷派

梁川星巌《やながわせいがん》は寛政元年（一七八九年）、美濃国安八郡《あんぱちぐん》曾根村《そね》（岐阜県大垣市《おおがき》）に生まれた。裕福《ゆうふく》な郷士の家の出で、星巌は気ままに育った。かれが詩作に才能を見せると、親は学費を惜しまず、江戸へ遊学をさせてくれた。

星巌は漢学と詩文を学ぶため、博識《はくしき》多学の儒学者《じゆがくしゃ》、山本北山《やまもとほくざん》の奚疑塾《けいぎじゆく》に一九歳で入門した。とはいえ若者に、大都市江戸は誘惑が多い。星巌は放蕩《ほうとう》生活に溺《おぼ》れ、直《じき》に国へ帰る羽目になった。だが翌年、星巌は江戸に戻り、奚疑塾に復学した。心を入れ替え、漢学・詩文に励み、江戸で活躍中の詩人たちと交遊した。

文化十四年（一八一七年）、星巌は二九歳で帰郷《ききょう》し、私塾《しじゆく》・梨花村草舎《りかそんそうしゃ》を作り、詩人仲間と詩社《ししゃ》（詩人で組織した団体）を開く。星巌の私塾には、又従妹《またいとこ》の少女も通《かよ》ってきた。少女は、博学《はくがく》で年上の身内である星巌に憧《あこが》れた。星巌が三二歳、少女が一七歳になると、二人は夫婦となった。妻は後《のち》に、幕末の女流詩人・紅蘭《こうらん》の号で活躍する。

星巌は妻帯《さいたい》しても、生活態度を改めない。放浪癖《ほうろうへき》があり、新婚早々、妻・紅蘭を残して二年近く家に帰らなかった。だが、紅蘭は夫を待ち続け、家を守りながら詩学を勉強した。家に帰った星巌は、紅蘭が作った詩にその才能を見た。自分を尊敬し、待ち続ける健気《けなげ》な愛に心を打たれた。

以後、当時では珍しい夫婦連れで放浪の旅に出る。妻とともに九州各地を西遊《せいゆう》した。天保五年（一八三四年）、二人は江戸の神田《かんだ》お玉《たま》が池《いけ》で吟社《ぎんしゃ》を作り、詩歌に励んだ。そして星巌は江戸の詩壇《しだん》の盟主《めいしゅ》となった。名実の伴《ともな》った星巌の下に人は集まる。この頃から、水戸藩主の補佐で尊攘《そんじょう》主義者の藤田東湖や、幕府の文教政策の推進者《すいしんしゃ》であった松代《まつしろ》藩の佐久間《さくま》象山《しょうざん》らと交遊が始まった。

星巌はかれらから、尊皇《そんのう》論を中心とした多大な影響を受けたが、それは、漢学の道徳に立つ形式的なものにすぎなかった。やがて時事に関心を深めた星巌は、弘化二年（一八四五年）、江戸の吟社を閉めて国に帰った。これが星巌の人生を変える。

星巌は詩の大家《たいか》であることを隠れ蓑《みの》に、幕末攘夷《じょうい》志士の世話役を始めたのである。帰郷《かく》した翌年、星巌夫婦は京都に移住した。星巌は庭で花を作り、紅蘭は琴を弾《ひ》き、共に詩作し、穏やかに過ごす晩年の夫婦。その陰で、吉田松陰、西郷隆盛、梅田雲浜、頼三《らいみ》樹三郎《きさぶろう》などの儒教《じゅきょう》にも優《すぐ》れた尊攘派が出入りしていた。政治思想家たちの溜まり場である。星巌も、討幕の密旨《みっし》などの朝廷《ちょうてい》工作を続けていた。

尊皇攘夷の大物がこれだけ出入りしていて、幕府側に見つからないわけがない。安政五年（一八五八年）、井伊大老は反対派や尊攘運動の活動家の弾圧を始める。その手は、京都にいた星巌のもとにも迫《せま》っていた。だがこのとき、京都ではコレラが流行《はや》っていた。星巌はこのコレラに罹《かか》った。齢《よわい》七〇の星巌の老体に激しい苦しみが襲う。

——猛病《もうびょう》虎狼痢。最早《もはや》助かるまい。しかし、男子たるもの見苦しい最期《さいご》は晒《さら》せぬ——

星巌は懸命《けんめい》に病《やまい》の苦痛に耐え、妻を別室に下がらせた。頼三樹三郎の手を借り、正座姿で絶命した。安政の大獄の五日前、九月二日のことであった。

この後、安政の大獄で梅田雲浜、頼三樹三郎、吉田松陰らの尊攘派が逮捕され、獄死や刑死した。紅蘭も捕《つか》まり激しい尋問《じんもん》にあったが、彼女は「何も知らぬ」と押し通した。星巌を慕う、強く賢《かしこ》い女であった。

学者から政治運動家に転身した星巌だが、生涯で五千首以上の詩を詠んだ。星巌の死は詩の大家だけに「死（詩）に上手」と語られた。はたして星巌本人は、上手《うま》い死に様と思えたのだろうか。

佐々木唯三郎《ささきただざぶろう》

（一八三三―一八六八）佐幕派の幕臣
忠誠の代名詞。幕府に尽くした凄腕剣士

佐々木唯三郎《ささきただざぶろう》は天保四年（一八三三年）、会津藩士・佐々木源八《げんぱち》の三男に生まれた。

少年時代の唯三郎は、武士道を重んじる会津藩の教育のもとで、一心に武芸の修養に励んだ。かれは精武流《せいぶりゅう》の小太刀《こだち》を習い、沖津庄之助《おきつしょうのすけ》から槍を教わった。特筆すべきは、小太刀、槍共《とも》に、元服《げんぷく》前には奥義に達する腕前を得たことである。とくに唯三郎の小太刀は神技といわれ、藩内から「小太刀日本一」と称えられた。

唯三郎は、酒や賭博《とばく》といった世俗的な遊びに関心がなかった。学問は会津藩士として人並みのものを身につけたが、能吏《のうり》になるよりは、才のある剣技で国の役に立つべきだと思っていた。このように考えていた唯三郎のもとに、遠い親戚筋《しんせきすじ》の旗本・佐々木矢太夫から嬉《うれ》しい話がもたらされた。佐々木矢太夫の養子の誘いである。旗本として幕府に仕えることができる。唯三郎は大喜びでその話を受け、江戸に向かった。

唯三郎は武芸の腕を認められて、幕府の講武所で、山岡鉄舟らとともに剣術師範役《しはんやく》を務《つと》

めた。江戸に出た唯三郎の生活に、徐々に不穏《ふおん》な空気が漂《ただよ》ってきた。嘉永六年（一八五三年）のペリー来航に始まる混乱の中で、幕府に反発する攘夷《じょうい》主義者の動きが目立ってきたからである。攘夷派を苦々《にがにが》しく思いながらも、唯三郎は日々の勤めに励んだ。己《おのれ》の武芸の才で、剣に優《すぐ》れた幕府のお役に立つ青年を育てていく。

文久二年（一八六二年）、三〇歳の唯三郎のもとに、人を介して清河八郎という学問に才がある者が近づいてきた。清河は弁が立つ。かれは唯三郎にこう語った。

「江戸には腕の立つ浪人が多い。かれらを遊ばせておくのは損だと思わぬか。集めて京都に送り、幕府に敵対する輩《やから》の取り締まりをさせてはいかがだろう」

武芸には長《た》けても政略に疎《うと》い唯三郎は、清河の主張に引きずられていった。そして幕閣《ばっかく》が清河の献言《けんげん》を受けて、浪士隊の結成に踏み切ると、清河に近しい唯三郎は浪士隊取締《とりしまり》役並出役《やくなみでやく》に任命された。浪士隊取締に就《つ》いた山岡鉄舟と、清河ら約三百人の浪人を連れて、京都に赴《おもむ》くことになったのだ。

翌文久三年初めに、浪士隊は京都に到着した。だがそこで唯三郎を驚かす出来事が起きた。清河が密かに薩摩などの攘夷派と連絡をとり、集めた浪人の多くを攘夷派に引き込もうと策をめぐらせていたのだ。唯三郎は山岡鉄舟と相談し、直《ただ》ちに浪人たちを江戸へ帰らせた。腕の立つ唯三郎や山岡の決定に、清河は逆《さか》らえなかった。

この清河の一件に対する責任が、唯三郎の心に重くのしかかった。「京都警備」と言って人を集めておいて、それを取り止めた。幕府に大きな恥をかかせたのである。

江戸に戻ってまもなく、唯三郎は清河暗殺の下命《かめい》を受けた。清河の罪を幕府は表沙汰《おもてざた》にできない。唯三郎は清河を暗殺した。

次いで唯三郎は京都に上《のぼ》り、見廻組《みまわりぐみ》の一人として攘夷派、討幕《とうばく》派を次々に斬った。

小太刀の腕が神技の唯三郎は、暗殺者として適任だった。幕府を陰から守る汚れた役目を自《みずか》ら負《お》った。しかし唯三郎の働きも空《むな》しく、幕府は大政奉還を迎えたのである。

慶応四年（一八六八年）一月、鳥羽伏見の戦いが始まると、唯三郎は徳川方の遊撃隊《ゆうげきたい》の隊長を務《つと》めた。徳川の長である徳川慶喜は早々に戦場から逃げ出したが、それでも最前線で唯三郎は戦った。唯三郎は勇戦《ゆうせん》したが銃弾を受けて、瀕死《ひんし》の重傷を負って倒れた。なんとか和歌山《わかやま》まで逃《のが》れたが力尽《つ》き、唯三郎は部下たちに惜しまれつつ事切れた。享年《きょうねん》三六歳だった。幕府の敵に対する唯三郎の戦いぶりは、鬼神《きじん》のようであった。暗殺者にまでなった唯三郎は、何を思って神技の小太刀の腕をふるったのだろうか。忠義に従《したが》い、ただひたすら幕府を思い、己の能力すべてを使って国に尽くしたのだろうか。

周布政之助《すふまさのすけ》

（一八二三―六四）長州の討幕派
明治維新を目前に力尽きた

周布政之助《すふまさのすけ》は文政六年（一八二三年）三月に生まれた。父・周布兼正《かねまさ》は長州藩の中級の武士の家柄《いえがら》であったが、母は村田清風《むらたせいふう》の親族である。清風は思い切った藩政改革によって、長州藩を雄藩《ゆうはん》に押し上げた人物であった。このおかげで、年頃になった優秀な政之助は「村田清風の政治的な後継者」と目《もく》されていた。政之助が生まれて数カ月で、父と兄が続けて没《ぼっ》したために、政之助は僅《わず》か生後六カ月で六十八石の当主になった。母は当主に相応《ふさわ》しい厳しい躾《しつけ》を行い、政之助は学問や政務に通じた若者に成長した。

嘉永六年（一八五三年）、三一歳で政之助は藩政の中枢《ちゅうすう》に起用された。この年、ペリーが浦賀《うらが》に来航した。これを機に政之助は、ただちに大幅な兵制改革、軍備増強をすべきと主張する。欧米強国に対抗する軍備予算を前提として、極端《きょくたん》な財政整理を行った。この政策は長州藩の若い武士の心をつかんだ。急進的な財政改革による大幅な人員解雇が奥向きまで及んだ時に、政之助は謹慎《きんしん》を命じられた。やりすぎて敵を作ったのだ。藩政に関与《かんよ》して僅か二年であった。

政之助は才気走《さいきばし》った自信家で、学問に出世に順調だったが、これが最初の挫折《ざせつ》となった。長州藩は藩政改革に頓挫《とんざ》し、政之助は自分の才能を発揮できずに悔やんだ。

この後、開国策を進める大老《たいろう》・井伊直弼と長州藩との反目《はんもく》が表面化し、長州藩内で攘《じょう》夷《い》の声が高まった。この動きの中で、安政四年（一八五七年）二月に、政之助は謹慎を解かれた。かれは市井《しせい》の民《たみ》のための政策を基《もと》として働き、翌年七月には再び藩政中枢に起用された。政之助らの指導によって長州藩の、軍制、学制等の改革が急速に進められた。

政之助は海外事情に通じた吉田松陰とその門下に理解を示し、幕府から保護した。政之助は松陰門下の桂小五郎とともに、軍事の知識に通じた大村益次郎《おおむらますじろう》を藩に招いた。小五郎ら若い攘夷志士は、政之助を話のわかる重臣と慕《した》った。

だが政之助の理念は「攘夷後開国論」であった。『対先進国の外圧に対して日本人、日本国の挙国一致《きょこくいっち》が第一。攘夷で外国の日本介入を排除した後、進んだ西洋の知識と技術を取り入れ、日本を強固にした後に、日本は開国し、世界に出る』

文久元年（一八六一年）、長州藩士の長井雅楽や、井伊大老死後の老中《ろうじゅう》・安藤信正《あんどうのぶまさ》は公武合体政策を推進した。政之助は挙国一致の近道と賛同したが、安藤政権の政治能力の低さを早々に見切った。すると尊皇《そんのう》による挙国一致を目指した政之助は、藩主の朝廷への公武合体政策の進言を阻止《そし》しようとし、二度目の謹慎処分を受けたが、尊皇攘夷の根回しはやめなかった。政之助の持つ政治哲学は明快《めいかい》だった。

――「挙国一致」をする手立ては公武合体でも尊皇討幕《とうばく》でもかまわぬ。理念を間違わねば手段は問わぬ――

二カ月後、尊攘《そんじょう》派が藩政を握《にぎ》り、謹慎を解かれた政之助は、朝廷や諸藩に尊攘周旋《しゅうせん》を進めた。文久三年（一八六三年）四月、政之助ら長州藩の動きの甲斐《かい》もあり、幕府は朝廷に対して攘夷実行を約束した。しかし幕府側の会津藩と薩摩藩が、京都で八月十八日の政変を起こし、朝廷から攘夷派を追った。この政変により政之助の立場は最悪になる。さらに翌元治元年七月の京都の禁門の変で、長州軍は会津・薩摩連合軍に大敗。八月には欧米四カ国の連合艦隊に下関を砲撃され、長州藩は大きな痛手《いたで》を受けた。

これにより佐幕《さばく》派が政権を握り、政之助は完全に失脚《しっきゃく》。目指した挙国一致は遠ざかり、元治元年九月、政之助は絶望し、四二歳で自尽《じじん》した。

政之助は確固《かっこ》たる日本の展望を観《み》た哲学ある政治家だが、自死の五カ月後に高杉晋作、桂小五郎ら討幕派が藩政を握るとは思わなかったのだ。早まった死であった。

男谷精一郎《おだにせいいちろう》

（一七九八—一八六四）幕臣に仕えた剣客
平和な時代に先見の明を持った剣の達人

男谷精一郎《おだにせいいちろう》は、勝海舟の又従兄弟《またいとこ》であり、義理の従兄弟《いとこ》でもある。成人した精一郎は、実父の従兄弟である男谷四郎《しろう》の家に婿養子《むこようし》に入るが、養父の弟の勝小吉《こきち》は海舟の父である。精一郎は海舟が生まれる二十五年前の、寛政十年（一七九八年）元旦《がんたん》に生まれた。その頃の江戸は幕府《ばくふ》が安泰《あんたい》で平和の続いた時代であった。

精一郎は幼《おさな》い頃から文武に励《はげ》んだ。書画を好み、優《すぐ》れた軍師である楠木正成《くすのきまさしげ》や諸葛孔明《しょかつこうめい》に傾倒《けいとう》し、早くから兵法、武術に興味を持った。八歳で直心影流《じきしんかげりゅう》の団野義高《だんのよしたか》の弟子になる。兵学は、儒学《じゅがく》と兵学で名高い平山子竜《ひらやましりゅう》から学び、さらに宝蔵院流槍術や吉田流《よしだりゅう》弓術《きゅうじゅつ》も学んだ。

精一郎は二七歳で、師匠から直心影流の印可《いんか》を受けた。直心影流の十三代目を嗣《つ》ぐと、麻布狸穴《あざぶまみあな》に道場を開き「直心影流男谷派」を称した。江戸で一番の剣客《けんかく》と言ってもよい剣技を持ったが、精一郎は剣豪《けんごう》と対極の佇《たたず》まいであった。ふっくらした体形に、常《つね》に柔和《にゅうわ》な表情、柔らかな立ち居振る舞い、剣豪らしからぬ人柄《ひとがら》であった。

精一郎は、当時の道場主の多くが嫌った他流仕合《たりゅうじあい》を好んで行《おこな》った。仕合は三本勝負で行い、精一郎は全勝する腕を持ちながらも必ず一本負けた。全勝記録を作ることや、相手をやりこめることが目的ではないからだ。ゆえに相手の面子《めんつ》を立てて、一本は敗れてみせた。他流仕合の目的は他者の長所を学び、自分の短所を知るための、剣技向上の研究だからである。精一郎は、剣は剣術、槍は槍術でよい、流派は意味がないものと考えていた。

豊前から江戸に出てきた剣術家の島田虎之助《しまだとらのすけ》は、精一郎との仕合に一勝して、「強いが最強というほどではない」と判断した。その後、虎之助は全《まった》く勝てない剣豪に遭遇《そうぐう》する。その剣豪は虎之助に、精一郎への弟子入りと再仕合を勧めたのである。再仕合の結果、精一郎のずば抜けた腕前を実感した虎之助は、精一郎のもとで剣術に励んだ。

精一郎が狸穴で道場を開いた翌年の文政八年（一八二五年）、幕府は異国船打払令《いこくせんうちはらいれい》を出した。江戸は一見、平和であったが、精一郎の生まれる数年前から、ロシア、オランダ、イギリス、アメリカなどの船が日本近海に出没し、日本はずっと対外的な緊張が続いていた。精一郎は洋学《ようがく》は学ばなかったが、兵学の心得《こころえ》を踏まえ、このような日本の対外環境に対し、国防に強い関心を持っていた。

そこへ嘉永六年（一八五三年）、ペリー来航に始まる政治の混乱が始まった。国を憂《うれ》える精一郎は、老中《ろうじゅう》・阿部正弘《あべまさひろ》に講武所の設立を建議《けんぎ》した。武芸を通じて幕府に役立つ人材を育てようというのだ。平穏《へいおん》な時代が長く続いたため、幕臣には実践的《じっせんてき》な戦《いくさ》の能力が欠けていた。武術で高名な精一郎の建言《けんげん》に、老中は進んで従《したが》った。

安政三年（一八五六年）、築地《つきじ》の講武所開設にあたり、五九歳の精一郎は講武所頭取《とうどり》に任命された。講武所で剣術師範《しはん》を務《つと》めた精一郎は、これからは個人の剣技で戦う時代ではないことを理解していた。そのためにさまざまな兵法から、集団で戦う戦術を模索《もさく》した。長いこと縁《えん》のなかった国対国の大掛かりな戦が、今後起こりえる可能性を想定し、人材を育てた。

精一郎は講武所奉行並《ぶぎょうなみ》に昇進し、講武所からは後《のち》の幕末維新《ばくまついしん》で働いた山岡鉄舟、佐々木唯三郎らの優秀な人材を輩出《はいしゅつ》した。しかし精一郎が育てた人材をもってしても幕府の崩壊《ほうかい》は防《ふせ》げなかった。

元治元年（一八六四年）、精一郎は六七歳で没《ぼっ》した。国防に対する先見の明があっても、倒幕《とうばく》派との戦は想像できなかったことだろう。もし精一郎が気力体力溢《あふ》れる頃から講武所を開き、広く人材育成に努《つと》めていたなら、幕末の歴史は変わっただろうか。

真木和泉《まきいずみ》

（一八一三―六四）久留米出身の攘夷派
神職でありながら尊攘派の過激派として散った

真木和泉守保臣《やすおみ》は文化十年（一八一三年）、筑後国久留米《くるめ》城下、水天宮《すいてんぐう》の大宮司《だいぐうじ》を代々務める旧家に生まれた。真木家は、平知盛《たいらのとももり》の孫の家筋《いえすじ》といわれる。水天宮は安徳天皇《あんとくてんのう》等を祭神《さいじん》とし、久留米藩主・有馬家の崇敬《すうけい》を受けてきた。父を早くに亡《な》くした和泉は一一歳で家督《かとく》を嗣《つ》いだ。水天宮二十二代目大宮司で、藩臣の中では中小姓《ちゅうこしょう》格《かく》である。

和泉は二〇歳で朝廷から従五位下《じゅごいのげ》和泉守の官位を授かったために、朝臣《ちょうしん》の意識を持った。その頃から「真木和泉」と呼ばれた。

若い頃の和泉は学問に耽《ふけ》った。儒学、国学、和歌などを学び、藩校で優秀な成績を上げた。宮司の家だからか、日本の古典や神道に特に関心を持った。朝臣意識の強い和泉はやがて、国防と尊皇論《そんのうろん》について書かれた『新論《しんろん》』の著者で、水戸学の大家《たいか》である会沢正志斎（191ページ）に強い興味を持つ。

弘化元年（一八四四年）、和泉は一年、江戸に遊学した。それを機会に会沢正志斎の教えを受けに水戸に向かった。正志斎は三二歳の和泉より、三一歳年長の六三歳だ。このときペリー来航の九年前だが、正志斎は激しい尊皇論者ですでに攘夷《じょうい》を唱《とな》えていた。蘭学ができた正志斎は、国学、儒学は勿論《もちろん》、漂流イギリス人《じん》の世話をしたことで西欧諸外国についても肌で学んだ賢人《けんじん》だ。和泉が正志斎から学んだのは僅《わず》か七日間だが、満遍《まんべん》なく学問に長《た》けた老年の正志斎に触《ふ》れた濃密な時間であった。

正志斎に強い影響を受けた和泉は、先鋭的《せんえいてき》な尊攘論者《そんじょうろんしゃ》になっていく。朝廷のために幕府と戦った楠木正成を敬愛《けいあい》し、命日月忌《めいにちづき》に楠公祭《なんこうさい》を毎年営《いとな》んだのも正志斎の影響だ。

しかし和泉は正志斎と違い、実学、洋学の素養《そよう》は全《まった》くない。だからかれは、国学や朱子学を踏まえた大義名分で、人々に尊皇攘夷を勧《すす》めた。現実が見えている教養人は、空論《くうろん》として相手にしない。だが和泉の語りは、不思議と若者を惹《ひ》きつける魅力があった。

帰郷した和泉は、水戸学系の政策勉強会である天保学連《てんぽうがくれん》を結成し、藩主・有馬頼永《よりとお》に藩政改革を勧めた。和泉は「政務を整えて天皇に忠誠を尽《つ》くせ」と説《と》いた。有馬家から崇敬を受けている水天宮大宮司のこの改革政策は、藩の保守派の重臣を敵に回した。

そのため、嘉永《かえい》三年（一八五〇年）に藩主・頼永が没《ぼっ》して保守派が巻き返すと、天保学連分裂で改革が失敗した罪《つみ》として、和泉は嘉永五年に蟄居《ちっきょ》を命じられた。弟が神職を務める水田天満宮《みずたてんまんぐう》の離れで蟄居を始めて三年後（一八五五年）、討幕派《とうばく》の主張の拠所《よりどころ》とされた『大夢記《たいむき》』なども著《あらわ》した。大夢記には「天皇が勤皇《きんのう》の諸大名を率《ひき》いて江戸に東征《とうせい》し、徳川家茂を放逐《ほうちく》せよ」と記《しる》されている。

――天皇の親政《しんせい》が実現さえすれば、万事《ばんじ》がすべてよくなるはずなのだ――

和泉に庶民を救う政策は何もない。ひたすら幕府を倒せと叫《さけ》び、後はすべて天皇にお委《まか》せしようと説くだけだ。こんな単純な討幕論でも、動かされる者が多くいた。蟄居中の和泉の下《もと》に、かれに師事《しじ》する若者が多く集まった。

文久二年（一八六二年）、和泉は藩法《はんぽう》を犯《おか》し蟄居先を逃走。清河八郎、平野国臣《ひらのくにおみ》らが、「先生自《みずか》らお起《た》ちくだされ」と討幕活動を勧めてきたのだ。和泉は同志とともに、京都で挙兵しようと考えた。寺田屋事件だ。失敗に終わったが、和泉は長州藩の攘夷派に助けられ、かれらと行動をともにした。

元治元年（一八六四年）、五二歳になった和泉は、禁門の変で一手の指揮官となり幕府方と戦ったが、長州方の大敗に終わった。和泉は天王山 頂《いただき》に追い詰められ、七月二十一日に同志十六人とともに切腹《せっぷく》した。かれは正志斎の空疎《くうそ》な理論に惑《まど》わされて、道を誤《あやま》ったのだろうか。だがかれの死の四年後に、明治維新が実現した。

河《かわ》上《かみ》彦《げん》斎《さい》

（一八三四—七二）肥後の攘夷派
頑固に攘夷主義を貫いた剣客

河上彦斎《かわかみげんさい》は、天保五年（一八三四年）に肥後《ひご》（熊本《くまもと》県）藩士《はんし》・小森貞助《こもりさだすけ》の次男に生まれ、河上源兵衛《げんべえ》の養子《ようし》になると彦斎を名乗った。河上家は掃除坊主《そうじぼうず》という職を務める下級の武士《ぶし》の家であったが、大志《たいし》を抱く彦斎は若いときからひたすら剣術と学問に励《はげ》んだ。

彦斎は学問を深める中で、池田《いだ》屋の変（一八六四年）において新撰組に討たれたことで知られる攘夷《じょうい》主義者の宮部鼎蔵に心酔し、尊王攘夷論をとるようになっていく。

彦斎が二〇歳のとき（一八五三年）に、ペリーが日本に来航した。江戸詰《えどづめ》を命じられていた彦斎は、黒船《くろふね》の大砲に脅《おび》え、外国人に媚《こ》びる一部の有力者を見て、

「嘆《なげ》かわしい。神国日本《しんこくにほん》の男子たるものすべては腕《うで》を磨《みが》き、欧米諸国の侵攻に対抗せねばならぬ」

という信念を固めた。これから間もなく、日本国内で攘夷運動が高まり、外国人殺傷事件などが起きた。しかし考え深く、徒党《ととう》を組むことを好まぬ彦斎は、安易《あんい》に動かなかっ

た。肥後藩の攘夷派の人々と意見交換したり、藩に「敵を知るために欧米に留学生を送り込むように」という意見を提出したりして、日を送っていたのだ。

彦斎の活躍が目立つようになるのは、文久三年（一八六三年）にかれが藩から朝廷警固《ちょうていけいご》を命じられて上京した後のことである。このときから、彦斎は長州藩の攘夷派に接近した。この前後に『天誅《てんちゅう》』の名のもとの、攘夷派などの暗殺が目立つようになる。

彦斎はこのような中で、こう考えた。

「何としても開明《かいめい》派の学者・佐久間象山を斬らねばならぬ」

そして元治元年（一八六四年）七月十一日に、独断で象山暗殺を決行した。彦斎は山階宮家《やましなのみやけ》を出てくる象山を待ち伏せた。かれの振るった一太刀が、象山に手傷を負《お》わせた。このとき、刀を通して彦斎は相手の人物の大きさを感じとった。だが今さら後には引けない。象山は必死に逃げる。彦斎は「逃がさぬ」と追いすがり、二の太刀を振るったが、それは空を切った。彦斎はさらに追う。まもなく象山が体勢を崩《くず》して倒れるのが見てとれた。彦斎は、追いすがり一気に斬りつけた。この一刀が、身《み》を起こそうとしてもがく象山に致命傷《ちめいしょう》をあたえる。象山はこの傷がもとで亡《な》くなった。

この暗殺の後、彦斎の心に言い知れぬ恐怖感がじわじわと広がる。

「日本に大いに役立つ大事な人間を、おれは殺してしまったのではないか？」

彦斎は迷《まよ》い惑《まど》い、人斬りができなくなった。この後、長州藩にあれこれ加担《かたん》しているうちに、明治維新《めいじいしん》を迎える。

ところが大した手柄《てがら》もなく、あくまでも攘夷を主張する彦斎は、新政府から冷遇《れいぐう》された。豊前《ぶぜん》国鶴崎《つるさき》の警備隊長になったものの、間もなく職を解《と》かれたのだ。

彦斎は不満を抱《かか》えて東京《とうきょう》の木戸孝允《きどたかよし》（桂小五郎）を訪《おとず》れた。尊王攘夷派の筆頭《ひっとう》であった孝允は、参議《さんぎ》（ほぼ現在の大臣に相当する）の職について権勢を振るっていた。彦斎は話し合いの席で、孝允から「攘夷は時の方便《ほうべん》だったのだ」という本音を聞かされた。

「真剣に攘夷を考えた者たちを、きさまは利用し謀《たばか》ったのか！」

怒った彦斎は孝允につかみかかり、孝允の鼻に怪我《けが》を負わせたところで、周囲の者に止められた。間もなく彦斎は、孝允の意向を受けた新政府に不穏分子《ふおんぶんし》として捕《と》らえられる。

そして小塚原《こづかっぱら》の刑場《けいじょう》で斬首《ざんしゅ》された。明治四年（一八七一年）十二月三日、新政府と木戸孝允への無念を胸に、彦斎は僅《わず》か三七歳で生涯を閉じた。

かれは周囲の思惑《おもわく》を一切考えず、不器用な生き方で、自分の主義をひたすら通そうとした。死の目前で彦斎は、自分の人生を後悔したのだろうか。

中村《なか》村《むら》半《はん》次《じ》郎《ろう》

(一八三八—七七) 薩摩の討幕派
剣技に活路を求めた硬骨漢

中村半次郎《なかむらはんじろう》は、美男だが、身分の低い郷士《ごうし》の子である。幕末の動乱が、かれを『人斬《ひとき》り半次郎』の名で日本中に知らしめることになった。半次郎は天保九年(一八三八年)に、吉野村《よしのむら》の郷士・中村与右衛門《よえもん》の三男として生まれた。兄の一人は早世《そうせい》したが、もう一人の兄が家の跡継《あとつ》ぎであった。

郷士とは、普通の農家と変わらない生活を送りながら、当主を藩邸《はんてい》の下働《したばたら》きとして勤務させられた家である。野良《のら》仕事で稼ぎながら、上級武士の下役《したやく》として報《むく》われることのない雑用にこき使われる。跡継ぎがこのような一生を送る運命にある以上、三男の半次郎も先が見えた人生であった。

しかし半次郎は、その剣の天分《てんぶん》を父に認められ、鹿児島《かごしま》城下の道場に通《かよ》わせてもらうことになった。半次郎が一五歳のときだ。剣の師匠は、示現流《じげんりゅう》の伊集院鴨居《かもい》であった。半次郎は三年間、暗いうちに起きて一里《り》(四キロ)の道のりを歩いて、道場に通い続けた。

ところがその間に、中村家に次々と不幸が降りかかった。父が些細《ささい》な仕事上の間違いを責め立てられ、徳之島《とくのしま》に流され、まもなく兄が没《ぼっ》し、半次郎が家を嗣ぐことになった。一八歳の半次郎は道場を辞《や》め、郷士の当主として、農業で家族を支える決心をした。郷士を継いだ半次郎は、農作業を終えた夜中に一人、山中で剣術に打ち込んだ。木刀で、ひたすら立木《たちき》を相手に稽古《けいこ》したのだ。

七年間にわたって、半次郎は一日に一万回以上も、立木に打ち込みを行《おこな》い続けた。

――より速く、より強く! 今に、おれの剣技が役に立つときがくる――

かれはそう信じ続けた。半次郎が孤独《こどく》な修行を続ける間に、国内の風雲《ふううん》は急を告《つ》げていた。一八五六年のハリス来航から一八六〇年の『桜田門外《さくらだもんがい》の変《へん》』への流れの中で、薩摩人は「幕府は落ち目だ。これからは我が薩摩の時代だ」と語り合った。

文久二年(一八六二年)に、「島津久光が国政を動かそうと、京都さらに江戸に向かう」という話が、半次郎に伝わった。このときの半次郎は一大決心をして「わたくしも久光公《こう》のお供《とも》にお加えくださりませ」と西郷隆盛に頼み込んだ。西郷は、半次郎のすべてを理解したといった表情で、快《こころよ》くその求めに応じた。半次郎はいつかこの恩を返さねば、と肝《きも》に銘《めい》じた。

京都に入って間もなく、半次郎は呉服問屋《ごふくどんや》丸福《まるふく》の娘・お園《その》が数人の不逞浪人《ふていろうにん》に襲われているところを助けに入った。一人ですべての不逞浪人を峰打《みねう》ちで倒し、これが半次郎の武名を高めた。お園は自分を助けた美男の半次郎に惚《ほ》れ、二人は良い仲になった。

翌文久三年（一八六三年）、半次郎は薩摩藩と親しい青蓮院宮《しょうれんいんのみや》の警固《けいご》を命じられた。このとき半次郎は、宮《みや》の暗殺を謀《はか》って邸内に侵入した数人の刺客を斬った。この活躍で、半次郎の名は国中に知れ渡る。

この後、半次郎は薩摩の剣客として、次々に敵を倒して『人斬り』と恐れられるまでになっていった。この功績でかれは、維新《いしん》後に陸軍の幹部（少将、陸軍裁判所長官）に引き立てられ、桐野《きりの》利秋《としあき》と改名した。しかし近代化に必死だった政府では、外国通《つう》の者が重《ちょう》用《よう》され、西郷や利秋（半次郎）のような軍人は大事にされなくなってゆく。

西郷が、劣勢を盛り返そうと朝鮮王国と戦争を始めようとして、一八七三年に大久保利通らに政府を追われた。こうなると利秋は西郷について行く他なくなった。

一八七七年、西南《せいなん》戦争で大恩ある西郷に従《したが》って、壮絶《そうぜつ》な戦死を遂《と》げたのである。

西郷への恩義を忘れてしまえば、閑職《かんしょく》に甘んじたとしても、四〇歳の働き盛りで命を落とすことはなかったであろう。人斬りと恐れられた男の人生の頂点は、六年間だった。

荒井《あらい》郁之助《いくのすけ》

（一八三五―一九〇九）戊申戦争に参加した旧幕臣
剣を捨てた幕府の忠臣

荒井郁之助《あらいいくのすけ》は、高位《こうい》の幕臣《ばくしん》の子に生まれた。かれの父の荒井顕道《あきみち》は、奥州桑折《こおり》の代官《だいかん》まで務《つと》めた人物であった。

郁之助は多くの幕臣と同じく、父の任地《にんち》には行かずに、江戸で育った。父母の厳《きび》しい躾《しつけ》を受けたかれは、

「父の名に恥《は》じない立派《りっぱ》な幕臣になること」

を目標に、文武に励《はげ》んだ。

年頃になると郁之助は、幕府《ばくふ》の官学《かんがく》である昌平坂学問所《しょうへいざかがくもんじょ》で、学んだ。朱子学を身《み》につけたかれは、秀才《しゅうさい》ともてはやされるようになる。

郁之助が一九歳のとき（一八五三年）、ペリーが来航《らいこう》した。黒船《くろふね》の衝撃《しょうげき》を受け、

「これからは、古い朱子学だけでは不十分《ふじゅうぶん》だ」

と郁之助は感じた。そして西洋《せいよう》の進んだ文明に対抗するための実学《じつがく》を志向《しこう》し始めた。

そんな郁之助のところに、長崎海軍伝習所《かいぐんでんしゅうじょ》入りの誘《さそ》いが来た。安政四年（一八五七年）、郁之助が二三歳のときのことである。

長崎で、オランダ人の教官《きょうかん》から多くのことを、郁之助は学んだ。海軍伝習所の先輩《せんぱい》には、勝海舟や榎本武揚《えのもとたけあき》もいた。そのため郁之助は、勝や榎本と深い関《かか》わりを持つようになっていく。

郁之助は海軍伝習所を卒業後しばらくして、海軍操練所頭取《そうれんじょとうどり》、次いで軍艦《ぐんかん》・順動《じゅんどう》の艦《かん》長《ちょう》に任命《にんめい》された。これは郁之助の家柄《いえがら》がよいことによる、特別の抜擢《ばってき》といえた。それによって郁之助は、幕府軍の中心人物への道を歩《あゆ》んでいく。

郁之助は、文久三年（一八六三年）に講武所《こうぶしょ》の取締役《とりしまりやく》に任命された。勝海舟の引き立てによる人事であった。取締役になった郁之助は、講武所で幕府軍の若い武士《ぶし》たちから、兄貴分《あにきぶん》と慕《した》われた。かれは面倒見《めんどうみ》がよく、人望《じんぼう》があったからだ。

世《よ》は目まぐるしく変転《へんてん》し、大政奉還《たいせいほうかん》（一八六七年）、次いで江戸城明け渡し（一八六八年）を迎《むか》えた。この流れの中で郁之助は、薩長《さっちょう》に屈服《くっぷく》するのを潔《いさぎよ》しとしなかった。

郁之助の心情を見透《みす》かすように、榎本武揚から、江戸脱出《だっしゅつ》の誘いが来た。榎本は、「箱館《はこだて》に行ってくれぬか。郁之助殿が拙者《せっしゃ》とともに動いてくだされば、官軍《かんぐん》へ抵抗するために、多くの若者が我等《われら》についてきましょう」

と言った。

郁之助は徳川に最後の忠誠《ちゅうせい》を尽《つ》くすのが武士の務めだと考え、榎本に同行した。箱館到着《とうちゃく》後、「郁之助殿を共和国《きょうわこく》・総裁《そうさい》として全軍の指揮《しき》を願おう」という声が高かった。開城《かいじょう》して幕府がなくなった。だから新政府軍と戦うために榎本らは、未開《みかい》の箱館で新政府とは別の「国」を興《おこ》したのである。

しかし郁之助は総裁の地位を榎本に譲《ゆず》り、自らは海軍奉行《ぶぎょう》となった。このあと箱館戦争となるが、武力の差は圧倒的であった。

敗《やぶ》れた郁之助は新政府に降伏《こうふく》した。

明治五年（一八七二年）に出獄《しゅつごく》した郁之助は、二度と軍務《ぐんむ》に就《つ》かないと誓《ちか》った。その後、かれは学究《がくきゅう》の道を行く。

かれは箱館戦争で縁のあった北海道の発展に尽くそうと考えて、北海道開拓使《かいたくし》に就職し、最後に開拓使農学校《のうがっこう》の校長を務《つと》めた。

さらに中央に活動の場を移し内務省の測量局長や気象台長《きしょうだいちょう》にもなった。その後の郁之助の経歴は、それなりに華《はな》やかであった。

かれは七五歳まで生きて、明治四十二年（一九〇九）に没した。明治の世の終わり近くである。郁之助は外国との二つの戦争に勝ち、近代発展に至《いた》る日本を眼《め》にして逝《い》った。

郁之助は、維新《いしん》前後の自分の働《はたら》きについて一切語《いっさいかた》らなかったという。

文武に優《すぐ》れた郁之助は、勝や榎本のように、新政府の有力者となるべき力量を持っていた。

しかし出獄後の郁之助は、すべての武を捨て、政治から離《はな》れた。

これをきっかけに、才《さい》のあった文人《ぶんじん》としての道に進みたかっただけなのだろうか。もしくは幕府に誓った忠誠から、幕敵《ばくてき》だった新政府に武力で仕《つか》えるのを嫌《きら》ったのだろうか。

郁之助は心を秘《ひ》して、この世《よ》を去った。

佐川官兵衛《さがわかんべえ》

（一八三一―七七）戊申戦争で活躍した会津の勇士
西郷隆盛と並ぶ有能な指揮官

佐川官兵衛《さがわかんべえ》は天保二年（一八三一年）、会津に生まれた。佐川家は、会津藩《はん》三百石取りの物頭《ものがしら》で上流武士《ぶし》の家である。官兵衛の父・直道《なおみち》は厳《きび》しい人で、幼《おさな》い頃から息子に「人の手本となる武士になれ」と教えた。

官兵衛は父の期待に十分応《こた》え、二〇歳を超える頃には、実直《じっちょく》で優《すぐ》れた人柄《ひとがら》が藩内で知られるようになる。そして官兵衛が二八歳のとき、ペリーが来航。以後政治が混乱し、世《よ》論《ろん》では幕府《ばくふ》を非難《ひなん》する声も出てきた。しかし会津藩の武士のすべては、藩主に従った。

そのような時代の中で官兵衛は、若侍《わかざむらい》らに兄貴分として慕《した》われた。若い弟分たちに官兵衛は折《おり》に触《ふ》れ、「事あらば、命を懸《か》けて幕府のために働かねばならぬ」と説《と》いた。言葉は少ないが、私心《ししん》のない公平な姿と、常《つね》に周りの者を温かく気遣《きづか》う官兵衛に、彼の周囲の人々は惹《ひ》きつけられていた。

一八六二年、官兵衛は京都守護《きょうとしゅご》の任についた。主君《しゅくん》の松平容保の命《めい》を受けて、京都に赴《おもむ》き、京都の治安《ちあん》のために、新撰組とともに京都警備《けいび》に励《はげ》んだ。しかし歴史は無残《むざん》にも、徳川幕府を追い込んでいく。幕末《ばくまつ》の数々の戦《いくさ》が続いた。鳥羽伏見の戦い、会津戦争、官兵衛は自《みずか》ら一番危険《きけん》な場所に飛び込む。官軍は、勇敢《ゆうかん》に活躍《かつやく》する彼を「鬼《おに》官兵衛」と呼んで恐れた。

とはいえ、いくら官軍《かんぐん》が官兵衛を恐れても、徳川方の敗北は免《まぬが》れなかった。戦況《せんきょう》がわからぬ官兵衛ではない。だが一八六八年、敗戦が確定した後も主君に実直な官兵衛は、会津で官軍に抵抗《ていこう》を続けた。「降伏《こうふく》せよ」と、松平容保の特使《とくし》が伝令《でんれい》するまで防戦する。

――これで終《しま》いだ……――

降伏後の官兵衛は、東京《とうきょう》で禁固《きんこ》生活の命に大人《おとな》しく従《したが》った。やがて自由を許されると、官兵衛は会津に戻り隠棲《いんせい》生活を送った。

一八七四年、官兵衛の前に、彼の人生を変える人物が訪《おとず》れた。官兵衛は四四歳、当時では隠居《いんきょ》していてもおかしくない年齢《ねんれい》だ。

官兵衛を訪《たず》ねて来た男は、会津戦争で戦った旧敵《きゅうてき》、薩摩藩の出の川路利良《かわじとしよし》であった。川路はこの年、明治政府の内務省の下部機構として設置された。東京警視庁《けいしちょう》の大警視《だいけいし》の任についていた。川路は日本にフランス式警察《けいさつ》システムを導入した男である。

「佐川殿、東京に来い。警察で働け！」

川路の誘《さそ》いに、官兵衛は驚《おどろ》いた。

「私は現政府の敵として戦い、禁固させられていた人間だぞ」

「互いに立場は違えど、国のために戦っただけじゃ。天皇陛下《てんのうへいか》の御許《みもと》、国の秩序《ちつじょ》のために働け。今の日本はお前のような勇猛《ゆうもう》な男を、隠遁《いんとん》させる余裕《よゆう》などない。旧会津藩士《はんし》たちも警察で雇《やと》えるぞ。人選は任せる」

日本は維新《いしん》後の転換《てんかん》期、新しい政府、新しい秩序を作るための有能な人材は、いくらても足《た》りなかった。諸外国に囲《かこ》まれ、属国となるか独立強国となるかの瀬戸際《せとぎわ》であることは、官兵衛も理解していた。

「……良かろう。川路殿のもとで働こう」

これで会津藩に仕《つか》えた家臣《かしん》たちも、職にありつける。かつての会津藩士たちの生活を気にかけていた官兵衛は、安堵《あんど》した。

官兵衛に連れられ上京《じょうきょう》した五百人ほどの会津人は、警察入りすると、実直な仕事ぶりで、市民を守るための勤務《きんむ》に励んだ。

一八七七年、西郷隆盛が反乱を起こし、西南戦争が勃発《ぼっぱつ》した。西郷鎮圧《ちんあつ》に血眼《ちまなこ》になった政府側は、官兵衛に政府軍に加わるよう要請《ようせい》した。官軍を恐れさせた官兵衛と、旧会津藩士の武芸に頼ったのである。

官兵衛にとって、西郷は主君を謀反人《むほんにん》に仕立てた敵であった。しかしすでに政府の下の警察機構の一員として働く官兵衛は、会津藩家臣としての恨《うら》みではなく、政府の要請を受けた一兵として西郷と向かい合った。

官兵衛の率《ひき》いる旧会津藩士三百人で組織した隊は、九州入りすると、西郷軍と華々《はなばな》しく戦った。しかし黒川《くろかわ》の戦いで急襲《きゅうしゅう》をかけた官兵衛は、待ち伏せしていた敵から数発の弾《だん》丸《がん》を受け戦死したのである。

官兵衛は、幕末から維新後の最後の動乱まで戦い続けた最後の武士の一人であった。

篠原国幹《しのはらくにもと》

(一八三六―七七) 薩摩の討幕派
西郷隆盛に惚れ込んだ薩摩の勇者

篠原国幹《しのはらくにもと》は天保七年(一八三六年)、薩摩藩士・篠原善兵衛《ぜんべえ》の子に生まれた。猛者《もさ》の多い薩摩藩の城下町で生まれ育った国幹は少年時代から、学問、武芸を問わず、ずば抜けた秀才であった。藩校の造士館《ぞうしかん》では、漢学や国学を学び第一級の成績をあげた。また多くの師匠から、剣術、槍術、弓術を修め、どの道場でも最強の腕前に至った。

嘉永六年(一八五三年)、ペリー来航の情報が、鹿児島にも伝わった。それにより薩摩にも、水戸の攘夷論《じょういろん》が飛び火してきた。このとき一八歳になっていた国幹は、造士館で師範の手助けをしていたが、早々に流行の学問であった攘夷論にのめり込む。

文武に優《すぐ》れた国幹は、他者より劣《おと》るのが大嫌いな負けず嫌いの青年であった。周囲の者に先んじることを生きがいにしている節《ふし》もあった。ゆえに新しい学問や考え方も熱心に学んだが、清廉《せいれん》で権力欲はない。そんな国幹の周囲に若い武士が集まり、自然に攘夷派の若者たちの指導者になっていく。

国幹は、藩主の覚《おぼ》えがめでたい六つ年上の大久保利通に気に入られ、尊攘《そんじよう》派の先駆《せんく》である精忠組の一員となった。文久二年（一八六二年）、攘夷実現を目指した有馬新七ら精忠組は寺田屋事件を起こした。薩摩藩主は公武合体政策を取る立場上、国幹を含《ふく》めた事件に関《かか》わる者らを処罰した。しかし藩の指導層は、国幹の能力を買っていた。

国幹は間《ま》もなく藩から許され、翌年の薩英《さつえい》戦争では、一部隊の指揮官として奮戦する。元治元年（一八六四年）には、西郷隆盛が国幹を訪ねてきた。国幹と同じように西郷は流《る》刑《けい》処分を許され、藩の重職に起用されたところだった。西郷は藩主の父・島津久光から薩摩軍の総指揮を命じられ、優秀な人材を探していた。

「日本は幕府を倒さねば駄目《だめ》になる。そのために貴殿《きでん》のような優秀な幹部の働きが欠かせぬ。何卒《なにとぞ》某《それがし》に力を御貸《おか》しくだされ」

藩の命令は絶対だ。ゆえに藩の重職につく西郷の立場なら、国幹を一方的に呼び出し、威《い》張《ば》って部下に使うことができる。

――十《とお》も年長であられる西郷殿が、わざわざ若輩《じやくはい》の拙者《せつしや》のもとに、頭を下《さ》げに参られるのか！　なんと義理堅い……――

国幹は西郷に恐縮し、西郷に心酔《しんすい》し、西郷にとことんついていこうと決心した。

慶応四年（一八六八年）、戊辰戦争が始まると、国幹は新政府軍として、西郷の下で方々《ほうぼう》を転戦した。国幹の名を高めるのは、旧幕府軍・彰義隊《しょうぎたい》との江戸での戦いである。

このとき西郷率《ひき》いる薩摩勢は、上野《うえの》の山に拠《よ》る幕府の遺臣で編成された彰義隊への正面攻撃を受け持った。薩摩勢の先頭には、国幹の一隊がいた。国幹の隊は御徒町《おかちまち》の料理屋の二階に陣取り、彰義隊に向け、銃を連射した。上野の山からは、雨のように銃弾が飛んでくる。激しい撃ち合いの末、彰義隊の一角に疲れが見えた。国幹の隊はそれを見逃さず、上野の黒門口《くろもんぐち》へ一気に斬り込みをかける。国幹は先頭に立ち、敵を次々に斬り倒した。これが突破口となり、上野の堅陣《けんじん》は崩《くず》れていったのである。

維新《いしん》後、国幹は政府に出仕し、陸軍少将に出世した。しかし政府内で征韓論政変《せいかんろんせいへん》に敗れた西郷が下野《げや》すると、国幹も少将の地位を惜しげもなく捨て去った。西郷に従いともに鹿児島に下《くだ》った国幹は、西郷らと私学校を興し、その中の銃隊学校を指導した。

それから四年後の明治十年（一八七七年）、廃刀令などの政策で政府に反発した薩摩の士族が、西郷を擁立《ようりつ》して西南戦争を起こした。国幹も私学生らとともに、西郷の下で政府軍と戦った。激しい攻防戦の末、国幹は四二歳で戦死した。西郷という心酔できる人物とともに生き、西郷のために死ぬことを、かれは望んだのだろうか。

大村《おお むら》益次郎《ます じ ろう》

（一八二五―六九）長州の討幕派
長州藩の軍政を一手に握った洋学者

大村益次郎は文政八年（一八二五年）、長州藩の周防国鋳銭司《すぜんじ》村の町医者、村田孝益《むらたたかます》の長男に生まれた。そして四十年後、長州藩主の命で「大村益次郎」と改名する。

益次郎は向学心が強く、家業の医学はもとより最新の洋学（蘭学《らんがく》）に強い関心を示し、一八歳で梅田幽斎《うめだゆうさい》から洋学を学んだ。翌年、広瀬淡窓《ひろせたんそう》から儒学《じゅがく》を学び、二二歳で、より高度な洋学を求めて、日本一の洋学校と評判の適塾《てきじゅく》に入門する。益次郎は入門の翌年に長崎へ遊学《ゆうがく》してオランダ語を学び、再び適塾に戻り多方面にわたる学問を身につけた。かれは特に軍政に惹《ひ》かれた。

――これからは最新の銃を持つ兵隊を将棋の駒のように指揮し、戦略を立てる、軍政に通じた人間が必要になるであろう――

益次郎は、「武士の誇り」を唱《とな》えて、個々の剣技を振るう侍《さむらい》が集団で戦《いくさ》をするより、指揮官の言うとおりに動く近代兵器を携《たずさ》えた凡人を兵隊にして、戦略に長《た》けた指揮官のもとで戦うのが、近代の戦術だと考えた。勉強家であった益次郎は師の洪庵《こうあん》に認められ、二五歳で適塾の塾頭《じゅくとう》に抜擢《ばってき》された。洋学を学ぶ若い塾生を教える立場になった。

ところが塾頭になった翌年の嘉永六年（一八五三年）、益次郎は父の懇願《こんがん》で、郷里《きょうり》に戻り家業を嗣《つ》いだ。しかし医者としての益次郎はすこぶる評判が悪い。患者やその家族に、知識がなければ理解できない説明をして愛想《あいそ》もない。町医者に向かないのだ。

同年九月、益次郎は適塾塾頭の能力を認められ、伊予国宇和島藩《うわじまはん》に武士身分で招かれた。浦賀にペリーが来航して半年が経《た》っていた。益次郎は宇和島で洋学の教授をし、砲台や蒸気船の設計を行《おこな》った。

安政三年（一八五六年）には、東京大学《とうきょうだいがく》の前身にあたる蕃書調所《ばんしょしらべしょ》の教授手伝《てつだい》に迎えられ、益次郎は幕府に仕えた。この頃の益次郎は、「江戸一《えどいち》の蘭学者」と言われていた。ペリーの軍備を目《ま》の当たりにした幕閣《ばっかく》は、西洋の技術の導入に力を入れていた。蕃書調所は、その中心となる機関であった。

万延元年（一八六〇年）四月、益四郎は幕府から引き抜かれ、次いで好条件で長州藩に招かれた。故郷《こきょう》の地である長州への愛着があったのだろう。だがかれは、攘夷《じょうい》、尊皇《そんのう》といった政治には無関心で、西洋の技術に対する興味だけで動いていた。益次郎の指導のもとに、長州藩は軍備の近代化に成功した。益次郎の働きが大きく影響したおかげで、長州藩が幕府の第二次長州遠征《えんせい》を退《しりぞ》け、彰義隊を倒し、戊辰戦争の勝者になれたといえる。

維新《いしん》後の明治二年（一八六九年）七月に益次郎は、新政府の軍政の責任者と呼ぶべき兵部大輔《ひょうぶのたいふ》の地位に就《つ》いた。これにより、かねてから考えていた戦略に則《のっと》った近代的な軍政実現のための改革に着手した。その一つが徴兵制《ちょうへいせい》だ。指揮官の忠実な駒である近代兵器を持った歩兵は、剣に長けた武士ではなく、庶民から集めて訓練した凡人のほうが扱いやすい。この軍政には、近代化に反対する武士の反感をさらに強めた。

同年九月四日、兵学寮《へいがくりょう》と火薬庫の選地《せんち》のために京都へ出張していた益次郎を、近代化に反対する攘夷派浪士八人が暗殺に及《およ》んだ。暗殺は未遂《みすい》に終わったが、益次郎は頭と足に刀による大怪我《おおけが》を負《お》った。治療《ちりょう》を続けるも回復せず、病床《びょうしょう》からも反乱軍に対する軍備の指導をし、軍政改革に助言を残した。そして治療の甲斐《かい》なく、二カ月後の十一月五日、敗血症《はいけつしょう》で息を引き取った。享年《きょうねん》四五歳であった。

軍政に長じた益次郎の存在は、幕府と新政府の命運を分けた一因《いちいん》かもしれない。しかし皮肉にも、益次郎自身が否定した剣技で大怪我を負い、それが原因で命を落としたのであった。

大《だい》楽《らく》源《げん》太《た》郎《ろう》

（一八三二—七一）長州の討幕派
時代の読めない反乱と暗殺の扇動者

大楽源太郎《だいらくげんたろう》の元の名は、山県奥年《おくとし》といい、天保三年（一八三二年）に長州藩の最下級武士の家に生まれた。山県家は藩の重臣、児玉《こだま》家の家来で、いわば藩の又家来《またげらい》である。

源太郎が一〇代後半の頃、日本の知識層に、欧米強国の接近を恐れる声が広がっていた。それゆえに源太郎は、水戸学の書物を読み漁《あさ》り、過激な尊攘《そんじょう》主義者になっていった。

嘉永六年（一八五三年）、ペリー来航で国内が動揺するなか、二二歳の源太郎は京都に出た。頑《かたく》なな尊攘論者で物覚《ものおぼ》えのよい源太郎は、攘夷《じょうい》主義の第一人者の梁川星巌、梅田雲浜らに気に入られた。源太郎は年長のかれらの使い走りをし、重宝されていた。

しかし安政五年（一八五八年）、星巌は病死し、直後の安政の大獄で雲浜らは逮捕される。その少し前に帰藩《きはん》した源太郎は、藩内攘夷派の頭目《とうもく》、久坂玄瑞と親しく交友するようになった。源太郎も久坂も武力で攘夷を実現すべきと考えた。しかし長州の攘夷派の中には、源太郎を理屈っぽいと嫌う者や、身分が低いと侮《あなど》る者もいた。

源太郎は周囲の人間に不満を持ち、文久二年（一八六二年）に再び京都に出た。この頃の京都は、「天誅《てんちゅう》」と称した暗殺が盛んであった。源太郎が直接手を下《くだ》した暗殺は、元治元年（一八六四年）五月の、井伊大老の懐刀《ふところがたな》である長野主膳《ながのしゅぜん》と親しい画家、冷泉為恭《れいぜいためたか》だけである。その三カ月後、京都で禁門の変が起こった。久坂玄瑞に従って、源太郎は長州軍に加わり、御所《ごしょ》の間近で幕府方と激しく戦った。親友の久坂らは負傷して自刃《じじん》し、多くの戦死者を出して長州軍は敗れたが、源太郎は戦火を潜《くぐ》り抜け、故郷の山口へ逃《のが》れた。

幕府は、禁門の変を「長州藩が御所に向かって攻撃をした」として、長州討伐《とうばつ》に出た。長州藩の保守派は、戦争責任者の首を差し出して恭順《きょうじゅん》を示し、切り抜けた。それをよしとしない高杉晋作率《ひき》いる奇兵隊に呼ばれた源太郎は、忠憤隊《ちゅうふんたい》を組織して、恭順派の一掃《いっそう》に加わった。長州藩内の政権を、尊攘討幕《とうばく》派は武力で手に入れたのである。

その後の慶応二年（一八六六年）、源太郎は山口に西山塾《にしやまじゅく》という私塾を開いた。通称西《にし》山書屋《やましょおく》、敬神堂《けいしんどう》などとも呼ばれた、久坂の死をきっかけに、行き詰まりを感じた源太郎は、攘夷の志《こころざし》を持つ若者を多く育てることで国を変えようと考えたのだ。そんな西山塾では、強固な攘夷主義に立つ学問だけが扱われ、偏《かたよ》った人間しか集まらなかった。

長州討伐から戊辰戦争まで、激動の長州藩を指導したのは、西洋学者で兵学の天才学《がっ》究者の大村益次郎（261ページ）だ。益次郎の指揮する長州藩の軍勢には、西山塾の出身者もいた。だが西山塾出身者は軍から冷遇《れいぐう》されていた。攘夷思想が強いあまりに洋学を毛嫌いする源太郎の、時代遅れの思想と教育のせいだ。そんな源太郎は新政府樹立《じゅりつ》後、近代化、西洋化を推し進《お》める明治政府を激しく憎むようになる。源太郎の憎しみは、真っ先に強硬な軍部指導を行《おこな》った益次郎に向けられた。

明治二年（一八六九年）九月の京都で、西山塾生数人を含む集団は「大村益次郎暗殺」を企《くわだ》て、重傷を負わせた。源太郎は、未遂《みすい》に終わった暗殺事件の扇動者《せんどうしゃ》として疑われた。さらに翌年一月、山口で新政府を敵とする脱兵隊《だっぺいたい》の乱が起こった。この反乱にも西山塾の者が多く参加していたため、源太郎は乱の扇動者とされて山口藩からも追われた。

源太郎は九州を逃げ回り、最後に久留米の尊皇《そんのう》派の集まりである応変隊《おうへんたい》を頼った。

応変隊は、かつて奇兵隊の指導をした源太郎を、我が師と歓迎した。しかし尊皇派に対する明治政府の取り締まりが厳しくなり、その手は久留米藩にも及《およ》んだ。隊を黙過《もっか》した久留米旧藩主に恩がある応変隊は、旧藩主にまで被害が及ぶのを恐れ、源太郎の首を政府に差し出そうと考えた。明治四年三月十六日の夜、源太郎は四〇歳で、自分を師と仰《あお》ぐ仲間に殺されたのである――

広《ひろ》沢《さわ》真《さね》臣《おみ》

（一八三三―七一）長州の討幕派
誰が殺した？　明治維新の要となった能吏

広沢真臣《ひろさわさねおみ》は桂小五郎（木戸孝允）とともに、明治維新《めいじいしん》前後の長州藩で指導者的立場にあった。しかし明治四年（一八七一年）、真臣が暗殺されると、長州藩閥《はんばつ》は新政府内で大きく後退した。そして広沢真臣暗殺事件の犯人と真相は未《いま》だもって不明である――

広沢真臣は天保四年（一八三三年）、萩（長州）藩の中流武士・柏村安利《かしむらやすとし》の四男に生まれた。部屋住みで終わる可能性が高い境遇だが、優秀な真臣は将来性をかわれ、一二歳で波多野直忠《はたのなおただ》の婿《むこ》養子に迎えられた。

真臣は元治元年（一八六四年）四月に、藩命《はんめい》で広沢に改姓した。その前年の文久三年（一八六三年）、長州藩は五月に外国船を砲撃し、六月に下関へ上陸した外国の軍隊に大敗した。この頃から桂小五郎は、同年齢の真臣に急接近していた。桂は軍事に長じていたが、自分にはない多様な実務能力を持つ真臣の手を欲したのである。

真臣は、改姓した四ヵ月後である元治元年八月、長州藩を代表して欧米の四ヵ国との和平交渉を担当した。このとき三二歳のかれは、藩に欠かせない能吏《のうり》であった。

その年末、幕府の第一次長州討伐《とうばつ》戦で長州藩が敗れると、真臣は入獄《にゅうごく》させられた。翌年（一八六五年）二月に討幕《とうばく》派が実権を奪い取ると、真臣は保釈され、藩の要職を務め、藩政《はんせい》の中心の一人となっていた。

慶応二年（一八六六年）六月、幕府の第二次長州討伐戦で、真臣は政治指導で長州藩を勝利させ、九月に勝海舟と交渉して和平を実現させた。真臣はこのちょうど一年後、木戸孝允、大久保利通と会談し、武力による討幕の実現を目指す密約を結ぶ。これにより真臣が「討幕の密勅《みっちょく》」を受けたことが、戊辰戦争への流れをつくった。真臣は武芸の人ではないが、優秀な能吏型である。新政府樹立まで、幕末の長州藩の要所には、かれの交渉術や事務能力があった。

明治元年（一八六八年）正月三日、真臣は木戸らとともに新政府の参与《さんよ》に任命された。明治天皇からもその能力を頼りにされた真臣は、「東京遷都《とうきょうせんと》」や諸大名の領地を国有地とする「版籍奉還《はんせきほうかん》」を新政権で主張した。

そして明治二年（一八六九年）七月、新たな官制《かんせい》が発足すると、参議《さんぎ》兼民政を担当する高官である民部大輔《みんぶのたいふ》に任命された。

木戸と並び長州藩を代表する有力者となった真臣は、政策通の能吏としても日本で一、二を争うレベルだった。新政府樹立後も真臣の活躍は続く。その様子はまるで日本の未来とともに邁進《まいしん》するかの如《ごと》く。

三〇代のかれが、このまま日本の改革を進めればどれだけ出世が見込めるだろうか。日本の近代化のために有益な事業をいくつも実現させることができるだろう。かれの能力ならば、いずれは日本国総理大臣も夢ではなかっただろう。生きてさえいれば。

しかしそれは、真臣が三九歳で暗殺されたことで幻に終わった。明治四年（一八七一年）正月九日、真臣は東京麴町《こうじまち》の私邸で、妾《めかけ》と休んでいたところを惨殺されたのだ。二年前に、やはり兵部大輔《ひょうぶのたいふ》であった大村益次郎の「暗殺事件」もあり、懸命《けんめい》な犯人捜索が行われた。

新政府に不満を持つ攘夷派の反政府運動家や旧幕府軍の残党、政府転覆《てんぷく》を狙う陰謀家、さらに真臣の妾と関係を持った広沢家の家令《かれい》・起田正一《きだしょういち》を含め、多くの容疑者が逮捕された。だが日本は近代司法制度の草創期で、東京府、司法省、警視庁などの権限争いで混迷を極め、参座制《さんざせい》（陪審《ばいしん》制度）の裁判ですべての容疑者に無罪判決が下《お》りたのだ。そして真臣の死の真相は、闇《やみ》に消えた。

高杉晋作《たかすぎしんさく》

（一八三九—六六）長州の討幕派
明治新政府の樹立を知らずに若くして病死した鬼才の指揮官

高杉晋作は天保十年（一八三九年）、長州藩の上級武士、高杉春樹《はるき》の長男に生まれた。かれは病弱だったが、筋《すじ》の通らぬことは頑固に認めない激しい気性の持ち主であった。

晋作は藩校の明倫館で学んでいたが、学問よりも剣術に熱心で、柳生新陰流の免許皆伝《かいでん》となった。ろくに勉学に取り組まないが誰から見ても非凡で、書物を少々見るだけで理解できた。ゆえに学問に熱が入らない。そんな晋作の才能を惜しんだのが吉田松陰だった。

安政四年（一八五七年）、一九歳の晋作は久坂玄瑞の誘いで、松陰の開いた松下村塾に通《かよ》い出した。松陰は勉学嫌いの晋作に発破をかけた。一歳下で才ある努力家の玄瑞と競《きそ》わせ、晋作に学問を取り組ませて可愛《かわい》がった。

やがて晋作は玄瑞と並び、松下村塾の双璧《そうへき》と称《たた》えられ、松陰は何事かを決めるときに晋作へ意見を伺《うかが》うほどに信頼した。年齢や学問の能力が近しい学友たちと過ごしたこの一年は、晋作が強い影響を受けた時期であった。この頃の日本は、ペリー来航から四年経《へ》たが、開国後の大混乱が続いていた。師の影響で松下村塾は、国を憂《うれ》いた尊攘主義者の集まりとなるが、晋作はあくまで上級武士の立場でいた。安政五年（一八五八年）、松陰は幕府に捕《つか》まり、翌年に処刑された。松陰処刑の次の年、晋作は美貌《びぼう》と名高い上級武士の娘と結婚し、藩校明倫館の舎長となり、軍艦教授所《ぐんかんきょうじゅしょ》にも入学した。

文久元年（一八六一年）、二三歳の晋作は、藩主の世子《せいし》である毛利定広《さだひろ》の小姓《こしょう》役を命じられた。次代の重職候補となったのだ。

だがその翌年、上海《シャンハイ》へ視察に出掛けたことで、晋作の生き方は大きく変わる。晋作は、欧米の強国に植民地化された清国の悲愴な姿を目の当《ま》たりにし、恐怖を感じた。

――このままイギリス、アメリカ、欧米諸国らに愚鈍《ぐどん》な対応をしていては、我が国も清国と同様に植民地にされるだろう。日本を守るには速《すみ》やかに近代的な軍備を整え、欧米の脅威《きょうい》に立ち向かわねばならぬ。そのためには外国と不平等条約を結ぶ無能な幕府の支配を排し、日本をすべて変えねば……――

こう考えた短気な晋作は、江戸で攘夷《じょうい》派を組織すると早々にイギリス公使館を焼き討ちした。江戸町民らからの賛同が得られると思ったのだ。しかし晋作の考え空《むな》しく、江戸庶民は暴動に便乗も賛同もしなかった。

この暴威《ぼうい》に驚いた長州藩は、慌《あわ》てて晋作を連れ戻した。切腹《せっぷく》ものの凶行だが、藩は貴重な人材を手放せないのである。文久三年（一八六三年）三月、幕府から咎《とが》められる前に、長州藩は十年の暇《いとま》として晋作を遠ざけ、有耶無耶《うやむや》にした。

ところが僅《わず》か二カ月後、晋作は危機に陥《おちい》った藩から急遽《きゅうきょ》呼び戻された。長州藩と欧米の艦隊との戦いが始まり、晋作は早急に軍備立て直しを命じられた。かれは西洋軍制に倣《なら》った新たな軍制を提案、武士身分でない者も採用される奇兵隊を結成した。晋作は、藩の手で討幕《とうばく》をなすつもりでいた。だが元治元年（一八六四年）七月、第一次長州征伐《せいばつ》で長州藩は幕府に降伏した。尊攘派の有力者である晋作は九州に逃亡したが、そのまま黙ってはいない。翌年一月二日、晋作は同志とともに奇兵隊を率《ひき》いて下関で挙兵し、一気に佐幕《さばく》派を追い落とす。尊攘派で藩政を握ると長州藩は討幕を唱えた。

対して幕府は第二次長州征伐を起こす。晋作は長州藩の海軍総督《そうとく》となると、最も目覚《めざ》ましい働きをし、小倉口《こくらぐち》などの各地で幕府を破った。幕府との講和を挟《はさ》みながらも、激しく戦う晋作。しかし慶応二年（一八六六年）十月、病《やまい》に倒れ、半年後に病没した。

短気だが冷静に戦略を練る晋作は、人斬りや粛清《しゅくせい》には走らなかった。国の未来と国防を政治的に考えた晋作は、大政奉還すら知らずに二八歳でこの世を去った。

第三章　源平編

平《たいらの》清《きよ》盛《もり》

（一一一八―八一）平氏の棟梁

先見の明に優れていたが天皇を長とした武士政権を築き損ねた

『平家物語《へいけものがたり》』は平安武将の平清盛《きよもり》を横紙破《よこがみやぶ》りで乱暴な悪役として魅力的に描いているが、実像は対極で、細かい気配りのできる能吏《のうり》であった。清盛の祖父の平正盛《まさもり》は伊勢《いせ》を本拠とした身分の低い伊勢平氏《へいし》だ。正盛は息子の忠盛《ただもり》と二代で、武力、知力、交渉力を駆使し、天皇に近づき、やがて白河《しらかわ》天皇、鳥羽《とば》天皇の信頼を得ていった。

平安末期の元永《げんえい》元年（一一一八年）、平清盛は、平忠盛の長男に生まれた。その頃の忠盛は、法皇側近の有力な武士であった。この時代、天皇に代わり、先帝である上皇、法皇が政治に当たる院政《いんせい》が行《おこな》われていた。

清盛は父の引き立てで順調に出世した。一二歳で中級武官の左兵衛佐《さひようえのすけ》に、二九歳で格の高い地方官の安芸守《あきのかみ》に任命された。清盛の昇進の速度は父より速いが、伊勢平氏の出自ではどれだけ出世しても、院に仕える武士として終わっただろう。清盛は上皇に仕えていたが、歴史に名を残すことなく、名もない武士で生涯を終えたはずだ。

しかしこの頃から、院政は急速に破綻《はたん》し始める。そして農民や没落《ぼつらく》貴族から発生した、地方の自警集団である武士が台頭し、力をつけていった。これでは、いずれ新たな武士の政権を立てる他なくなるだろう。この歴史の転換期に、清盛は父を亡《な》くし、三六歳で忠盛の跡を嗣《つ》いだ。

清盛が三九歳のとき、大きな転機が訪れた。保元《ほうげん》元年（一一五六年）、後白河《ごしらかわ》天皇と崇《す》徳《とく》上皇の間で争いが起きたのだ。保元の乱である。清盛の働きは、後白河天皇の勝利を助けた。この争乱は中央政権に武士が進出する機会となる。

この三年後の平治《へいじ》元年（一一五九年）、後白河上皇の近臣の藤原信頼《ふじわらののぶより》と源義朝《よしとも》が反乱を起こした。平治の乱だ。源義朝を倒した清盛は、皇室の支配に欠かせぬ人物となる。

そして仁安《にんあん》二年（一一六七年）、後白河上皇は清盛を太政大臣《だいじょうだいじん》に任命した。武家では異例の出世だ。平家は朝廷で、藤原氏の嫡流《ちゃくりゅう》である摂関家《せっかんけ》と並ぶ地位を得た。清盛はこの権威を背景に、西国《さいごく》の武士を平氏の家人《けにん》に組織する。さらに日宋貿易《にっそうぼうえき》を振興した。

清盛は貴族層と親しく交流できる教養を持ち、朝廷や貴族、寺院に、日宋貿易等から得た資産を惜しまず使い、礼を尽《つ》くした。貴族社会の新参者は、細やかな気遣《きづか》いを示し、貴族社会に受け入れられる。清盛は自分の配下への気遣いも怠《おこた》らない。身分を問わずに優しく接し、相手の面子《メンツ》を立てた。

清盛が祖父や父から受け嗣《つ》いだ知力、政治力は、高い地位に就《つ》いたことで存分に活《い》かされた。そして清盛は貴族階級で平氏の身分を確立するために、強引に多くの親族を皇室や有力貴族や政治家と婚姻《こんいん》させていく。

急速に勢力を拡大した平氏を、後白河法皇は次第に恐れるようになった。清盛は朝廷に取って代わる意思は持たず、あくまでも天皇を立てる立場を貫《つらぬ》いた。

だが安元《あんげん》二年（一一七六年）頃から、清盛はさまざまな嫌《いや》がらせを後白河法皇から受けるようになる。法皇は平氏が管理する荘園《しょうえん》を奪い、平氏と敵対する摂関家の中の人物を引き立てる。

治承《じしょう》三年（一一七九年）、堪忍《かんにん》の限界を超えた清盛は怒りにまかせ、後白河法皇を武力で脅《おど》し、幽閉《ゆうへい》した。清盛の娘の夫の高倉《たかくら》天皇が親政《しんせい》を行ったが、これに半数以上の貴族が反発。この清盛の失策をきっかけに同年、各地の源氏《げんじ》が反平氏の挙兵に踏み切った。平氏の軍勢は、次第に源頼朝《よりとも》に押されていく。

養和元年（一一八一年）、平氏の退潮《たいちょう》の中、清盛は熱病で命を落とした。孫の安徳《あんとく》天皇が四年後に入水死《じゅすいし》することを知らずに、六四歳でこの世《よ》を去った。

源《みなもとの》行《ゆき》家《いえ》

（?―一一八六）頼朝に反抗した源頼朝の叔父
戦に負け続けた陰謀家

源行家《ゆきいえ》は源為義《ためよし》の十男で、弟も複数いた。為義は、清和《せいわ》天皇の子孫で東国に強い勢力を持つ清和源氏の棟梁《とうりょう》で、京の裁判官と警察官を兼ねた中級武官の検非違使《けびいし》であった。

行家が一〇代半《なか》ばの頃、朝廷の内紛である保元の乱で、父は敗れた崇徳上皇についたために処刑された。この乱で長兄の義朝は、父や他の兄弟と対立し、平清盛とともに後白河天皇側につき勝利した。東国で音信不通の三兄と行家は戦《いくさ》に加わらず無事であったが、長兄に対立した他の兄弟は、流罪《るざい》となった八兄を除き、すべて戦死か処刑された。

その三年後の平治元年（一一五九年）に義朝は、後白河上皇の近臣と手を結んだ平清盛の権勢に不満を持ち、平治の乱を起こした。行家は長兄に従い、源氏対平氏の戦となったが、義朝は殺されて源氏は敗戦。戦から離脱した行家は熊野《くまの》へ逃れるが、長兄の子の頼朝は流罪となり、源氏は衰退した。清盛は太政大臣《だいじょうだいじん》となり平家は栄華を迎える。

行家には衰退したとはいえ清和源氏の誇りがある。長兄が没し、三兄は音沙汰がなく、他の近親は皆《みな》流罪になった今、かれは己《おのれ》が源氏の棟梁《とうりよう》と考えた。清盛の手は、熊野の行家に伸びなかった。熊野で逆《さか》らうことなく静かにすごせば、源氏の行家に処罰はなく、東国や九州に比べて京に近い都会の熊野で、文化の高い生活を送ることができた。

しかし、二十一年後の治承四年（一一八〇年）。権勢を極《きわ》めすぎた清盛は御白河法皇に嫌われ、清盛に親王の座を外された法皇の子の以仁王《もちひとおう》は、清盛を倒すために熊野の行家を呼び出した。朝廷に出入りする官職「八条院蔵人《はちじよういんくろうど》」の役と「行家」の名はこのとき、以仁王から賜《たまわ》った。「平氏を討て」との王の令旨《りようじ》を各地の源氏に伝えるためだ。

行家は各地の源氏を呼び集めた。平家を倒せば、源氏復興と出世が望める。だが行家の安易《あんい》な挙兵が原因で、計画が平氏にばれた。以仁王は準備不足のまま平氏と戦をする羽目になり戦死したが、行家の官職を剥奪《はくだつ》する者はなく、打倒平氏の令旨を伝え続けた。

令旨を受けた義朝の息子の源頼朝、木曾義仲《きそよしなか》らが次々に挙兵した。行家は尾張で軍勢を集め美濃に進出し、京都に一番乗りと得意がったが、養和《ようわ》元年（一一八一年）三月、美濃の墨俣川《すのまたがわ》で平氏の軍勢に大敗した。行家は鎌倉にいた長兄の子の頼朝を頼ったが、五歳ほど年下の甥《おい》に対して尊大に振る舞い、嫌われた。そこで行家は次兄の子で一二歳ほど年下の木曾義仲を頼る。学や教養はあるものの、戦下手で指揮官の能力はない行家だが、寿永《じゆえい》二年（一一八三年）七月に義仲とともに平氏を破って入京した。

その功績で御白河法皇から備前守に任命されたが、朝廷で一に頼朝、二に義仲、三に行家と、甥より下に見られたことを四〇代前半の行家は我慢ならない。法皇や貴族らは無作法な頼朝や義仲を嫌ったが、物腰の柔《やわ》らかな行家や義経《よしつね》は好まれた。行家は法皇に、無作法な義仲を退《しりぞ》けて自分を源氏方の指揮官にすべきと頼み込む。

乱暴な義仲を嫌った法皇の命で、頼朝と義仲の戦が始まり、両者に憎まれていた行家が隠れている間に義仲は戦死し、平家は滅亡した。そのすぐ後に、頼朝と義経の兄弟争いが始まった。これを好機と見た行家は義経についた。

文治元年（一一八五年）十月、法皇に気に入られた行家と義経は、頼朝追討《ついとう》の宣旨《せんじ》を与えられたが、武力で劣《おと》る二人につく侍はほとんどいない。翌年五月、頼朝方に追われた二人は西国に向かう船で難破《なんぱ》し、行家は義経とはぐれた。行家は和泉《いずみ》に潜伏《せんぷく》していたところを頼朝の家来に捕らえられて殺された。

八条院蔵人に就《つ》いた行家は、弁舌《べんぜつ》に巧《たく》みで、時々の有力者に気に入られ、恩賞をちらつかせて上手に兵を集めた。かれに指揮官としての才能と深い思慮《しりょ》があれば、義経と頼朝の運命は逆転していたかもしれない。

平《たいらの》忠《ただ》正《まさ》

(?―一一五六)平清盛に討たれた清盛の叔父
時流に乗り損ねた一本気な武人

平忠正《ただまさ》は平清盛の叔父《おじ》である。忠正が生まれた頃、白河上皇は法皇となっており、長期にわたる院政《いんせい》が行われていた。院政とは、次の天皇が即位しても前の天皇が上皇や法皇となり、朝廷の政治を執《と》ることを指す。忠正が幼少の頃である嘉承《かしょう》二年（一一〇七年）、白河法皇の孫にあたる鳥羽天皇が即位したが、鳥羽天皇は祖父の白河法皇と不仲であった。この皇室内の対立が後々《のちのち》、忠正の命運を惑《まど》わせることとなる。

一〇代の忠正は、父の正盛が白河法皇の引き立てによって勢力を拡大してきた縁で、法皇に気に入られていた。元永《げんえい》二年（一一一九年）に、白河法皇の曾孫《ひまご》で鳥羽天皇の第一子、顕仁《あきひと》親王が誕生した。このとき忠正は白河法皇から、親王の警固《けいご》をする地位の高い家臣、御監《ごけん》に任命された。二〇歳になるかならないかの若さで、次代の天皇となるであろう親王の御監になった忠正は、大きな出世の糸口をつかんだのである。

保安《ほうあん》四年（一一二三年）、顕仁親王は幼くして崇徳天皇となる。白河法皇が強引に、不仲の鳥羽天皇を退位させたのだ。鳥羽天皇は上皇となるが、白河法皇がいるので実権がない。鳥羽上皇は、法皇だけでなく、法皇が即位させた崇徳天皇も激しく憎んだ。

忠正は、朝廷の軍馬を管理する役所の次官、「左馬助《さまのすけ》」に任命された。重要な官職だが、財産が築ける職ではない。財を築けるのは諸国に赴任する国司《こくし》である。出世には財も必要である。白河法皇に引き立てられていた忠正は、いずれ実入りのよい国司に出世できるだろうと期待していた。

しかし大治《だいじ》四年（一一二九年）、白河法皇が薨去《こうきょ》したことで、忠正は苦しい立場に立たされた。鳥羽上皇が白河法皇に代わって、院政を始めたのだ。この四年後、忠正は朝廷から免職となった。崇徳天皇の力を弱めようとする、鳥羽上皇の意向によるものだ。

忠正は三〇代前半で無官《むかん》となった。これに対し、兄の忠盛は鳥羽上皇に上手に接近して手柄《てがら》を立て、豊かな国の国司になっていた。忠盛の子の清盛も上皇に重用される。

兄のように立ち回れぬ忠正は、天皇の代理で政務を行う摂関家《せっかんけ》の藤原頼長《よりなが》に仕えたが、頼長は鳥羽上皇の意向に逆《さか》らってまで、忠正によい官職を与える力を持たなかった。

このあと鳥羽上皇は、無理やり崇徳天皇を退位させて、第九子を近衛《このえ》天皇にした。近衛天皇が夭折《ようせつ》すると、法皇となっていた鳥羽院は、第四子の後白河天皇を立てる。

鳥羽法皇の晩年に、崇徳上皇と後白河天皇の兄弟争いが激しくなった。摂関家の藤原頼長と、かれの兄である忠通《ただみち》との反目も目立つようになる。頼長は、父の引き立てで兄をさしおいて摂関家の家長《かちょう》となったことで、兄と対立していた。鳥羽法皇に疎《うと》んじられていた頼長は、崇徳上皇と結びつく。

そして保元元年（一一五六年）七月、鳥羽法皇が没して直《す》ぐ、保元の乱が起こった。崇徳上皇と弟の後白河天皇が衝突したのだ。この争いは後白河天皇が優位であった。しかし藤原頼長に恩を受けた忠正は、崇徳上皇方につかねばならない。清和源氏の源為義も、崇徳上皇方についていた。対して後白河天皇には、頼長の兄の藤原忠通と、源為義の長男の義朝、忠正の甥《おい》で平家の棟梁を嗣《つ》いだ清盛がついたのである。

忠正は、後白河天皇方の清盛らと戦い敗れた。息子らとともに降伏した忠正だが、五〇半ばで甥に処刑された。平清盛は敵対した叔父を自《みずか》ら処刑してみせたのだ。そのため源義朝も、敵対した父の源為義と、為義についた源氏を処刑せざるをえなくなった。清盛は叔父を犠牲にしたことで、多くの源氏の勢力を削《そ》いだことになる。

忠正は世渡《よわた》り下手《べた》の不器用な武人であった。かれの没後に没収された財産は、当時の軍事貴族としては極《きわ》めて少なかった。

源《みなもとの》頼《より》政《まさ》

（一一〇四―八〇）平氏に敗れた摂津源氏

忠義のために命を捨てた、文武に秀でた老将

源頼政《よりまさ》は長治《ちょうじ》元年（一一〇四年）に、摂津源氏の家に生まれた。父は兵庫頭《ひょうごのかみ》で、朝廷の兵器庫を管理する役所の長官である。摂津源氏は清和源氏の傍流《ぼうりゅう》だ。後《のち》に鎌倉幕府を開いた源頼朝の家筋の河内源氏は、清和源氏の嫡流《ちゃくりゅう》でありながら、同族内で争いを繰り返したため弱体化していた。だが傍流の摂津源氏は頼政の父や祖父の代に、古くからの皇族と貴族で成り立っていた朝廷で軍事貴族として台頭していった。

頼政は父の引き立てで、早くから白河院に仕えた。三三歳のときにようやく従五位下《じゅごいのげ》の位《くらい》を賜《たまわ》った。頼政は真面目に院に仕えたことにより、貴族の序列である位を賜り、やっと軍事貴族の末席に加えられた。このとき、頼政より一四歳年下の平家の御曹司《おんぞうし》である平清盛は、頼政よりかなり上の位である従四位下《じゅしいのげ》の地位にあった。頼政は文武に励み、平清盛とならぶ弓の名人といわれた。

頼政は忠勤を積み、久寿《きゅうじゅ》二年（一一五五年）に五二歳で兵庫頭に任命される。この翌

年、崇徳上皇と後白河天皇の争いである保元の乱が起こった。頼政は清盛と同じく、勝者となった後白河天皇についていた。

平治元年（一一五九年）、平治の乱が起こる。清和源氏の棟梁《とうりょう》の源義朝は平家の興隆《こうりゅう》に不満を持ち、二条《にじょう》天皇を味方につけると、清盛を倒すために挙兵して御所を制圧したのだ。傍流ではあるが、源氏の出である頼政は、源義朝の側に参じた。ところが源氏方についていた二条天皇は、だんだん義朝を不信に思い、御所を抜け出して平清盛の六波羅《ろくはら》の屋敷にお遷《うつ》りになったのである。

この報《しら》せを聞いた源義朝は怒り、天皇に追撃を出した。天皇と義朝の動向を知った頼政は思い切った決断をする。源氏方を裏切り、天皇がおわす平氏方に従ったのだ。

平治の乱は平氏の勝利で幕を閉じた。義朝は処刑され、義朝の嫡男の頼朝は流刑《るけい》された。しかし、源氏でありながら天皇への忠義のために平氏についた頼政に、目立った恩賞はなかった。

とはいえ、以前から学んでいた和歌《わか》で歌人として高い評価を受けていた頼政は、平治の乱の後も朝廷の人々に誠実に仕えたことで、軍事貴族としての評判が高まっていく。そのおかげで頼政は仁安二年（一一六七年）、六四歳で従四位下の位を与えられた。それまで、四位《しい》まで昇《のぼ》れた源氏は僅《わず》かである。

頼政は保元の乱、平治の乱と、平清盛からも信頼を置かれ、さらに順調に出世した。治承二年（一一七八年）、権力を握った清盛の推薦《すいせん》により、頼政は従三位《じゅさんみ》となった。本来、限られた上流貴族しか三位への出世はありえない。源氏の武士では一番の出世をした頼政は、人生に充分《じゅうぶん》満足していた。

ところがその翌年、清盛が後白河法皇を幽閉《ゆうへい》する。これを知った頼政は、朝廷や軍事貴族に嫌気《いやけ》が差した。法皇の敵にもらった位なぞ不要、と高い地位を捨てて出家した。

頼政が出家した翌年の治承四年（一一八〇年）、以仁王は父の後白河法皇の密命《みつめい》を受け、反平氏の挙兵を目論《もくろ》んだ。以仁王から相談を受けた頼政は七七歳の老年で、今さら平氏に取って代わるという野心はない。しかし頼政は法皇への忠義のため、息子たちを引き連れて以仁王に従った。そして同年、宇治川《うじがわ》で平氏と戦った。宇治川で以仁王を逃がした頼政は、戦《いくさ》に参加したかれの一族もろとも命を落とした。

その後、以仁王も平清盛も没し、流刑となっていた源頼朝や弟の義経、木曾義仲を含む各地の源氏が集結し、平安時代は終わりを迎える。その歴史を知らずに、頼政は帝《みかど》を守る軍事貴族としての使命に殉《じゅん》じた。

平《たいらの》忠《ただ》度《のり》

（一一四四—八四）平氏の公達
雅やかで貴族に好かれた清盛の末弟

平忠度《ただのり》は天養《てんよう》元年（一一四四年）、伊勢平氏の棟梁《とうりょう》の末子に生まれた。この頃は忠度の父と長兄の平清盛が、天皇の寵《ちょう》を受けて、軍事貴族として成り上がる過渡期であった。後白河天皇と崇徳上皇の争いである保元の乱と平家に反発した源氏の棟梁・源義朝が起こした平治の乱を経て、父の跡を嗣《つ》いで伊勢平氏の棟梁となった平清盛は、仁安二年（一一六七年）に太政大臣《だいじょうだいじん》となった。

清盛の弟や息子らは朝廷に仕えたが、清盛と二六歳も年の離れた忠度は、年上の甥《おい》や兄たちの下で出世が遅れた。忠度がようやく正四位下《しょうしいのげ》薩摩守《さつまのかみ》についたのは三七歳のときだ。とはいえ、清盛の縁者としては遅いが、他の武士は滅多に四位《しい》につけない。

忠度は文武ともに優れた武士であったが、武に関しては平家の中では地味な存在だ。だが和歌《わか》に優れたかれは、第一級の歌詠《うたよ》みと言われ、貴族たちに知られていた。忠度は長年にわたり和歌を学び、当代一の歌人と評された藤原俊成《としなり》を師としていた。

しかし平家の栄華の陰で、忠度の穏やかな暮らしを脅《おびや》かす内乱が進行していた。清盛及び伊勢平氏が巨大な権力を手にしたことが、清和源氏だけでなく、摂関家《せっかんけ》などの有力な貴族や、後白河法皇、第三皇子の以仁王らに反感を持たれていたのだ。忠度が正四位下薩摩守につき、安徳天皇が即位した治承四年（一一八〇年）、以仁王は平氏追討の令旨《りょうじ》を源氏方に密かにばらまき挙兵した。

源平《げんぺい》争乱の始まりだ。伊勢平氏と清和源氏の対決だが、日本各地で未開の地を自力で開《かい》墾《こん》し所有者となった開発領主ら、地方豪族や地方武士たちの勢力争いでもあった。

忠度も総指揮官の補佐として多くの源平戦に従軍する。同年十月、源頼朝が制圧していた関東に対抗するため、平家は東国に兵を送った。忠度が従軍した富士川《ふじがわ》（静岡県）の合戦だ。平家の誤算は、甲斐（山梨県）源氏が駿河（静岡県）まで急速に勢力を増大させていたことだ。さらに頼朝は、安房《あわ》（千葉県）から湾岸（東京湾）に沿って反平氏を呼びかけ、武蔵国、鎌倉を回って兵を集めた。西国育ちの平氏軍は、関東から集結した多勢の源氏軍と甲斐源氏軍を相手に、手も足も出ずに遁走《とんそう》するしかなかった。

翌年の養和元年（一一八一年）、忠度の従軍した墨俣川の合戦は平家が勝利したが、寿永二年（一一八三年）の倶利伽羅峠《くりからとうげ》（富山と石川の県境）の合戦で、忠度も含めた平氏軍は木曾義仲に敗れ、都《みやこ》を追われた。

このとき、忠度は平氏一門と西国に向かったが、その日の日暮れ前に一行と一旦《いったん》別れ、密かに京都に引き返した。かれは藤原俊成の屋敷を訪れ、その門前で自分の和歌を記《しる》した巻物を師に託すと、馬を馳せて去った。

この次の年、寿永三年（一一八四年）の一《いち》ノ谷《たに》の戦いで、忠度は須磨浦《すまのうら》（神戸市）付近の源氏軍と戦った。ところが後方の山から奇襲をかけてきた敵軍に挟まれ、忠度は後退の機を逸《いっ》した。敵の軍勢に紛《まぎ》れて逃れようとすると、敵方の武将・岡部忠澄《おかべただずみ》に見つかった。正体を知られた忠度は岡部に一騎討ちを挑み善戦したが、岡部の家来が加勢に加わり、敗れ討たれた。忠度は四一歳で命を落とし、平家は滅亡へ向かう。

平家が滅亡した後に、藤原俊成は後白河法皇の命令で『千載和歌集《せんざいわかしゅう》』を編集した。俊成はその和歌集に、忠度の詠んだ一首の和歌を「詠み人知らず」として収めた。

「さざ波《なみ》や志賀《しが》の都《みやこ》は荒《あ》れにしを昔《むかし》ながらの山桜《やまざくら》かな」（天智《てんじ》天皇が五百年ほど前に営《いとな》んだ大津宮《おおつのみや》の跡を訪れると何も残っておらず、美しい山桜だけが咲いていた）

この和歌が忠度の作であることを貴族は知っていた。都から追われ、戦《いくさ》で命を落とした忠度だが、かれの詠んだ和歌は後世まで生き続けた。

藤《ふじ》原《わらの》頼《より》長《なが》

（一一二〇―五六）藤原氏の有力者

華麗なる御曹司の努力の果ては？

悪左府と呼ばれた美貌の才人

　藤原頼長《よりなが》は保安《ほうあん》元年（一一二〇年）、北家《ほっけ》の藤原忠実《ただざね》の次男に生まれた。「頼長」の名は元服《げんぷく》の年に命名された。摂関家《せっかんけ》最盛期の関白《かんぱく》、道長《みちなが》と頼通《よりみち》の字に通じた良い名である。

　父の忠実は摂関藤原家の氏長者《うじのちょうじゃ》で、頼長が生まれる以前は天皇を補佐する関白だった。しかし忠実は要領が悪く、摂関家の勢力維持に努力したが白河法皇との関係を拗《こじ》らせ、頼長が生まれる五年前に関白を罷免《ひめん》された。頼長の兄にあたる忠通が、父から職を譲られた形で嗣《つ》ぎ、忠実は隠居させられた。それにより忠実と忠通の親子の確執を生み、頼長の運命を翻弄《ほんろう》することになる。

　頼長は大治五年（一一三〇年）四月に元服し、一一歳で正五位下《しょうごいのげ》近衛少将《このえのしょうしょう》に勅命《ちょくめい》され、僅《わず》か一年後には従三位《じゅさんみ》に昇《のぼ》った。頼長は見目麗《みめうるわ》しい顔《かんばせ》の摂関家の御曹司《おんぞうし》で、類《たぐい》まれな学問好きの秀才で、とんとん拍子に出世を遂げた。家柄《いえがら》だけではここまで短期間に出世を重ねるのは不可能だが、保延《ほうえん》二年（一一三六年）には一七歳で内大臣《ないだいじん》に昇《のぼ》り詰め、貴族たちを驚かせた。そして久安《きゅうあん》五年（一一四九年）、三〇歳で従一位左大臣《じゅいちいさだいじん》となる。最上級の執政《しっせい》・関白は目前だ。しかし忠通はその五年前に男児を儲《もう》け、嫡子の座を頼長に譲る気はなかった。

忠実は自分同様に凡才《ぼんさい》の忠通よりも、我が子ながら全く異なる頼長を溺愛《できあい》した。いくら出世をしても、頼長は勉学の手を止めない。頼長こそ氏《うじ》の長であるべきだと考えた忠実は、頼長に執政の座を早く譲るよう忠通に迫った。忠通は反発して譲らず、焦《じ》れた忠実は氏長者の職を忠通から取り上げて頼長に与え、鳥羽法皇に懇願《こんがん》して頼長を執政の座につけた。だが忠通は失脚《しっきゃく》したわけではないので、名前だけの関白になり、忠実・頼長と忠通の対立は悪化する。

その渦中でも、頼長は淡々と勉学と公務に励んだ。頼長は貴族には珍しく和歌《わか》を軽視した。平安後期はすでに古い伝統は薄れ始めていたが、頼長は古代からの学問、陰陽道《おんみようどう》、経書《けいしょ》を学び、先人の日記や書物を片端《かたはし》から読み漁《あさ》った。そして殿上《てんじょう》の出来事を筆記し、次代に残すように朝廷内で推進した。

朝廷の儀式をただの行事とは思わない頼長は、朝儀《ちょうぎ》を古代から続く伝統祭事として何よりも重んじた。古代の朝儀を復活させようと、朝廷の儀式や公務に厳格に取り組む。

頼長はその考えを他者にも同等に求めた。自分ができる努力を、他人に要求し、できない者を無能と疎《うと》み、朝儀を乱《みだ》せばその者の屋敷を焼き落とすことすら厭《いと》わなかった。家柄、学問、見栄えと三拍子揃《そろ》えば誰からも好かれるはずなのだが、頼長は過激な厳しさを他者に求めるため、次第に周囲から疎まれ、左大臣についた頃には悪左府《あくさふ》（気の強い左大臣）と呼ばれ恐れられていた。

久寿二年（一一五五年）、近衛天皇が若くして崩御《ほうぎょ》されると、信西《しんぜい》や忠通は頼長が近衛天皇を呪ったとの噂を流した。噂を信じた鳥羽法皇は、頼長を処罰し蟄居《ちっきょ》させた。

朝廷と帝《みかど》を第一に重んじてきた頼長は、この扱いに不服であった。そこへ保元元年（一一五六年）、後白河天皇と崇徳上皇の対立が起こった。頼長は、父からこの争いに関わらぬよう忠告されたが、聞かずに崇徳上皇の求めに応じた。これが保元の乱だ。

この乱で、源為義が敵対する後白河天皇への夜襲を献策《けんさく》すると、頼長は「天皇《みかど》に卑怯《ひきょう》な真似はできぬ」と止めた。ところが後白河天皇側についた源義朝から同様の夜襲が仕掛けられる。夜襲で重傷を負った頼長は、自分を溺愛する宇治《うじ》の父のもとへ逃げた。しかし父は、逆《さか》らった息子を助けなかった。敗者となった上皇についた頼長が、摂関家藤原氏を貶《おとし》める存在となったためだ。数日後、頼長は怪我が悪化し、三七歳で没した。

源《みなもとの》 義経《よしつね》

（一一五九―八九）源氏の指揮官

権力に翻弄され消された英雄 朝廷に愛された源氏

義経は平治元年（一一五九年）に生まれた。清和源氏の棟梁《とうりょう》・源義朝の末子で、後《のち》に鎌倉幕府を開いた源頼朝の異母弟である。

義経が生まれた年に父の義朝は、朝廷に重用された平清盛に反発し、平治の乱を起こした。だが義朝は清盛方に敗れて死亡、義朝の子二人は斬られ、頼朝は流罪《るざい》となる。

義経の同母兄弟は幼く、将来僧侶《そうりょ》となる条件で助かった。義経は鞍馬山《くらまやま》（京都北部）の鞍馬寺《くらまでら》に、他の兄弟も別々の寺に、預けられた。僧侶になれば平穏に生き延び、義経の名が歴史に現れることはなかっただろう。

しかし義経は僧侶にならず、寺から出奔《しゅっぽん》し、奥州の藤原秀衡《ひでひら》を頼った。奥州藤原氏は、平安時代中期に東北《とうほく》地方に下った、朝廷の摂関家《せっかんけ》藤原氏と遠く離れた丸きり別の家だ。出家の約束を破った義経は、東北で莫大な勢力を築いて京の朝廷に敵対することなく自立した奥州藤原氏しか、頼れなかった。清和天皇の血筋を引き、京の寺で教養を身につけた義経を、秀衡は受け入れた。

　義経が確かな記録に現れたのは治承四年（一一八〇年）。以仁王は後白河法皇に嫌われた平清盛を討つため、源氏方に挙兵を呼びかけた。この挙兵に応じた義経は、駿河国の黄瀬川《きせがわ》の陣で源氏軍に合流した。兄・頼朝との初対面だ。関東の大半を制圧し、清和源氏の棟梁を嗣《つ》いでいた頼朝は、義経を家来とし、対等な同盟軍とは見なかった。

　義経は兄の下《もと》、華々しい功績を上げたが、それは義経の戦略や力ではなく、源氏式の戦術をもたらした家臣に従ったからだ。後《のち》に多くの書物に記《しる》された義経の「卑怯《ひきょう》」な戦術は、源氏方が得意とした奇襲だった。

　元暦《げんりゃく》元年（一一八四年）、義経は頼朝の名代《みょうだい》で源氏の大将として、宇治川の合戦で源氏の木曾義仲を討った。先に京入りして平家を制圧した義仲が、乱暴狼藉《らんぼうろうぜき》に及んだためだ。義経は義仲を討ち、一ノ谷で多数の平氏を追討し、功績を上げて入京した。

　朝廷は源氏の武士を、乱暴な田舎者《いなかもの》で礼儀知らずと嫌った。だが京の治安維持で功績を上げた義経は、寺で受けた礼儀や教養と容姿《ようし》の美しさも相まって、貴族や後白河法皇から好まれた。特に法皇は、無礼な頼朝に代えて軍政を委《ゆだ》ねたいと考えるほど義経を気に入ったため、頼朝は義経を警戒した。

義経は文治《ぶんじ》元年（一一八五年）、屋島《やしま》で平氏に勝ち、壇《だん》ノ浦《うら》に進んで平氏を滅ぼし、大きな功績を上げた。だが頼朝は義経を疑い、理不尽に不遇にし、義経の弁解を受け入れずに刺客を向けた。命まで狙われた義経は兄と対立するしか術《すべ》がなく、法皇の意向に従い、源氏の棟梁となるために挙兵した。

しかし義経謀反《むほん》に備えていた頼朝は、多くの武士を集めて義経を追う。義経は充《じゅうぶん》分な軍勢を得られずに逃げ出すと、頼朝は全国の武士に義経を捜《さが》させる。朝廷は頼朝を恐れ、やむを得ず義経を朝敵《ちょうてき》とした。逃亡の果てに難船した義経は、僅《わず》かなお付きと東北に逃れた。文治五年（一一八九年）、奥州藤原氏は義経を匿《かくま》うが頼朝に抵抗しきれず、義経は観念して三一歳で自刃《じじん》した。

鎌倉幕府の発足時、義経は不都合な人物だった。平氏を滅ぼし、源氏と朝廷の功労者のはずの義経は一挙に謀反人とされ、表舞台から消されたのだ。だが、貴族ら朝廷は義経を愛した。義経と敵対した武士にも、義経に同情する者がいた。このような義経を慕《した》う人々の声が、義経を英雄にまつり上げ、辻褄の合わない歴史を生んだのである。

そして「鎌倉に送られた義経の首は替え玉」との、義経生存説が根強く語り継がれた。

藤原泰衡《ふじわらのやすひら》

（一一五五？―一一八九）奥州藤原氏の家長
幻と化した黄金郷の最後の頭首

藤原泰衡《やすひら》は、奥州藤原氏の三代目・藤原秀衡の次男に生まれた。泰衡の生まれ年は、久寿二年（一一五五年）ないし、永万《えいまん》元年（一一六五年）の記録がある。母は正室で、院の近臣を身内に持つ藤原基成《もとなり》の娘だ。

奥州藤原氏は平泉《ひらいずみ》を拠点として東北地方の三分の一弱の領地を代々支配した、東北最大の巨大豪族である。父は奥州藤原氏の勢力をさらに拡大させた優《すぐ》れた人物だ。奥州藤原氏の勢力は、農地開発して台頭してきた武士団、源氏や平氏の兵力を大きく下回る。秀衡は岳父《がくふ》（妻の父）を朝廷との繋《つな》ぎの政治顧問《こもん》とし、豊富に採掘される黄金の資金力で朝廷との交渉を策し、兵力の少なさを補《おぎな》い、中央から円満独立を保《たも》っていた。

一一七四年頃、源義朝の末子であった一〇代半《なか》ばの源義経が奥州を訪れた。平治の乱の後に取り決めた将来出家《しゅっけ》するとの約束を破り、鞍馬寺から逃げてきた。奥州藤原氏の初代は、義経の玄祖父《げんそふ》（祖父の祖父）である義家の助けを受けた。さらに基成の父の従兄弟《いとこ》である一条長成《いちじょうながなり》は、義経の母を妻とし、義経は幼児期を一条の下で過ごしていた。

治承四年（一一八〇年）、平家討伐に源氏方が挙兵すると、二二歳の義経は兄で源氏の棟梁《とうりょう》の頼朝のもとに駆けつけた。奥州藤原氏は源平どちらにも加担しないが、秀衡は義経を案じて信頼できる従者をつけた。

義経の数々の活躍で源氏の勢力は増していく。文治元年（一一八五年）、平氏が滅亡し、源氏の全国制覇の道は開かれた。頼朝は、次は奥州藤原氏を狙っていた。頼朝を恐れた法皇は、頼朝を朝敵《ちょうてき》とし、義経に討伐を命じる。しかし頼朝は義経を早々に追い詰める。義経が遁走《とんそう》すると、頼朝は法皇を脅《おど》して自分を朝敵とした院宣《いんぜん》を取り消させ、反対に義経を朝敵とする院宣を出させた。

義経は文治三年（一一八七年）二月、平泉に逃れた。秀衡は義経を匿《かくま》うが九月に病《やまい》に倒れる。死を目前とした秀衡は、兄弟仲の悪い凡庸な息子たちと奥州藤原氏の未来を案じ、泰衡と兄の国衡に「義経を主君として助け合え」との遺言《ゆいごん》を残した。翌十月、秀衡が病没し、泰衡は初めて歴史上に姿を現した。

朝廷から父の跡嗣《あとつ》ぎと認められた泰衡は、陸奥《むつ》・出羽《でわ》押領使《おうりょうし》に任命される。すると頼朝から義経討伐を再三要求された。泰衡は父の遺言に従い、誤魔化《ごまか》し躱《かわ》すが限界だ。

「父は奥州藤原氏がともに滅んでまで義経を守れと望んだわけではあるまい。己と兄が頼りないゆえ、義経を主君としてでも生き延びろと願ったはずじゃ。このまま義経を匿《かくま》えば奥州藤原氏もともに滅びるが確実」

そう考えた泰衡は、文治五年（一一八九年）閏四月、義経の住まう衣川館《ころもがわのたて》に討ち入った。義経は泰衡の裏切りを知り、自刃《じじん》する。義経に仕えていた弟の忠衡《ただひら》は、父の遺言に反した兄に反発したため、泰衡に討たれた。

しかし頼朝は、義経の首を差し出すのが遅いとの理由で大軍を平泉に送り込む。国衡は最前線で源氏軍と戦ったが敗れ戦死した。弟を殺し、兄を亡《な》くした泰衡は奥州藤原氏再興のために生き延びるしかない。

泰衡は頼朝に、義経を討ったのに何故《なにゆえ》攻めるのかを問うて助命嘆願《じょめいたんがん》を認《したた》めた手紙を残し、平泉の館に火を放つと北方に逃げた。

頼朝は嘆願書を無視し、泰衡を捜索《そうさく》した。泰衡は古くから仕えた家臣の河田次郎を頼り、比内《ひない》（秋田県大館市《おおだてし》）まで来たが、恩賞に目が眩《くら》んだ河田に裏切られ殺害された。

もとから奥州藤原氏は頼朝に狙われていた。源頼朝に滅ぼされたために、かれや奥州藤原氏の記録はほとんどが失われた。

藤原師光《ふじわらのもろみつ》（西光《さいこう》）

（？―一一七七）後白河上皇の近臣

地方武士から上皇の寵臣にまで上り詰めた

藤原師光《もろみつ》は、阿波国の在庁官人《ざいちょうかんにん》の子といわれるが、それでも生まれ年の記録もない中級武士の出だ。

朝廷と遥かに縁遠い師光の人生は、少納言《しょうなごん》信西に仕えて一変する。学才と占術《せんじゅつ》に優れた信西は、代々朝廷の学者を務める藤原氏南家《なんけ》の傍流《ぼうりゅう》で、鳥羽院の近侍《きんじ》だ。鳥羽院は信西の薦《すす》めで、師光を院の寵臣《ちょうしん》である藤原家成《いえなり》の名目上の養子とさせ、朝廷の護衛等を担《にな》う役職である左衛門尉《さえもんのじょう》に就《つ》かせた。

鳥羽院が崩御《ほうぎょ》した保元元年（一一五六年）、崇徳上皇と後白河天皇の争いが起きる。このとき、朝廷の裏から後白河天皇に味方をし、源平の武士を陰から采配《さいはい》したのが信西だ。この保元の乱のあと天皇を補佐する第一の近臣《きんしん》となり、政治向きを任された。天皇が上皇となり院政《いんせい》を執《と》る頃、信西の一族と師光は院の御所に常《つね》に入り浸っていた。

地方から武士の勢力が目立つようになると推測した信西は、貴族社会に馴染《なじ》んだ伊勢平氏の清盛を重用した。信西と清盛は親しい仲だ。朝廷の寵臣である藤原家成の孫娘と清盛の孫が婚姻《こんいん》し、清盛の娘と信西の息子も婚約していた。家成の養子の師光も、清盛や信西らの複雑な親族関係の輪に絡《から》む。院、信西、清盛、政策通の院近臣らは、同じ政治認識で上手《うま》くいっていた。だが信西の容赦《ようしゃ》ない性格が、その蜜月《みつげつ》に影を落とす。

次第に信西を恐れる院だが、かれを無下《むげ》にできず、近づいてきた遊び上手の藤原北家傍流の藤原信頼《のぶより》を重用した。院に気に入られた信頼は権力欲を出す。朝廷から蔑《ないがし》ろにされていた源義朝と、信西や清盛に反発した貴族と武士が、信頼のもとに集まり手を組んだ。

「信頼」対「信西」。平治の乱だ。

平治元年（一一五九年）、清盛が熊野詣《くまのもう》での最中に、信頼と義朝の軍が挙兵した。院を手元に幽閉《ゆうへい》し、信西と清盛を順に討ち取る計画だ。信西の屋敷が焼かれると、師光は信西を助けるために宋《そう》（中国）へ逃がそうとした。だが信西は聞き入れずに討たれた。

熊野から戻った清盛が義朝を討ち、信頼は処刑され、平治の乱は終結した。亡《な》くした主君を弔《とむら》うために出家した師光は、西光《さいこう》と称した。信西の供養《くよう》で寺に籠《こも》り続けたら、西光の名が歴史に出ることはなかったろう。だが院はそんな西光を朝廷に呼び戻した――

清盛は武士の頂点に立ち、政権を握った。後白河院と二条天皇は清盛を必要とし機嫌《きげん》を取るが、清盛は両者によい顔をする。信西と信頼を亡くした院は、己《おのれ》だけの近臣を欲した。院の寵臣となった西光は、養子先の義理の兄弟の成親《なりちか》と共に御所に入り浸った。

ところがこの成親と、師光の息子たちが、次々と比叡山《ひえいざん》との揉め事を起こす。院が寵臣や寵臣の息子を庇《かば》って正当な処罰を下《くだ》さないために比叡山は怒った。朝廷に比叡山と対抗する武力はない。間《あいだ》に立たされた清盛は比叡山と敵対したくない。清盛から見れば、遊び事のみ長《た》けた成親や、揉め事を起こす息子を持つ西光は、政《まつりごと》の邪魔《じゃま》だった。

治承元年（一一七七年）、西光ら院近臣は、鹿ヶ谷《ししがたに》（京都大文字山《だいもんじ》の麓《ふもと》）の僧・俊寛《しゅんかん》の山荘で平氏討伐《とうばつ》を謀《はか》った罪で捕《つか》まった。西光ら寵臣に平氏と対する兵力はない。政治を乱《みだ》す院近臣を処分したい清盛の罠だ。貴族の成親と俊寛は流罪《るざい》だが、名目上だけ貴族の養子で武士の出の西光は、清盛から屈辱的《くつじょくてき》な拷問《ごうもん》を受けた。

――所詮《しょせん》、平清盛もおれと同じ、元はただの田舎侍《いなかざむらい》じゃないか――

西光は怯《ひる》むことなく、激しく清盛を罵《ののし》った。信西に見出《みいだ》され、院の寵愛《ちょうあい》を受けて地方武士から院の寵臣にまで這《は》い上がった西光の足を引っ張ったのは、義理の兄弟と自身の息子たち。浅はかな身内のために、同じく地方武士から太政大臣《だいじょうだいじん》に上り詰めた清盛に処刑された西光は、何を思って逝《い》ったのか……。

多田《ただ》行綱《ゆきつな》

（生没年不詳）摂津源氏出身の策士
裏切り続けた男の末路

多田行綱《ただゆきつな》は、生没年は不明だが、摂津国多田（兵庫県川西市《かわにし》）に本拠を置く武士で、摂津源氏の一族である。摂津源氏は大江山《おおえやま》の鬼・酒呑童子《しゅてんどうじ》を退治した伝説を持つ源頼光の子孫だ。摂津源氏は清和天皇の末裔《まつえい》でもあるが、河内源氏の源義朝が清和天皇の嫡流《ちゃくりゅう》である清和源氏とされ、多田家が朝廷で重んじられることはなかった。

その上、後白河院に好かれた平清盛に嫉妬《しっと》した源氏の棟梁《とうりょう》・源義朝は、平治元年（一一五九年）に平治の乱を起こして敗れ、目ぼしい源氏は都《みやこ》から消えた。義朝は討たれ、その息子の頼朝は流刑《るけい》、清和源氏は散り散りとなる。傍流《ぼうりゅう》である摂津源氏の一派の多田家が、朝廷が重んじられるはずがない。

それでも、都の近くに本拠を置く行綱は、なんとか朝廷警固の職につき、後白河院の引き立てを求めて伝《つて》を頼り、藤原成親《なりちか》に接近した。そうして行綱は、軍事貴族の末席にあたいする蔵人《くろうど》・伯耆守《ほうきのかみ》の地位を得た。

そして治承元年（一一七七年）五月、僧・俊寛が所持する鹿ヶ谷の山荘での、後白河院の近臣らが集まった酒席に行綱も呼ばれた。行綱は初めて直《じか》に成親と面した。少人数の院近臣のみの酒席のため、平家討伐《とうばつ》の戯《ざ》れ言《ごと》で盛り上がる。

平治の乱で寵臣《ちょうしん》を亡《な》くした後白河院は、侍《さむらい》では異例の太政大臣《だいじょうだいじん》に登用した平清盛を重用せざるを得なくなる。だが清盛は、後白河院の院政《いんせい》を停止させ、天皇に親政《しんせい》を執《と》らせた。朝廷や貴族は平氏《へいし》の武力の支《ささ》えなくして生活できなくなっていたが、院と院近臣は清盛に対して不満が溜まっていたのだ。

とはいえ、清盛は京都に大軍を抱えていたし、鹿ヶ谷に集まったのは貴族や僧侶ばかりで、その席に目ぼしい武士はいない。武士と呼べるのは行綱だけだが、かれの持つ兵力などたかが知れている。院と院近臣に実現不可能な平氏打倒の計画は、清盛への不満の捌《は》け口《ぐち》で、冗談事《じょうだんごと》でしかない。だが行綱には冗談事では済まされない。もしこの話が清盛の耳に入ったらどうなるか。貴族や僧侶には大した処罰はなかろうが、武士の行綱は武力担当の実行犯としてすべての罪を被《かぶ》されて処刑となるのは確実だ。

朝廷も敵《かな》わぬ武力・権力を持つ清盛を恐れた行綱は保身を謀《はか》った。尾ひれがついて伝わるくらいなら、いっそ自分から暴露《ばくろ》しようと清盛を訪ねた。行綱は保身に走るあまり、平氏討伐の謀議《ぼうぎ》があったと事の次第を大げさに密告した。院が鹿ヶ谷の山荘に成親や西光らを呼び集めて平氏を討つ謀《はかりごと》を密談し、事情を知らずに呼ばれた自分は成親から旗印を作るための布を渡された、と話すと証拠の品として反物《たんもの》三十反を差し出した。

清盛は行綱の話を好機とし、西光を捕《と》らえて拷問《ごうもん》にかけて謀反《むほん》の計画を自供させると、それを根拠に成親ら平氏に敵対する院近臣を一掃《いっそう》した。だが行綱に恩賞は与えられず、それどころか朝廷に行綱を裏切り者とする評判が広がってしまった。

治承四年（一一八〇年）、清盛への不満が限界に達した後白河院は以仁王を通して、全国の源氏に反平氏の挙兵を募《つの》った。行綱は清盛と源氏方のどちらにつくか悩んだ。木曾義仲の軍勢が都に迫る寿永二年（一一八三年）、やっと反平氏の立場を明らかにした行綱は、摂津、河内の平氏と戦った。

かれはこのあと源義経に従って、元暦元年（一一八四年）、一ノ谷の合戦で力戦する。

だが文治元年（一一八五年）、頼朝と義経が対立すると、行綱は頼朝につき、ともに戦ってきた義経と対立した。寿永二年以降の行綱は、源氏方から摂津国の守護を賜《たまわ》ってもよいほどの手柄を立ててきたが、頼朝から評価されず、それどころか領地を没収された。行綱のその後の行方《ゆくえ》は、歴史にはない。

平《たいらの》貞《さだ》能《よし》

（生没年不詳）平清盛の家来
主君の遺命を守り鎌倉時代まで命を長らえた

平貞能《さだよし》は伊勢平氏の傍流《ぼうりゅう》の出で、父ともども代々の伊勢平氏棟梁《とうりょう》に重臣として仕えた。貞能の生没年は定かではないが、父の年齢から見て一一三〇年代後半から一一四〇年前半のあたりの生まれだろう。貞能の父の玄祖父《げんそふ》（祖父の祖父）と、伊勢平氏の棟梁・平忠盛の祖父は兄弟であった。

平治の乱の勝利をきっかけに、伊勢平氏は急速に勢力を拡大する。そして当主の清盛は仁安二年（一一六七年）に、太政大臣《だいじょうだいじん》に上り詰めた。この間に父の跡を嗣《つ》いだ貞能は、清盛の「専一腹心《せんいつふくしん》の者」と呼ばれるほど心から信頼される重臣となっていた。後白河院にも侍として信頼を得た貞能は、九州経営を主な任務とし、筑前守や肥後守に任命された。しかし先進地である九州には財力のある地方豪族が多く、自家の利益のために平氏に反抗して貞能の手を煩《わずら》わした。

清盛は仁安三年（一一六八年）、太政大臣を僅《わず》か一年で辞任して出家した。平家の家督《かとく》は、病弱だが有能な清盛の長男の重盛《しげもり》が嗣《つ》いだ。清盛は重盛に仕えるよう貞能に命じた。後に重盛は、己《おのれ》の長男と同格に扱っている次男の資盛《すけもり》の補佐役を、貞能に頼んだ。

重盛は、清盛から家督を嗣《つ》いで十余年後の治承三年（一一七九年）七月に病没する。生前の重盛は、貞能を平家一門の家老として信頼していた。重盛は没する前年の秋、病床《びょうしょう》に貞能を呼び寄せた。

「貞能よ。天皇、平家一門、後世の人々とともに、この重盛を弔《とむら》うように何卒《なにとぞ》頼む」

貞能は敬愛《けいあい》した重盛の言葉に従った。重盛が亡《な》くなると、貞能は資盛の正式な家臣とされた。資盛が将来、清盛の後継者となる可能性も充分《じゅうぶん》あった。

しかし重盛病没の一年後、治承四年（一一八〇年）に政情が一変する。清盛に院政《いんせい》を取り上げられた後白河院は以仁王を通して、源氏に反平氏の挙兵をさせたのだ。このとき朝廷にいた、関東・下野（栃木）が本拠地の宇都宮朝綱《うつのみやともつな》は、平家から罪人とされ、貞能の預かりとなった。関東は源頼朝の勢力圏で、宇都宮家は頼朝の支配下となるからだ。貞能は、敵対したときに正々堂々と戦えばよいと情《なさ》けをかけ、手を尽《つ》くして朝綱を下野に帰郷させた。そして貞能は主君の資盛に従い、近江の源氏討伐に向かった。

反平氏の挙兵はすぐに全国に広まった。院と反目している場合ではなくなった清盛は同年の十二月、後白河院に院政を再開させ、反平氏を掲げる源氏軍を朝敵《ちょうてき》とさせた。

だが翌年の養和元年（一一八一年）閏《うるう》二月、平氏の柱の清盛が病没する。清盛の三男の宗盛《むねもり》が跡目を嗣《つ》いだが、平家の当主としては頼りない。平家一門の中で、宗盛の側近が幅を利《き》かせるので、資盛と貞能は居場所をなくしていく。八月、貞能は肥後（熊本）の豪族の反乱を鎮圧《ちんあつ》しに行かされた。

二年後の七月、貞能が院の呼び出しで帰京すると、木曾義仲の大軍が迫っていた。平氏の兵力では敵《かな》わぬと、棟梁・宗盛は幼い安徳天皇の御幸《みゆき》に伴《ともな》い、九州の大宰府で態勢を立て直そうと旅立った。貞能は都《みやこ》に残り戦うべきと主張したが、貞能を呼び寄せた院はすでに隠れ、連絡が取れない。貞能は兵士から離脱し、京の重盛の墓へ向かう。

――重盛様の遺骨を、源氏の馬に踏ませてなるものか！――

貞能は重盛の墓から遺骨を取り出して高野山へ納めると、自身は出家し姿を隠した。

文治元年（一一八五年）、安徳天皇が入水死《じゅすいし》し、平氏が滅亡すると、貞能は下野の宇都宮朝綱のもと源氏に降伏。処刑を覚悟した貞能だが、頼朝の有力な御家人《ごけにん》となっていた朝綱の嘆願《たんがん》で助命された。その後の貞能は主君・重盛の遺命に従い、宇都宮領の寺院で、命尽きるまで重盛の弔《とむら》いを続けた。

源範頼《みなもとののりより》

（生没年不詳）源氏の指揮官

血気盛んだが真面目な男の武功の後は……

源範頼《のりより》は清和源氏の棟梁《とうりょう》・源義朝と遠江国（静岡県）の遊女の子だ。範頼は源頼朝の異母弟で、義経の異母兄である。生没年は不明だが一一五〇年前後の生まれだろう。

幼少期の範頼は遠江国で育った。父・義朝は朝廷で重用された清盛を妬《ねた》み、平治の乱（一一五九年）を起こすが敗死した。その後、範頼は京の中級貴族の保護を受け、養育された。だが実父は逆賊《ぎゃくぞく》で長兄は処刑、二兄は切腹、三兄の頼朝は流刑《るけい》、他の兄弟もバラバラで、範頼はひっそりと暮らした。

治承四年（一一八〇年）に以仁王の命を受けた。頼朝は、清和源氏の棟梁として、親交ある関東武士と平氏討伐の兵を募《つの》る。

範頼が歴史文献に出現するのは寿永二年（一一八三年）、東国《とうごく》を固める源氏軍の援軍で、関東で平氏軍の残党狩りをしたときだ。その後、範頼は兄・頼朝の下《もと》で平氏討伐に励む。

その年、いち早く挙兵した頼朝の従弟《いとこ》・木曽義仲は、京入りしたが乱暴狼藉《らんぼうろうぜき》を働き、貴族と対立。院は京の治安のため、源氏の棟梁に責任を持って義仲を討つよう命じた。頼朝は弟の範頼と義経を京へ派遣。翌寿永三年（一一八四年）一月、二人は義仲を討伐した。頼朝は貴族受けする義経を京に置き、喧嘩早《けんかっぱや》い範頼は京に留《とど》めずに方々の戦場に回した。戦場の指揮官として有能な範頼は、度々《たびたび》私闘騒ぎを起こした。そのたびに猛省して頼朝の許しを請《こ》うが、貴族の不評を買わぬために、危なっかしい範頼を京には置けない。

範頼は兄の言いつけに従った。常《つね》に頼朝に報告し、指示を仰ぎ、意向に添うよう努めた。そうして武功を上げた範頼は、頼朝の推薦《すいせん》で、六月に院から三河守《みかわのかみ》の職を賜《たまわ》る。

八月、再び平氏追討に出陣。この戦《いくさ》は長引くが、文治元年（一一八五年）三月の壇ノ浦の合戦で平氏を壊滅した。範頼は九州に渡り、戦後処理と源氏支配の確立に努めた。

義経は範頼と対照的で、独断行動が多くて朝廷と良好なため、頼朝は警戒する。朝廷は関東武士の粗雑《そざつ》さを嫌い、関東に勢力を持つ頼朝も嫌った。院が、源氏に政権を任すなら鞍馬寺で京の教養を身につけた義経に委《ゆだ》ねたいと考えると、頼朝は義経を謀反人《むほんにん》とした。

文治五年（一一八九年）、義経は潜伏先の奥州で自害し、頼朝は政権を得た。

建久《けんきゅう》三年（一一九二年）、頼朝は征夷大将軍《せいいたいしょうぐん》となり、鎌倉に幕府を開く。従順で多くの功労を挙げた範頼に、特別な恩賞や役職はない。頼朝は、遊女の子である範頼を下に見ていた。だが範頼は京との繫《つな》がりがある。中級公家が養父で、義仲から京を守った功績がある。さらに平氏討伐で働く間に、朝廷に武官職を持つ侍も直属の家臣にしていた。

一方の頼朝は都《みやこ》への繫がりが薄く、貴族が嫌う関東に勢力を持ち、朝廷によい縁故《えんこ》がない。頼朝は関東武士をまとめ、その力で朝廷や院を脅して権力を手にした。隙《すき》あれば、朝廷はすぐ反頼朝の立場を取る。範頼は頼朝にとって危険な存在で、いつ、義仲や義経の二の舞になろうと不思議ではない。範頼が無事なのは、頼朝に従順だからだ。

建久四年（一一九三年）、頼朝は権力を示すために、嫡子と多くの家臣を連れて富士《ふじ》で大規模な巻狩《まきが》りを行《おこな》った。そこで歌舞伎《かぶき》でも有名な「曾我《そが》兄弟の仇討《あだう》ち」が起こった。曾我兄弟が実父の敵の、頼朝が重用している家臣を討ったのだ。次いで、頼朝に敵対して斬られた祖父の敵と、頼朝まで狙った。

この報せが、頼朝の妻・政子《まさこ》に届いた。夫を亡《な》くしたと嘆《なげ》く政子を慰《なぐさ》めるため、留守《るす》居《い》をしていた範頼は「某《それがし》がおりまする」と、政子と幕府を支えるつもりで発言した。範頼のこの言葉が、幕府の実権を狙った頼朝への謀反と取られた。頼朝死亡の報せは誤報だったのだ。

範頼はさんざん弁解したが、頼朝に拒否され、幽閉《ゆうへい》先の伊豆《いず》の修善寺《しゅぜんじ》で暗殺された。

木曾義仲《きそよしなか》

（一一五四—八四）一時期だけ天下を取った源氏の将軍
大将軍となった無教養で無作法な田舎猛者

木曾義仲は久寿元年（一一五四年）に生まれた。父は清和源氏の棟梁《とうりょう》・源為義の次男で、母は遊女だ。義仲の従兄の源頼朝は、伯父・義朝の子で、後に鎌倉幕府を開く。

義仲が生まれた翌年、伯父・義朝は祖父と対立した。そのため、祖父に従い上野・北武蔵（北関東）を拠点としていた父は、鎌倉を本拠とする伯父の長男に討たれた。

義仲は信濃国木曾の乳母《うば》夫婦に匿《かくま》われる。祖父と伯父の争いは朝廷の内乱・保元の乱（一一五六年）にもつれ込む。祖父は崇徳上皇に味方したが、後白河天皇に味方した伯父と平清盛に敗れて処刑された。この後、伯父は清盛に嫉妬《しっと》し、平治の乱（一一五九年）を起こすが敗れ討たれた。伯父の長男も処刑され、従兄弟《いとこ》らはバラバラとなった。

治承四年（一一八〇年）同年九月、二七歳になっていた義仲は、木曾周辺の武士を集めて挙兵した。源氏の棟梁を嗣《つ》いで関東・鎌倉を固めた従兄の頼朝に一足遅れ、義仲は信濃の平氏勢を倒した。次に亡き父の本拠だった上野を目指したが、頼朝勢との衝突を避《さ》けるために上野を諦《あきら》め、北陸の制圧に専念する。

その間に義仲は、平氏に追われて北陸に逃れた以仁王の遺児を庇護《ひご》し、頼朝を怒らせた叔父二人を受け入れるため、頼朝との仲が拗《こじ》れた。十万の平氏軍が北陸に迫る中、頼朝・関東勢との戦《いくさ》はできない。義仲は頼朝との講和のために嫡子を差し出した。

寿永二年（一一八三年）七月、義仲は反平氏の寺社や武士を吸収すると、行家とともに京入りした。義仲と行家は院に拝謁《はいえつ》し、平氏討伐の院宣《いんぜん》を受ける。八月、行家とともに従《じゅ》五位下《ごいのげ》の位《くらい》を賜《たまわ》り、義仲は大将軍の任につく。これにより日本は、北陸・京の義仲勢、東海道・関東の頼朝勢、西国《さいごく》へ逃れた平氏勢の、三つの勢力で均衡した。

貴族の末端《まったん》入りした義仲は、見た目こそ色白の美男だが、謙虚《けんきょ》と分相応を知らない無教養な田舎者《いなかもの》であることをすぐに露呈《ろてい》した。平氏が安徳天皇を連れて西国へ逃れたため、院は新たに天皇を立てねばならない。義仲が「本当ならば以仁王が天皇だったはず。ならば自分が庇護する以仁王の遺児こそ次の天皇だ」と口を挟んだ。皇位継承に口を出す義仲を、院や貴族は激しく嫌悪《けんお》した。

その上に義仲が京へ連れてきた兵は、飢饉《ききん》が続き兵糧《ひょうろう》が確保できずに、京周辺の民家から強奪する。京の治安は義仲軍が留まるために悪化した。反平氏で集まっただけの烏合《うごう》の衆をまとめる力は、義仲にはない。院はこの狼藉《ろうぜき》を怒った。貴族を襲ったわけではないのに、なぜ院や貴族から批難されるのか、義仲にはわからない。だが九月下旬、立場が悪くなったことを理解した義仲は、院の信頼を回復するため、平氏追討に出る。平氏との西国での戦《いくさ》は苦戦し、惨敗した。

十月、頼朝は平氏から奪還した寺社や朝廷諸家《しょか》の領地を元の所持者に返還すると朝廷に伝えた。喜んだ院は、頼朝の使いの義経を大将軍につけた。閏《うるう》十月、それを知った義仲は平氏との戦《いくさ》を放り出して京へ戻り、頼朝と接近する院を激しく恨み批難した。

十一月、義仲は己《おのれ》の言い分が受け入れられぬと知ると、院を幽閉《ゆうへい》し、武力をもって現行の近臣を解官《げかん》。十二月、義仲は自分に取り入る貴族を政権につけ、幽閉した院に頼朝を朝敵《ちょうてき》とする院宣を出させた。頼朝は義仲を討つため、代官として義経らを京へ向ける。

その翌月の元暦元年（一一八四年）一月中旬、義仲は自らを征夷《せいい》大将軍に任命させたが、数々の暴挙を犯した義仲につく者はない。義仲は京で義経らが率いる軍勢との戦に惨敗すると、数名の臣下とともに逃げた。

一月二十日、義仲は近江国で激しい乱闘を繰り広げ、討ち死にした。享年三一歳。義仲が京入りして僅《わず》か半年弱であった。

藤原光隆《ふじわらのみつたか》

（一一二七―一二〇一）後白河法皇の近臣
木曾義仲に心を折られた猫間中納言

通称、猫間中納言《ねこまちゅうなごん》といわれた藤原光隆《みつたか》は大治二年（一一二七年）に生まれた。猫間の名は、父の権中納言《ごんちゅうなごん》清隆《きよたか》が、七条坊門壬生《しちじょうぼうもんみぶ》近くの猫間に屋敷を構えていたために使用していたものだ。都《みやこ》の貴族は同姓が多いので、屋敷を構えた地名を通称に用《もち》いていた。

光隆の母は、鳥羽法皇の乳母《うば》であった。その縁で光隆は、法皇のお気に入りの後白河天皇の側近となるが、光隆が三〇歳のときに法皇が崩御《ほうぎょ》し、崇徳上皇と後白河天皇が対立する保元の乱（一一五六年）が起きた。この乱で、平清盛と源義朝が味方した後白河天皇が勝者となった。平安時代後期の一番の難事を、勝者の側近でいたために難なく乗り越えた光隆は、順調に出世し、安芸守、但馬守、越中守《えっちゅうのかみ》などの国司《こくし》を務めた。

光隆の最初の苦難は、後白河天皇が上皇となった翌年の平治元年（一一五九年）に起こった平治の乱だ。清盛が後白河院と院の側近・信西に重用された平家は繁栄《はんえい》し、義朝は院と信西に好まれず出世には程遠《ほどとお》かった。そのため義朝は、院の寵愛《ちょうあい》を信西と争っていた藤原信頼と通じ、信西・清盛を討とうとした。これは失敗に終わったが、信西、信頼、義朝が亡くなった。藤原信頼と貴族間の繋《つな》がりにより反《はん》信西であった光隆は、信頼側に加担したとして、とばっちりで国司から解任された。

その後、幸運にも光隆は朝廷で復職することができた。生まれ育ちが良いこともあり、後々《のちのち》に光隆は正二位《しょうにい》権中納言に出世する。大納言《だいなごん》や正一位《しょういちい》に次ぐ高い地位であった。

治承四年（一一八〇年）、以仁王が平家討伐の令旨《りょうじ》を発した。後《のち》に鎌倉幕府を開くことになる源氏の棟梁《とうりょう》・頼朝よりも早く挙兵したのが、木曾で育った源氏の木曾義仲だ。

頼朝の従弟の義仲は信州《しんしゅう》を支配下に置き、多くの平氏軍を破ると、寿永二年（一一八三年）に入京《にゅうきょう》。このとき、光隆は五七歳。義仲は三〇歳で、光隆の長男よりも年下だ。

義仲は見た目が良く、武功をあげたが、貴族からの評判は悪かった。山育ちで躾《しつけ》がなく教養がなく、立ち居振る舞いも悪い。言葉遣いは聞き苦しい。それを承知で光隆は義仲を訪ねたが、都会育ちの考えを遥かに上回る未知との遭遇となった。

義仲は「猫間殿が訪ねられた」と聞いて、「猫間」を同じ音の「寝駒《ねこま》」と勘違いした。寝駒とは猫を意味する平安初期の古い言葉で、平安末期の京の人々は忘れた言葉だ。だが木曾ではまだ猫を「寝駒」と言う人がいたのだろう。中国から持ち込まれた猫は、寝姿が可愛《かわい》いので「眠《ねむ》り駒《ごま》」と名づけられた。「眠り駒」が略され「寝駒」、さらに略され「猫」となる。義仲は「猫が人に面会か」と大笑いし、貴族の猫間中納言とわかっても「猫間殿」と発音できず、「猫殿《ねこどの》」と呼び続けた。とんでもない無礼である。

さらに義仲は、京では見たことのない巨大な椀《わん》で、山盛りにした飯《めし》と平茸《ひらたけ》などを光隆に出した。光隆の辞退は聞き入れられない。見たこともない量の飯と平茸の山。義仲には量が多いことが贅沢《ぜいたく》だが、光隆には理解しがたい不気味な光景だ。塩魚《しおざかな》に対して貴重な生《なま》魚《ざかな》を無塩《ぶえん》と言うが、義仲は新鮮な食材はすべて「貴重な無塩」と思い、平茸を出した。

巨大な椀は古くて汚い。光隆は食べるのを躊躇《ためら》った。すると義仲は「汚いと思い召さるな。それは義仲が仏事に使う最上の器《うつわ》。早《はよ》う食べよ」と言う。困った光隆は食べるふりをして、すぐ箸《はし》を置いた。義仲は「猫殿は少食だ。猫が餌《えさ》を少し食べ、残すようじゃ」と笑った。この不埒《ふらち》な扱いに、光隆は用件を述べずに帰った。

田舎《いなか》侍は何をするかわからないと恐れた光隆は、以後源氏の侍に近づかず、さらなる出世も転落もないまま、鎌倉幕府成立後の建仁《けんにん》元年（一二〇一年）に、七五歳で生涯を終えた。都育ちの貴族の想像を超越した義仲の振る舞いは、光隆に武士との交遊を断念させ、出世を諦めさせるには充分《じゅうぶん》なほどの心の挫折《ざせつ》をさせたのかもしれない。

平《たいらの》維《これ》盛《もり》

（一一五八―八四?）平清盛の孫の公達
優しすぎて美しすぎる愛妻家

平維盛《これもり》が生まれたのは、保元の乱から平治の乱の間、平氏が清盛の手で栄華《えいが》を迎える足固めの頃だ。父は平家の棟梁《とうりよう》・清盛の嫡男《ちやくなん》の重盛で、維盛は清盛の嫡孫《ちやくそん》である。正盛から直系で五代目にあたる維盛は、五代と呼ばれたが、母の血筋により、歳《とし》の近い異母弟・資盛と同等に扱われた。

仁安二年（一一六七年）、維盛は弟の資盛に一年遅れて、一〇歳で従五位下《じゆごいのげ》に叙爵《じよしやく》した。この年、平家の棟梁・清盛が太政大臣《だいじようだいじん》に就任しており、維盛はもとより平家全体は朝廷内で盤石《ばんじやく》ではあったが、維盛は五代を名乗りながらも微妙な立場であった。

とはいえ維盛は、武家の微妙な立場の嫡男であることを惑《まど》うより、宮中で貴族の暮らしを謳歌《おうか》していた。維盛は当代随一《ずいいち》と言われる美しい容姿《ようし》で知られ、武家の嫡男とは思えぬ貴族よりも貴族らしい雅《みやび》な男だ。武芸は不得手だが、舞が得意で、笛、朗詠《ろうえい》もこなす。和歌は苦手だが、それを恥ずかしがる姿まで、女官たちには魅力的に見えた。

維盛は一五歳のときに見初《みそ》めた、二歳年下の美貌《びぼう》の少女を正妻に迎えた。上級貴族の藤原成親《なりちか》の娘である。雛人形《ひなにんぎょう》のような美男美女で相思相愛の二人は、権中納言《ごんちゅうなごん》の姫と平家の御曹司《おんぞうし》、まるで絵巻物のような夫婦だ。

安元《あんげん》二年（一一七六年）、後白河天皇の祝賀会で一九歳の維盛は、桜と梅の枝を飾った烏帽子《えぼし》姿で「青海波《せいがいは》」を舞った。その姿はたいそう美しく、『源氏物語《げんじものがたり》』の光《ひかる》の君《きみ》が同様に舞う場面があり、維盛は光源氏《ひかるげんじ》のようだと貴族中に絶賛された。世が泰平《たいへい》なままなら、維盛の一生は素晴らしい人生だったろう。だが時代はそれを許さなかった。

治承四年（一一八〇年）、各地の源氏が挙兵した。維盛は軍勢を指揮し、富士川を挟んで甲斐源氏と対峙《たいじ》したが、甲斐源氏は軍勢を二つに分け、平氏勢を取り囲んでいた。維盛は兵力の差を考えて、兵の無駄死にを避け、今後の戦《いくさ》に備えて撤退した。

だが清盛はこれを激怒し、戦わずして戻った維盛の入京《にゅうきょう》を禁じた。この四カ月後の養和元年（一一八一年）閏《うるう》二月、源氏が力をつける最中に、清盛は病没《びょうぼつ》した。嫡孫の維盛はまだ若く、力と後ろ盾がない。平家の棟梁は宗盛となった。宗盛は維盛の父の異母弟で、実母は平家一門の中で大きな権力を持つ平時子《ときこ》（二位尼《にいのあま》）であった。

同年三月、墨俣川の戦《いくさ》で維盛は叔父《おじ》・重衡《しげひら》につき、大将軍《たいしょうぐん》として勝利したことにより従三位《じゅさんみ》の公卿《くぎょう》になった。しかし維盛は寿永二年（一一八三年）の倶利伽羅峠の戦《いくさ》で木曾義仲の奇襲に敗れ、源氏の入京を許す。

これにより平家は幼い安徳天皇を連れて西国に都落《みやこお》ちした。この原因となった維盛は平家の中で居づらい辛《つら》い立場となった。

平氏は西国行きに妻子を伴《ともな》ったが、維盛は最愛の妻と嫡男を都に残した。岳父《がくふ》・藤原成親が治承元年（一一七七年）、鹿ヶ谷で平氏討伐の謀議《ぼうぎ》をかけた首謀者《しゅぼうしゃ》とされたからだ。自分が不甲斐《ふがい》ないばかりに微妙な立場になった中で、反清盛の成親を父に持つ妻が辛い思いをするのはわかりきっている。

さらに、清盛の異母弟の平頼盛《よりもり》が源頼朝に寝返ったとされており、維盛も源氏方に寝返るのではと疑われていた。

愛しい妻と離れ、一族に疎《うと》まれた維盛は心を病んで、戦に出られなくなる。そこへ、弟の一人が先行きを悲観して入水《じゅすい》自殺し、もう一人の弟は一ノ谷の戦で戦死した。

維盛はこの惨状《さんじょう》に耐えられず、平氏が落ち延びた屋島の屋敷を抜け出し、二七歳で亡くなった。功徳《くどく》を得るため出家すると、妻との今生《こんじょう》の別れを悲しみながら身投げした。

『平家物語』にはそう残されている。

熊谷直実《くまがいなおざね》

（一一四一―一二〇八）源氏方の勇士
源氏と平氏の狭間で気性激しくも生真面目に生きた

熊谷直実《くまがいなおざね》は永治《えいじ》元年（一一四一）、武蔵国の熊谷郷《くまがいごう》（埼玉《さいたま》県熊谷《くまがや》市）で数個の村を治める中流の関東武士、熊谷家に生まれた。

熊谷家は桓武平氏の傍流《ぼうりゅう》の出と称したが、武蔵国在住の豪族の同族集団の出のようだ。熊谷家の本拠の傍《そば》には、熊谷家より僅《わず》かに有力な久下《くげ》家があった。直実は幼児期に父を亡くし、久下家に嫁いだ姨母《いぼ》（母の妹）に連れられ、久下直光《なおみつ》のもとで育てられた。

一九歳になった直実は、源義朝の子の義平《よしひら》に従い、平治の乱（一一五九年）に加わった。院の側近と手を結ぶ平清盛に不満を持った義朝の反乱だ。直実は早く久下直光から、熊谷郷の当主として独立したくて、恩賞目当てで参戦した。直情短気《ちょくじょうたんき》だが武芸に長じた直実が実力を発揮する場もなく、義朝方の敗北でこの乱は平定された。

この後、直実は久下直光の代官として、京の大番役《おおばんやく》を命じられる。久下は大番役が嫌《いや》で直実に押しつけた。大番役は朝廷の警護役で苦労の多い職務だ。各地から嫌々《いやいや》集められた侍が多くいる。あるとき、無礼な同輩《どうはい》に激怒した直実は、大番役を放棄した。

久下直光は、自分の代官である直実が勝手に大番役を辞めたことに怒り、熊谷家の領地を没収した。直実は伝《つて》を辿《たど》り、清盛の四男である平知盛に保護を求めて、仕官する。だが重用はされなかったため、直実は平氏への忠誠心を持てずにいた。

治承四年（一一八〇年）五月、清盛に恨みのある以仁王が、平氏討伐の令旨《りょうじ》を発す。各地の源氏はそれに応えて挙兵を始めた。同年八月、直実は平氏軍の一兵として石橋山《いしばしやま》（小田原市）の合戦で、源頼朝軍と戦った。この戦《いくさ》は平氏勢が勝利したが、頼朝を討てずに終わる。このあと関東武士の大半は、源氏方についていった。

この三カ月後、頼朝は常陸国（茨城県）の有力な武士・佐竹家の金砂《かなさ》城に攻め入った。佐竹家は、天皇《みかど》の勅命《ちょくめい》なく、関東の支配者の如《ごと》く振る舞う頼朝に反発していた。頼朝は平氏討伐の足固めのため関東の支配者となるべく、見せしめに佐竹家を攻める。

直実はこの佐竹攻めに参戦し、手柄《てがら》を立てた。関東侍に馴染みの薄い平氏より、勢力が増していく源氏方を選んだのだ。寿永元年（一一八二年）、佐竹攻めの恩賞に、直実は久下に奪われた領地を取り戻した。四二歳での悲願達成であった。久下家からの独立を果たし、実父の領地を嗣《つ》げたのだ。

急速に源氏の勢力が増し、平氏は追い詰められていった。元暦元年（一一八四年）、源氏軍は西国《さいごく》に都落《みやこお》ちした平氏を追い、一ノ谷で戦《いくさ》になった。平氏の城戸《きど》に攻め入ったときに、直実に従った息子が負傷した。そのあと直実は一人のときに高貴な身なりの者を見つけた。平氏の名のある武将と思い、首を取ろうとした相手をよく見ると、一六、七の少年だ。息子が胸に矢傷を負っただけでも苦しく思った直実は、息子と幾《いく》つも変わらぬ少年を手にかけることができず、手柄をふいにして逃がそうとした。だが背後には味方の兵が迫る。味方の前では敵を逃がせない。直実が討った少年は、清盛の甥《おい》の平敦盛《あつもり》だった。敦盛を討った直実の心は激しく痛む。かれがこの後の源平合戦で活躍することはなかった。平家が滅んだあと、頼朝は鎌倉幕府を開いた。源氏の世になっても、直実と養父《ようふ》だった久下との因縁《いんねん》は切れず、領地争いが起こった。建久《けんきゅう》三年（一一九二年）、頼朝の前で二人の裁きが行われたが、口下手な直実に不利な断罪がされた。かれは主君・頼朝に失望した。直実は怒りのままに証拠の品を頼朝へ投げつけ、髷《まげ》を切り落とすと失踪《しっそう》した。

直実は僧・法然《ほうねん》のもとを訪れ、戦での殺生を悔いた。そして法然に弟子入り、法然の開いた浄土宗《じょうどしゅう》の布教に長年尽くした。直実は六八歳のときに、往生を告知し、人々の前で念仏を唱えながらこの世を去った。

平重衡《たいらのしげひら》

（一一五七—八五）平成の公達

源頼朝まで感嘆させた優雅と武勇を併せ持った公達

平重衡《しげひら》は保元二年（一一五七年）、平清盛の五男に生まれた。この前年、朝廷の内紛である保元の乱があり、清盛は後白河天皇に味方した。その功績により、平氏が朝廷で重きをなしていった時代である。

平治元年（一一五九年）、源義朝は平治の乱を起こしたが命を落とした。清盛がこの乱を収めたことで、平氏は全盛に昇《のぼ》りつめる。

重衡は六歳になると、平家の公達《きんだち》として従五位下《じゅごいのげ》に叙爵《じょしゃく》し、順調に出世していった。

仁安二年（一一六七年）、重衡が一一歳のときに父・清盛は太政大臣《だいじょう》になる。承安《しょうあん》元年（一一七一年）には、高倉天皇のもとへ平徳子《とくこ》が入内《じゅだい》した。徳子は清盛の娘で、歳《とし》が一番近い弟が重衡だ。

徳子が入内すると、重衡は徳子づきで内裏《だいり》に勤め、一六歳で正四位下《しょうしいのげ》となった。

重衡は多くの平家の公達と同様に、綺麗《きれい》な顔立ちをしていた。朗詠《ろうえい》や琵琶《びわ》などの音楽に通じ、和歌もまずまずだ。常《つね》に細やかな優しさを示し、気配りが行き届いているが、堅苦しくない。面白い気の利《き》いた話も得意で、人を楽しませるためにふざけて驚かせることもある。重衡の就《つ》いた職の大半は、天皇の后《きさき》や母の住まう内裏の仕事だ。中宮《ちゅうぐう》となった姉・徳子や、四歳下の義兄である高倉天皇からも重衡への信頼は篤《あつ》かった。

治承二年（一一七八年）、徳子は後《のち》に安徳天皇となる皇子を産んだ。重衡は東宮亮《とうぐうのすけ》となり、嬰児《みどりご》である皇太子のお世話を務めた。

治承四年（一一八〇年）二月、高倉天皇は皇太子に皇位を譲り、上皇となる。重衡は、即位の儀式で幼帝《ようてい》・安徳天皇の介助を務め、儀式後は天皇直属の蔵人頭《くろうどのとう》となった。

清盛の五男である重衡が、平家の棟梁《とうりょう》を嗣《つ》ぐことは難しい。とはいえかれは、安徳天皇が生まれる前から、徳子を通して天皇の側にいた。上皇にも寵愛《ちょうあい》された重衡が、天皇が成長する頃には、全盛期の清盛並みの権力を手にしても不思議はなかっただろう。

だが表向き栄華《えいが》を誇る平氏だが、清盛と後白河院が次第に対立し、その実態は脆《もろ》い。

清盛が天皇の外祖父《がいそふ》となった二ヵ月後、清盛に親王の座を剝奪《はくだつ》された以仁王が、平家打倒の令旨《りょうじ》を出した。摂津源氏棟梁・頼政とともに以仁王が挙兵すると、重衡は素早くかれらを討った。平素は貴族的素養を持つ重衡だが、かれは清盛の子供の中でもっとも軍事に長じた人物であった。

以仁王が亡くなっても平氏への反乱はやまない。武勇に優れた重衡は活躍したが、次第に平氏に不利な状況となっていく。

十二月、重衡は近江の三井寺《みいでら》と南都《なんと》（奈良）の興福寺を攻め、反平氏の寺院勢力を一掃《いっそう》した。このときに平氏は三井寺を焼いたが、以仁王の挙兵のときに源氏方の主力となった三井寺が破壊されたことを非難する者はそういなかった。

ところが重衡の南都攻めのときの平氏方の失火が大火事となった。これによって当面の敵である興福寺だけでなく、中立であった東大寺《とうだいじ》まで焼けてしまった。

これによって平氏は、仏敵と非難されることになった。僧兵はおとなしくなったが、翌治承五年（一一八一年）一月に高倉上皇が、閏《うるう》二月には清盛が、病没する。平家の棟梁は、重衡の兄の宗盛が嗣《つ》ぐが、遥かに清盛に及ばない。そんな中、重衡は三月の墨俣川の合戦で、京都に迫る源行家を敗走させ、従三位《じゅさんみ》を授かった。

重衡は平氏が勝利した合戦すべてに参戦した。それでも源氏の勢力は拡大してゆく。

寿永二年（一一八三年）、平氏は源氏の木曽義仲に西国《さいごく》へ追われたが、なんとか勢力を回復させ、福原《ふくはら》（神戸市）に城を構える。

ところが寿永三年（一一八四年）、平氏は清和源氏の棟梁・頼朝の弟である範頼と義経に攻められ、惨敗。馬を射られた重衡は源氏に捕まり、都で引き回しにされたあと、鎌倉に送られた。頼朝と対面した重衡は「戦《いくさ》で敵に捕まるのは恥辱《ちじょく》ではない。どちらに勝敗あろうと武運尽きて捕らえられるのは侍の常《つね》。早く斬罪《ざんざい》に処されよ」と言うと、あとは無言を貫《つらぬ》いた。捕まったときから、重衡は一貫して潔《いさぎよ》い態度を取り続け、いかなるときも優雅に振る舞った。その姿に、頼朝をはじめ、様々な人々が感動した。捕虜《ほりょ》として丁重に扱われた重衡だが、元暦二年（一一八五年）の壇ノ浦の合戦で平家一門は滅亡する。

戦火で寺が焼けた興福寺、東大寺の要求で、重衡は奈良に送られ処刑された。享年《きょうねん》二九歳。死の瞬間まで潔く情け《なさ》深い重衡の姿に、かれを恨む人々も胸を打たれた。

信西《しんぜい》（藤原通憲《ふじわらのみちのり》）

（一一〇六—五九）

死の予言から逃れられなかった博識多才の怪僧

信西の名で知られる藤原通憲《みちのり》は、嘉承《かしょう》元年（一一〇六年）に藤原氏南家の傍流《ぼうりゅう》の学者の家に生まれた。信西が七歳のときに、学者の父が亡くなった。当時まだ幼かった信西は家を嗣《つ》げず、富を積んだ遠縁の国司《こくし》・高階経敏《たかしなのつねとし》の養子になった。信西は学者の子らしく、幼少から学問に励んだ。裕福な養子先では、異国の書物を入手できた。

信西は博識で、誰も知らない珍しいこともよく知っていた。博学多才を買われた信西は、鳥羽上皇の后《きさき》・待賢門院《たいけんもんいん》に仕え、鳥羽院の判官代《ほうがんだい》に引き立てられた。判官代とは、院の役所の事務を扱う重要な地位で、博学で故事や珍事に通じてなければ務まらない。信西は実力を評価され、当代一の学者と評された。

信西の後妻《ごさい》は、大治二年（一一二七年）に生まれた鳥羽院の第四皇子の乳母《めのと》である。鳥羽院からの信頼は篤《あつ》いが、信西はその能力に反して大して出世ができずにいた。高階家が、出世ができない家柄《いえがら》だからだ。

康治《こうじ》二年（一一四三年）、三八歳でようやく少納言《しようなごん》・正五位下《しようごいのげ》となるが、それ以上の出世は見込めそうにない。才気溢《あふ》れる信西は国政の無駄に不満があるが、いくら院と親しくても、位《くらい》が低ければ朝廷で最良の政策をとれない。高階姓のままでは子、孫まで出世することも不可能で、信西は院に、生家《しようか》の藤原姓に戻してほしいと懇願《こんがん》していた。そんな中で、信西は熊野詣《くまのもうで》のおりに、首を斬られて死ぬだろう、と予言をされる。

天養元年（一一四四年）、信西は藤原姓に戻ることを許されると、復姓したのち出家《しゆつけ》した。信西に並ぶ才人で摂関家《せつかんけ》の藤原頼長が「余りある才を持ちながら世俗《せぞく》を離れるのはこの世の損だ」と出家を止めるが、信西は死の予言を変えるために、出家を選ぶ。出家の際は朝廷に官位を返還する。無官の僧となった信西は世俗の欲がないと、貴族たちがみなしたことで、院に重用されていく。

久寿二年（一一五五年）、鳥羽院の子の近衛天皇が崩御《ほうぎよ》した。このとき信西の妻が乳母《めのと》を務めた雅仁《まさひと》親王の子の守仁《もりひと》親王を、次代の天皇とする声が出る。そこで信西は鳥羽院に、守仁親王の父の雅仁親王が中継ぎで即位すべき、と忠言《ちゆうげん》した。これは崇徳上皇を嫌う鳥羽院と関白《かんぱく》にも都合がよい。信西はこの企《くわだ》てを成すために、関白とは不仲な、関白の弟藤原頼長を陥《おとしい》れた。

雅仁親王を後白河天皇として即位させたことにより、信西は「天皇」の乳母夫《めのと》となった。

しかし翌年、鳥羽法皇が崩御すると、信西は策を弄《ろう》して、崇徳上皇と上皇の寵臣《ちょうしん》の頼長を挑発し、天皇方を相手に挙兵させた。保元の乱である。

天皇が勝つと保元の乱の功労者、信西の立場は強固となった。信西は長いこと廃止《はいし》されていた処刑《しょけい》制度を復活させ、上皇方の武士を死罪にし、貴族たちを恐れさせた。

上皇となった後白河院の信頼のもと、信西は荘園《しょうえん》の整理や大内裏《だいだいり》造営などの大胆な政治改革を行《おこな》った。院・天皇の力を強めるものだが、貴族に負担を強いたため、信西の政治に不満が高まった。信西は構わず自分の息子たちを要職につけ、資金の豊富な平清盛との結びつきを強めて権力を強化する。

院は信西に政治を任せ、遊び上手の藤原北家傍流の貴族・藤原信頼を重用し始めた。欲を出した信頼と反信西派が源義朝と組んで、平清盛が熊野詣で京都を離れた隙《すき》を狙って、信西・平氏相手に挙兵する。平治の乱（一一五九年）だ。信西は奈良に逃れて清盛の帰りを待とうとしたが叶わなかった。逃走中「最早《もはや》これまで」と断念した信西は即身仏《そくしんぶつ》として自害しようとした。だが義朝の兵に見つかり、討たれ、首を晒《さら》された。

絶命の瞬間は、信西が最後まで覆《くつがえ》そうとあがいた予言通りの死に様であった。

源《みなもとの》　義《よし》朝《とも》

（一一二三—一一六〇）源氏の棟梁
畏れ知らずの上昇志向で驕り、身を滅ぼした

源義朝《よしとも》は保安四年（一一二三年）、源氏の棟梁の長男に生まれた。曾祖父《そうそふ》は朝廷のもとで活躍し、武家で初めて昇殿を許されて名門貴族となり、東国の源氏の基礎を作ったが、義朝の祖父が反乱を起こしたため、源氏は衰退。父は検非違使《けびいし》の役で京に仕えた。

源氏に反し、平清盛の父と祖父は武功と日宋貿易で出世した。義朝より五歳上の清盛は、一二歳で従五位下を賜る公達《きんだち》だった。

東国で育った義朝は、相模国の鎌倉に本拠を置き、広大な領地を経営。近在の武士を配下におさめて大きな軍事力を手にした。

義朝の正妻の実家が鳥羽院の近臣であったため、その兵力が院の目に留まった。義朝は正妻の実家を後ろ盾に京へ進出。院にとって、義朝の軍勢は有益と見られ、仁平三年（一一五三年）に、従五位下・下野守に任命された。二九歳で正四位下を賜った清盛とは雲泥の差だが、義朝は三一歳で父の官位を抜き、貴族の最下位に達した。

保元元年（一一五六年）、鳥羽院が崩御すると、崇徳上皇と後白河天皇の対立が起こり、両者の家臣を巻き込んだ。保元の乱だ。

義朝は、崇徳上皇方についた父と弟たちの敵に回った。天皇の寵臣・信西と清盛率いる平家一門が味方した後白河天皇についた。

後白河天皇は、親兄弟を捨てて味方についた義朝を大将に抜擢した。武功を上げればさらなる恩賞を賜るだろう。だが義朝は、己の命を賭し、父・弟を捨てたのだからと、この場での昇殿を要求した。

殿上は天皇が坐し、貴族しか上ることが許されない。義朝はこの横暴な要求を押し通し、前代未聞の平装姿で昇殿した。それが叶った義朝は、この戦で手柄を立てて勝利すれば、曾祖父を超える出世ができると夢想した。上皇方のなかの一番手強い敵は、九州を武力で支配した弟の為朝だ。真っ向勝負は危険である。義朝は夜襲をかけ、後白河天皇を勝利に導いた。

この手柄で義朝は、左馬頭という重要な武官に任命されたが、敗者の父と弟を己の手で処刑せねばならなかった。身内にまで手をかけた義朝だが、上皇となった後白河院に重用されていく平家一門の身分には、一向に追いつけない。そこで院の寵臣・信西への接近を試みるが全く相手にされない。

「平家、清盛と、おれの何が違うというのだ」

曾祖父の代とは違うことを、義朝はわからなかった。朝廷は武力を欲したが、武家にむやみに権力を与えることを危険視した。

平家は武家出身で武力を持つが、豊富な資金もあり、身も心も貴族に成り切っていた。だが源氏は武家でしかない。義朝は保元の乱で、無礼で不遜な昇殿を要求し、勝利に導いた作戦とはいえ貴族が嫌がる卑怯な夜襲を強行し、氏長者・藤原頼長を生かして捕らえよとの指示には失敗した。そんな義朝を後白河院や信西が重用するはずがない。

その義朝に目をつけたのが、院の遊び相手として出世した藤原信頼だ。信西が邪魔な信頼と、出世を望む義朝は、反信西の貴族たちと手を組んで平治の乱を起こした。

平治元年（一一五九年）十二月、清盛が熊野詣でに出た隙に源氏勢は挙兵する。信頼方の拠点に、院と天皇をお遷《うつ》しした。義朝は家来をあちこちに派遣して、憎み重なる信西を探して殺させた。これによって信頼が後白河院を思いのままに動かせるようになると考えた。

信西討伐に出た。源氏の家臣の信西を討ったとの報せが届くと信頼は喜び、すぐに義朝を従四位下・播磨守に出世させた。だが貴族の大半が、信頼の政治に不安を持っていた。さらに源氏の兵士がむやみに院の女官や信西の家臣を殺したため、義朝は上流貴族から恐れ嫌われた。

清盛が京へ戻ると、信頼を見限った貴族たちが天皇を連れて平氏方につき、院も平氏のもとに逃れた。途端に義朝らは、朝廷の敵、賊軍となった。

義朝は清盛との決戦に敗れると、東国に戻り体制を立て直そうとした。その道中の尾張で、家来筋の長田忠致《おさだただむね》に裏切られ、騙し討ちに遭った。

義朝の没後、清盛は太政大臣となり平家は栄華を極めた。後に平氏は源氏に敗れ、義朝の子の頼朝が鎌倉幕府を開く。義朝と清盛の権勢を、曾祖父から孫に至るまでとするなら、どちらに軍配が上がるのだろうか。

平敦盛《たいらのあつもり》

（一一六九―八四）平家の公達
後世の謡や芝居に名を残した

平敦盛《あつもり》は平清盛の甥《おい》である。かれは嘉応元年（一一六九年）、平経盛《つねもり》の三男に生まれた。

平氏の棟梁・清盛が、武家の出では異例の太政大臣に上り詰めた二年後である。平氏は全盛を極め、清盛の縁者は朝廷の高位の官職についた。敦盛の父は清盛の二番目の弟で、公卿の末端に名を連ね、敦盛は生まれながらの公達だった。

治承四年（一一八〇年）、以仁王が平家討伐の令旨を出した。これにより、各地の源氏が挙兵する。源平合戦の始まりである。各地の争乱で平氏は退潮、翌年には清盛が病没。偉大な指導者を亡くした平氏一門は、各地の源氏軍に押され、寿永二年（一一八三年）七月、源氏の棟梁・頼朝の従弟である木曾義仲の入京を許した。義仲が平氏討伐の院宣を受けると、平氏一門は西国に落ち延びる。敦盛は一四歳であった。

その義仲が京で院の不興を買ったため、都落ちした平氏一門も、西国の各地で源氏との戦を繰り広げて善戦し、讃岐《さぬき》の屋島を本拠に、京に戻る機会を模索した。

翌年の寿永三年（一一八四年）一月下旬、頼朝の代官の義経が、京の義仲を討伐している隙に、平氏一門はかつて清盛が都を構えた福原（神戸）に移動した。義経ら源氏軍は義仲を討つと、平家を討伐しに摂津入りする。

二月五日に三草山、六日に生田で源氏の攻めが始まった。翌朝には一ノ谷でも激しい合戦が始まる。二月六日の晩、敦盛は笛を奏でた。平家の先代棟梁の祖父が、鳥羽院から賜った名笛で家宝だ。管楽器に秀でた敦盛に名笛が譲られた。敦盛は従五位下の位を持つが、任官に至らず「無官の太夫」と呼ばれ、この戦が初陣だ。かれは若く美しく雅楽に優れており、篳篥《ひちりき》の名人だった。

二月七日、早朝から激しい戦が繰り広げられた。平氏の戦死者は膨大で惨敗は明らかだ。残った者は御座船に乗って屋島へ逃れようとした。乗り遅れた敦盛は、沖に出た船に向かって馬を駆ける。そこへ源氏方の関東武士、熊谷直実が手柄を求めて来た。

直実は立派な装束から敦盛を名のある大将と見て戦を挑む。源氏の弓矢で討たれるのは名折れと、敦盛は直実に立ち向かった。

二人は馬上から刀で打ち合うが互角の勝負。大太刀を捨て、取っ組み合うが、戦に長けた直実に敵《かな》わず組み伏せられる。直実は敦盛の首に刀を当てた。敦盛は覚悟を決める。平家の名にかけて見苦しい様は見せられぬ。

ところが、直実は敦盛の顔を見ると驚きの表情で名を問うた。敦盛は直実を見据え、

「戦の場で互に刀を手に対峙し、某の誰と名乗り、真っ向勝負をするのが武士の勇める法。それを我は敵に組み敷かれ、下から名乗れとは何を申すか。私の首を貴様の主に見せよ。わからねば捨て置くがよい」

と拒絶した。高貴で美麗な身形ながら武士の戦を心得て毅然と答える敦盛に、直実は心を打たれた。息子と同じ年頃のこの公達を助けたかったが、目前に源氏方の隊が迫る。自軍の前で敵の大将を見逃せない。

敦盛が最期に目にしたのは、泣く泣く許しを請いながら自分の首を落とす直実の姿だった。後に直実は敦盛の法要を行い、鎌倉幕府開設後、頼朝に失望して出家した。

戦国の大名、織田信長は次の謡を好んだ。

「人間五十年、化天の内を比ぶれば、夢幻のごとくなり」（天界の時と比べたら、人の世の五十年なぞ、束の間である）

直実が敦盛を語った幸若舞『敦盛』の一節だ。人の世の一瞬のような五十年より遥かに短い敦盛の生涯は、幻のように儚《はかな》い。

祥伝社黄金文庫

主役《しゆやく》になり損《そこ》ねた歴史《れきし》人物《じんぶつ》100

平成25年9月5日　初版第1刷発行

著　者　武光《たけみつ》 誠《まこと》

発行者　竹内和芳

発行所　祥伝社《しょうでんしゃ》

〒101－8701
東京都千代田区神田神保町3－3
電話　03（3265）2084（編集部）
電話　03（3265）2081（販売部）
電話　03（3265）3622（業務部）
http://www.shodensha.co.jp/

印刷所　萩原印刷

製本所　ナショナル製本

　ISBN978-4-396-31619-8 C0121